全国交通运输行业干部培训系列教材

公路管理概论
（第2版）

韩 冰　胡娟娟　主　编

人民交通出版社股份有限公司
北　京

内 容 提 要

本书为全国交通运输行业干部培训系列教材之一。全书共九章,主要内容包括:公路发展概论、公路基础知识、公路网规划、公路建设管理、公路养护管理、公路路政管理、公路网运行监测与管理、收费公路管理、农村公路管理。

本书可作为交通运输行业的干部培训教材,也可供公路建设与管理人员参考使用。

图书在版编目(CIP)数据

公路管理概论/韩冰,胡娟娟主编. —2版. —北京:人民交通出版社股份有限公司,2024.2
ISBN 978-7-114-19295-1

Ⅰ.①公… Ⅱ.①韩… ②胡… Ⅲ.①公路管理—中国—干部培训—教材 Ⅳ.①F540.3

中国国家版本馆 CIP 数据核字(2024)第 016780 号

书　　名:	公路管理概论(第2版)
著 作 者:	韩　冰　胡娟娟
责任编辑:	时　旭
责任校对:	孙国靖　卢　弦
责任印制:	刘高彤
出版发行:	人民交通出版社股份有限公司
地　　址:	(100011)北京市朝阳区安定门外外馆斜街3号
网　　址:	http://www.ccpcl.com.cn
销售电话:	(010)59757973
总 经 销:	人民交通出版社股份有限公司发行部
经　　销:	各地新华书店
印　　刷:	北京市密东印刷有限公司
开　　本:	787×1092　1/16
印　　张:	12.75
字　　数:	302千
版　　次:	2017年1月　第1版 2024年2月　第2版
印　　次:	2024年2月　第2版　第1次印刷　总第3次印刷
书　　号:	ISBN 978-7-114-19295-1
定　　价:	43.00元

(有印刷、装订质量问题的图书,由本公司负责调换)

前言

干部教育培训是建设高素质干部队伍的先导性、基础性、战略性工程,在进行伟大斗争、建设伟大工程、推进伟大事业、实现伟大梦想中具有不可替代的重要地位和作用。交通运输行业干部教育培训是提高交通运输行业干部队伍素质,保障交通运输行业可持续发展的关键,应树牢靶向思维,精准施教,持续推动干部教育培训向纵深处攻坚,切实为锻造高素质现代化干部队伍铸魂赋能强基。当前和今后一个时期,我国发展仍处于重要战略机遇期,国内国际新形势对加快建设交通强国提出了新的更高要求。培育高素质专业化交通管理干部队伍是确保各项政策落到实处、推动事业科学发展的坚实保障。部党组高度重视干部教育培训工作,强调要通过集中轮训、专题培训、岗位培训、网络培训等方式,突出重点,统筹推进各级各类干部教育培训。目前交通运输行业迫切需要一套体系完整的行业干部教育培训系列教材。

交通运输部管理干部学院按照部党组的要求,贯彻《干部教育培训工作条例》,"适应不同类别干部教育培训的需要,着眼于提高干部综合素质和能力,逐步建立开放的、形式多样的、具有时代特色的干部教育培训教材体系"。交通运输部管理干部学院全面推进正规化建设,高度重视培训教材建设,在部人事教育司的大力指导下,与人民交通出版社股份有限公司签订了战略合作协议,组织开发了全国交通运输行业干部培训系列教材。

《公路管理概论》是系列教材中的一本,作为综合交通运输方面的干部教育培训教材,本教材紧密结合交通运输部新出台的相关政策、法律法规,把握政策要点和前沿技术发展趋势,涵盖了公路基础知识、公路网规划、建设管理、养护管理、路政管理、公路网运行监测与管理、收费公路管理以及农村公路管理等方面的内容,是适合公路行业领导干部和相关管理人员使用的科普型教材。

本教材由韩冰、胡娟娟负责教材框架、结构设计,以及组织协调和统稿工作。教材共分九章,其中胡娟娟主要编写第一章、第三章,李菊侠主要编写第二章,尤冬梅主要编写第四章,张宇主要编写第五章,郭新红、李丽璇主要编写第六章第一、二、三节,郭新红主要编写第六章第四节,郑甜甜主要编写第七章与第八章第三节,任淑云主要编写第八章第一、二节,刘波主要编写第九章第一、二节,李丽丽主要编写第九章第三节、第四节的三、七部分,梁泉主要编写第九章第四节的一、二、四、五、六部分。

由于编写水平有限,存在不足之处,敬请谅解。

编 者
2023 年 10 月

目 录
CONTENTS

第一章　公路发展概论 ··· 1
　　第一节　我国公路发展概论 ··· 1
　　第二节　发达国家公路交通发展经验与启示 ······································· 12

第二章　公路基础知识 ··· 23
　　第一节　公路的分类 ·· 23
　　第二节　公路的基本组成 ··· 24

第三章　公路网规划 ··· 38
　　第一节　公路网规划概述 ··· 38
　　第二节　公路网规划的目的、原则、内容和方法 ································ 44
　　第三节　新时代公路网规划 ··· 49

第四章　公路建设管理 ··· 59
　　第一节　公路建设相关政策法规 ·· 59
　　第二节　公路基本建设程序 ··· 61
　　第三节　公路建设投资融资 ··· 67
　　第四节　公路建设市场管理 ··· 74
　　第五节　公路工程建设项目招投标管理 ·· 77
　　第六节　公路建设转型发展 ··· 84

第五章　公路养护管理 ··· 96
　　第一节　全国公路养护管理基本情况 ·· 96
　　第二节　公路养护相关政策法规 ··· 101
　　第三节　公路养护资金 ·· 103
　　第四节　公路养护市场化改革 ·· 106
　　第五节　公路养护管理新理念 ·· 108
　　第六节　公路养护安全管理 ··· 113

第六章　公路路政管理 ··· 116
　　第一节　公路路政管理改革以及现行体制 ··· 116
　　第二节　公路路政管理相关政策法规 ·· 124
　　第三节　公路路政管理措施与创新手段 ··· 127
　　第四节　公路超限超载运输管理 ··· 131

第七章 公路网运行监测与管理 ······ 139
  第一节 公路网运行监测与管理概述 ······ 139
  第二节 公路网运行监测与预警 ······ 144
  第三节 公路突发事件应急处置 ······ 149
  第四节 公路交通出行服务 ······ 157

第八章 收费公路管理 ······ 167
  第一节 我国收费公路的发展历程 ······ 167
  第二节 法律法规与相关政策 ······ 170
  第三节 高速公路运营管理 ······ 173

第九章 农村公路管理 ······ 179
  第一节 农村公路的发展 ······ 179
  第二节 农村公路的相关政策 ······ 183
  第三节 新形势下农村公路发展新要求 ······ 185
  第四节 农村公路管理措施 ······ 188

参考文献 ······ 195

第一章 公路发展概论

第一节 我国公路发展概论

党的十八大以来,习近平总书记高度重视交通运输工作,多次围绕"交通先行"作出一系列重要论述,在2021年第二届联合国全球可持续交通大会上,习近平总书记明确指出:"交通是经济的脉络和文明的纽带"[1]。可以说,交通是我国经济社会发展全局和国家重大战略的重要保障。交通运输是国民经济中具有基础性、先导性、战略性的产业,是重要的服务性行业和现代化经济体系的重要组成部分,是构建新发展格局的重要支撑和服务人民美好生活、促进共同富裕的坚实保障。

公路交通运输具有很多优势。目前我国公路密度比铁路路网密度大几十倍,分布面更广,公路运输车辆可以"无处不到、无时不有",因此,公路交通运输机动灵活,适应性强,可实现"门到门"直达运输,在中、短途运输中,运送速度较快,而且原始投资少,资金周转快,车辆驾驶技术较易掌握。因其自身优势,从近些年的交通运输行业发展统计公报来看,公路运输的客、货运量均较铁路、水路、民航等运输方式高出几倍甚至几十倍,同时,公路交通运输也是连接其他交通运输方式的重要纽带。

一、公路基础设施概况

我国非常重视公路交通的发展,从政策支持、资金投入等方面来看,公路固定资产投资比重连续多年来居交通固定资产投资首位,比重大约占到60%~70%,从而支撑我国公路交通不仅实现了从无到有的转变,也实现了从低等级到高等级的跨越,公路建设水平实现了质的飞跃。

(一)公路通车里程总量快速增加

新中国成立初期,我国公路通车里程仅为8.07万km。到1980年,我国公路通车里程达到了88.8万km,是新中国成立初期的11倍,但无高速公路和一级公路,公路交通成为当时国民经济发展的"瓶颈"之一。改革开放后,随着国民经济快速发展和对外开放的不断扩大,公路交通进入了快速发展时期。根据国家统计局数据显示,截至2022年底,全国公路总里程535.48万km(图1-1),约占综合交通网络总里程的89.1%,是1978年的5.9倍,实现了历史性的跨越,不仅建成了世界上最大的高速公路网,也建成了一个施工难度最大、技术

---

[1] 习近平:《与世界相交 与时代相通 在可持续发展道路上阔步前行——在第二届联合国全球可持续交通大会开幕式上的主旨讲话》,人民出版社2021年版,第2页。

水平最高、全国不停车收费(Electronic Toll Collection,ETC)联网的高速公路网,完成国省干线升级改造,农村公路的发展也是突飞猛进。我国交通运输网络不断完善,结构不断优化,基本形成了以高速公路为骨架、国省干线为脉络、农村公路为基础的全国公路网,为国家综合立体交通网络建设奠定了坚实基础,为经济社会持续快速发展提供了有力的交通保障。

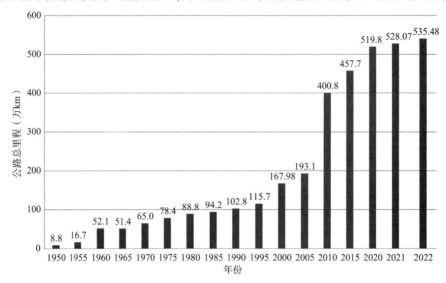

图 1-1　新中国成立以来全国公路里程发展示意图

数据说明:2005 年起统计口径改变,公路里程包括村道。

(二)高速公路建设规模突飞猛进

高速公路是现代经济和社会发展重要的基础设施,是构筑交通现代化的重要基础。我国高速公路建设起步时间较西方发达国家晚了近半个世纪,但起点高、发展速度快。1988 年 10 月 31 日,沪嘉高速公路(上海至嘉定)建成通车,我国大陆高速公路实现了零的突破。经过十余年发展,1999 年高速公路里程突破 1 万 km。2012 年底,全国高速公路通车里程首次跃居世界首位,达到 9.6 万 km,实现了跨越式发展,2022 年底已达到 17.73 万 km(图 1-2)。高速公路的快速发展,大大缩短了省际、重要城市间的时空距离,高速公路骨架逐步构建,大幅提升了综合交通快速网服务效率。

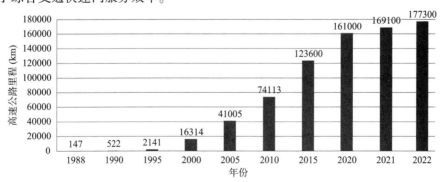

图 1-2　全国高速公路里程发展示意图

（三）普通国省干线网络不断完善

改革开放以来，在多轮科学规划的指导下，普通国省干线网络不断完善，通达深度不断提高。截至 2022 年底，普通国道网规模达到 37.95 万 km，普通省道网规模达到 39.36 万 km，已形成广泛连接全国县级及以上行政区、重要乡镇、产业园区、交通枢纽及旅游景区的普通国省干线网。普通国省干线的服务品质明显提升，路况不断改善，安全设施、便民服务设施等更加齐全，有效促进了沿线经济发展和城镇化建设。出疆入藏、沿海、沿边、沿江等重大战略骨干通道初具形态，跨大江大河、跨海湾等公铁共建桥隧工程有序推进；全国跨区域、大容量的快速公路通道已基本形成，基本实现 1000km 以内省会城市当日到达，区域间互联互通水平达到新高度。

（四）农村公路通达深度不断提高

农村公路是覆盖范围最广、服务人口最多、提供服务最普遍、公益性最强的交通基础设施。党的十八大以来，交通运输部全面推进"四好农村路"建设，健全完善"四好农村路"高质量发展体系，初步形成了以县城为中心、乡镇、建制村为节点，遍布农村、连接城乡的农村公路交通网络，农村公路的路网密度、通达深度、管养水平、服务能力、质量安全水平、技术等级不断提高，农村交通运输的服务能力和服务水平不断提升，历史性改变了农村地区交通面貌，体现了农村公路普惠性的根本性质，为脱贫攻坚衔接乡村振兴提供了有力保障。截至 2020 年 9 月，我国已实现了具备条件的乡镇和建制村 100% 通硬化路、通客车的"两通"目标，亿万农村群众实现了"出门水泥路，抬脚上客车"的梦想。截至 2022 年底，农村公路里程 453.14 万 km，其中县道里程 69.96 万 km、乡道里程 124.32 万 km、村道里程 258.86 万 km，等级公路比例达 96.4%。

（五）桥梁建设进入国际先进行列

我国桥梁数量多年位居世界第一，在世界排名前十的主跨最大的悬索桥、斜拉桥、拱桥、预应力混凝土梁桥、跨海大桥中，我国桥梁的数量都占到一半以上。截至 2022 年底，我国桥梁总数达到 103.32 万座、8576.49 万延米，其中，特大桥梁 8816 座、1621.44 万延米，大桥 15.96 万座、4431.93 万延米。我国先后在长江、黄河等大江大河和海湾地区，建成了一大批深基础、大跨径、技术含量高的世界级公路桥梁，润扬长江公路大桥、苏通长江公路大桥、杭州湾跨海大桥、舟山西堠门跨海大桥等一批世界级桥梁相继建成通车。2011 年 6 月 30 日，纵贯苏南地区的世界第一长桥丹昆特大桥正式开通运营，全长 164.85km；2016 年 12 月 29 日，贵州的"世界最高桥"北盘江大桥正式通车，桥面至江面垂直高度为 565.4m；2018 年建成的港珠澳跨海大桥，是世界上最长的跨海大桥，全长 55km，由桥、隧、人工岛三部分组成，桥梁长度和建桥难度都是世界之最，其中的沉管隧道是世界上最长最深的，申请了 400 多项新专利，7 项为世界之最，设计寿命 120 年。

（六）隧道建设能力迅速提升

截至 2022 年底，全国公路隧道为 24850 处、里程总长达到了 2678.43 万延米，其中，特长隧道 1752 处、795.11 万延米,长隧道 6751 处、1172.82 万延米。全长 18.02km 的秦岭终南山隧道双洞长度位居世界第一。随着公路的快速发展和技术水平的不断提高,山岭长大隧道、深水海底隧道不断涌现,施工及运营管理技术不断提高,运营服务不断完善。厦门翔安隧道实现了海底隧道建设的新突破,上海越江隧道盾构直径达到了 15.43m。四川省二郎山主隧道长 4.2km,洞口海拔 2200m,是我国公路隧道中埋藏最深(埋深 830m),地应力最大(最大 50MPa),岩爆、大变形、暗河等不良地质情况最多,地下水富集(勘探孔中承压水头高达 115.4m)的一条山岭公路隧道。四川华蓥山隧道全长 4.7km,沿线穿越煤层、岩溶地质、断层、背斜高应力核部,并伴有瓦斯、天然气、石油气、硫化氢等多种毒害气体。这些隧道集中体现了我国的隧道建设能力和技术水平。

二、行业管理现状

我国公路行业管理坚持以规划为引领,在公路建设、养护管理方面出台多项政策、制度、标准规范,不断提升公路基础设施供给能力和质量,寻求创新,坚持绿色发展、转型升级,不断提升公路养护效能、安全应急保障能力,以及路网管理运行和服务水平,促进融合发展,不断提升道路运输服务品质。改革开放以来,特别是党的十八大以来,公路交通充分发挥在综合交通运输体系中的基础性、先导性作用,紧紧抓住交通发展的战略机遇期和黄金时期,在路网建设、服务提升、转型发展等方面都取得了显著成绩,为综合交通运输体系发展奠定坚实基础,有力支撑了经济社会发展和国家综合实力提升。

(一)重视管养、提高效率

1. 公路养护成效显著

我国公路技术状况水平与通行质量得到良好保障,综合交通整体服务水平得到了进一步提升。2021 年公路养护统计数据显示,全国高速公路优等路率达到 91.63%,普通国道、普通省道优良路率分别达到 87.51%、81.11%,农村公路优良中路率达到 87.36%。公路服务区文明服务创建持续推进,服务区与旅游、文化等产业融合发展不断加强,公路服务设施服务水平显著提升,人民群众出行满意度不断提升。

2. 路网运行更加高效

随着收费公路改革持续深化,2020 年 1 月 1 日开始,我国成功取消了 487 个省界收费站。截至 2022 年 6 月底,全国建成了 28328 套 ETC 门架系统,基本实现了"一张网运行、一体化服务"目标。与此同时,我国收费公路制度改革不断深化,收费公路政策不断优化完善,积极推进减税降费,公路行业全面推广高速公路差异化收费政策、鲜活农产品运输"绿色通道"等优惠减免政策,持续降低物流成本、提升运输效率。基本形成了覆盖广泛、质量优良、运行良好的公路网络,路网运行服务水平不断提升,人民群众出行由"走得了"向"走得好"升级发展,人民群众出行越来越便捷。

(二)寻求创新、提升能力

1. 公路建设技术不断创新

交通运输部基本形成了由 145 项技术标准组成的公路工程标准体系。高原冻土、膨胀土、沙漠等特殊地质公路建设技术、高寒高海拔地区高速公路建设等技术难题陆续攻克。在建和在役公路桥梁、隧道总规模世界第一，港珠澳大桥等一批重大项目陆续建成。公路建造技术、建造水平达到世界一流水准，特大桥隧建造技术达到世界先进水平。

2. 公路建养手段不断增加

全寿命周期公路建设理念、建筑信息模型（BIM）技术、公路基础设施集约化应用技术等在公路建设中不断应用，科学养护、绿色养护、预防性养护、沥青再生技术等在公路养护中的应用也是越来越多，公路工程新材料、新工艺在公路建养中发挥越来越重要的作用。

3. 智慧交通建设加快推进

在公路交通运输领域，我国广泛应用大数据、云计算、物联网、移动互联网等信息通信技术，支撑了综合交通智能化发展，加快了综合交通数字化进程。智慧公路应用逐步深入，智能网联汽车加快应用，新能源汽车保有量占全球总量一半以上。

（三）保通保畅、注重安全

1. 保通保畅工作不断加强

我国公路交通打通了"大动脉"，畅通了"微循环"，运输网络更加畅通、韧性更强。公路承担着国家战备物资、应急物资、鲜活农产品、重要防疫物资、抢险救灾物资，以及粮食化肥等重要生产生活物资运输的服务保障。在历次重大地震地质灾害、极端恶劣天气、重特大交通事故等突发事件的应急处置等方面，往往唯一通道是公路，直达灾区的是公路，最先抢通的也是公路。特别是在全力打好疫情防控阻击战中，公路交通主动担当、迎难而上，发挥了极其重要的作用。

2. 公路基础设施本质安全持续提升

近几年，交通运输部通过持续实施乡道及以上公路安全生命防护工程、干线公路灾害防治工程、危桥改造工程以及公路隧道、标志标线安全隐患排查治理等，夯实安全发展基础。2012—2021年底，累计实施公路安全生命防护工程130万km，改造危旧桥梁5.89万座。平安百年品质工程建设进一步加快。

3. 应急保障能力不断提高

我国不断完善公路交通应急救援体系，持续优化应急队伍、物资和设备配置，逐步完善应急保障预案，应急处置能力继续提升，重特大突发事件直报快报应急处置和抢通保通组织协调能力不断增强。在应对各类自然灾害、突发事件时，及时调拨国家区域性公路交通应急装备，不断提升公路抢通保通保畅能力。

（四）绿色低碳、转型发展

1. 绿色低碳发展持续推进

我国在公路交通行业深入推广应用了新能源、清洁能源。截至2023年6月底，全国5931个高速公路服务区内建成运营充电桩超过1.859万个。2021年全网ETC日均使用率超过67%，因不停车收费减少车辆起停，对节约燃油及减少一氧化碳排放效果显著。

2. 绿色公路建设广泛推动

自2016年以来，交通运输部印发了《关于实施绿色公路建设的指导意见》，发布了《绿色公路建设技术指南》,开展了 33 条绿色公路典型示范工程。注重线位资源统筹,广泛应用土地资源节约集约、废旧材料循环利用、标准化施工、养护便利化等,推动公路建设与生态环境更加融合协调。公路交通领域污染防治工作不断推进,污染治理取得明显成效。

(五)推动改革、优化体系

1. 公路交通重点领域改革持续深化,有力支撑了综合交通运输制度建设

公路建设管理体制、养护管理体制、投融资、综合执法、建设市场监管等重点领域改革扎实推进。农村公路管理养护主体责任进一步夯实,全面推行县、乡、村三级"路长制",截至 2022 年底,全国有农村公路管理任务的县级行政单位"路长制"覆盖率达 98.7%。公路交通运输治理体系建设逐步健全,法律法规体系初步形成,治理能力不断增强。

2. 公路交通营商环境不断优化,逐步形成公平开放、统一透明的大市场

推进简政放权,推出了统一全国公路养护资质准入条件、下放行政许可事项、简化资质重新核定标准等深化"放管服"改革措施。深化"互联网+政务服务",简化申报材料,压缩审批周期。建设市场监管不断强化,深入推进"双随机、一公开"方式监管,公路建设市场信用管理体系加快构建,信用监管持续推进。

3. 重点领域治理不断推进

车辆超限超载治理深入推进,健全完善治超监控设施网,全面实施高速公路入口治超,截至 2021 年底,全国高速公路货车平均超限超载率下降到 0.05% 以下。大件运输许可服务持续优化,全面推行"不见面"许可服务和分类许可。

(六)凸显主力、融合发展

1. 主力担当作用不断彰显

截至 2021 年 2 月,国家综合立体交通网"678"主骨架实体线网中,国家高速公路和普通国道规模达到 13.3 万 km,约占总规模的 46%。旅客运输方面,2021 年公路营业性客运量约占全社会客运量(不含小汽车出行)的 61%;货运方面,公路货运量约占全社会货运量的 74% 左右;尤其是港口集疏运方面,公路承担了全国主要港口 70% 以上的货物集疏运量,以及港口集装箱 80% 的集疏运量。

2. 持续推动综合交通一体化融合发展

积极推动干线公路进站进港,进一步提升衔接转换效率;其中,高速公路结合城市道路已衔接我国所有民航机场、高铁车站和二级以上铁路客运站;二级及以上公路连接了全国二级以上铁路货运站和编组站、沿海和内河主要港口重要港区。在路网运行速度上,2020 年全国高速公路平均行程车速达到 98.2km/h,平均行程车速呈上升趋势,群众出行越来越顺畅。

三、公路发展经验

公路建设的快速发展,对促进国民经济发展和社会进步发挥了重要作用。一是公路交通是通达率最广、与人民群众生产生活联系最为密切的一种运输方式,是综合运输体系的基础和骨干,公路交通的快速发展,为人们出行和货物流通提供了良好的基础设施,为经济和

社会的发展奠定了良好的基础;二是改善了投资环境,促进了沿线地区土地开发和产业结构调整,促进了沿线经济产业带的形成和区域经济的繁荣;三是农村公路的建设改善了贫困地区的交通条件,促进了农村发展、加快了农民脱贫致富的步伐;四是通过公路建设,扩大了内需,带动了建材、石化、机械、汽车、运输、旅游、商业等相关行业的发展,为经济增长做出了贡献;五是公路建设增加了就业机会,促进了就业;六是公路的开通促进了信息交流,使沿线人民群众开阔了眼界,转变了观念,促进了经济发展和社会进步。

通过长期发展和实践,我们探索出一条具有中国特色的公路发展道路,最重要的是紧紧抓住了国家加快基础设施建设的历史机遇,最显著的是公路建设实现了跨越式发展,最突出的是提出了完全符合中国国情的公路建设管理经验、运行模式和技术路线。多年来,我们积累了如下宝贵的经验。

(一) 坚持党的领导、政府主导

要坚持党的领导,认真落实党中央决策部署,发挥好党组织在把方向、谋大局、定政策、促改革中的统领作用和制度优势,发挥好各基层党组织的战斗堡垒作用,推动各级政府落实主体责任、发挥主导作用,公路事业发展才能坚定方向、永葆生机、拥有良好的政治保障。国家出台的"贷款修路、收费还贷"政策、开征车辆购置附加费政策、提高公路养路费费率政策等为公路建设融资奠定了良好的基础,促进了公路快速发展。

(二) 坚持以人为本、依靠人民

近些年,"四好农村路"建设、取消省界收费站、差异化收费、公路灾害风险普查、养护精细化提升等工作的推进,为建设人民满意交通提供了坚强支撑,始终做到公路发展为了人民、依靠人民,成果由人民共享、让人民满意。只有时刻牵挂人民群众的事情,不断满足老百姓的期盼,公路事业的发展才能固本强基。同时,也要充分依靠人民,比如健全农村公路群众性管养体制,进一步提高农村公路管养水平。在小型交通基础设施建设领域积极推广以工代赈,进一步开发"四好农村路"各类公益性岗位,吸收广大农民群众参与农村公路发展。农民群众收入不断增加,获得感、幸福感、安全感进一步增强。

(三) 坚持理念引领、规划先行

走资源节约型、环境友好型发展之路,"三个服务""四个交通""三个转变""五化工程管理""创新、协调、绿色、开放、共享"五大发展理念等发展现代交通运输业理念已成为行业共识。在总结不同发展阶段提出的先进理念的基础上,与时俱进,立足新发展阶段,完整、准确、全面贯彻新发展理念,坚持规划先行、示范引领,以推动高质量发展为主题,以满足人民日益增长的美好生活需要为根本目的,统筹发展和安全,优化完善路网布局,构建覆盖广泛、功能完备、集约高效、绿色智能、安全可靠的现代化高质量国家公路网,为加快建设交通强国夯实基础,为全面建设社会主义现代化国家当好先行。

(四) 坚持深化改革、创新驱动

注重体制机制创新,转变政府职能,依靠改革提高公路管理效能。只有推动全面深化改革,把创新作为引领发展的第一动力,公路事业才能破除体制机制障碍,才能不断完善发展体系。要坚持深化公路管养体制改革,以制度创新、科技创新、管理创新、技术创新等引领公路发展,推动公路高质量发展。

(五)坚持路地共建、凝聚合力

充分调动中央和地方、政府和市场、行业与社会、干部与群众各方面的积极性、主动性和创造性,推动建立路地共建机制,形成工作合力。只有充分发挥政府主导,吸引社会广泛参与,把公路建设、养护、管理由行业行为转变成政府行为、社会行为,才能形成上下联动、部门互动、社会参与的良好氛围,有力保障公路建设事业持续发展。

四、公路交通发展的新形势、新要求

在新时代新阶段,公路发展要锚定第二个百年奋斗目标,适应开启全面建设社会主义现代化国家新征程的更高要求。

(一)构建新发展格局,进一步完善公路基础设施网络

构建以国内大循环为主体、国内国际双循环相互促进的新发展格局,是与时俱进提升我国经济发展水平的战略抉择,也是塑造我国国际经济合作和竞争新优势的战略抉择。同时,随着消费不断升级,新模式新业态加快发展,消费对经济发展的基础性作用进一步增强。国内市场内需潜力不断释放,保障各类要素在国内各区域间自由高效流动显得尤为关键。公路是综合交通运输体系中规模最大、覆盖面最广、受益人口最多的运输方式,在构建新发展格局中具有至关重要的基础和保障作用。这就要求扭住扩大内需的战略基点,进一步完善公路基础设施网络。要加强基础设施"硬联通"、制度规则"软联通",促进陆、海、天、网"四位一体"互联互通。公路交通是基础设施互联互通的先行领域,是畅通国内国际双循环和建设现代流通体系的基本支撑。要着眼服务构建新发展格局,围绕加快建设交通强国、构建现代化高质量综合立体交通网,把联网、补网、强链作为建设的重点,着力优网络、畅通道、促衔接,畅通"大动脉",加快提升"6轴7廊8通道"国家综合立体交通网主骨架中的公路大通道能力;完善"微循环",加强公路网络对重要城镇、产业园区、旅游景区等经济节点的连接;优化供给结构,强化供给能力,畅通现代流通体系和国际物流供应链体系,形成需求牵引供给、供给创造需求的更高水平动态平衡,助力筑牢国民经济循环底盘。

(二)实现高质量发展,提升公路交通服务质量和效率

党的十九届五中全会强调要以高质量发展为主题推动"十四五"时期经济社会发展。党的十九届六中全会也强调坚持发展是硬道理。党的二十大明确要求,要坚持以推动高质量发展为主题,把实施扩大内需战略同深化供给侧结构性改革有机结合起来,增强国内大循环内生动力和可靠性,提升国际循环质量和水平,加快建设现代化经济体系,着力提高全要素生产率,着力提升产业链供应链韧性和安全水平,着力推进城乡融合和区域协调发展,推动经济实现质的有效提升和量的合理增长。

高质量发展是全面建设社会主义现代化国家的首要任务,建设布局完善、立体互联的现代化交通基础设施是持续推动交通运输高质量发展的核心要义。2020年7月30日召开的中央政治局会议明确指出,我国已进入高质量发展阶段。人民生活水平持续提高,人民群众对运输服务的品质要求也不断提高,从"走得了"向"走得好""走得舒心""走得放心"转变,多层次、多样化、个性化的出行需求和小批量、高价值、分散性、快速化的货运需求不断增加。运输需求层次的不断提升,要求在继续加快完善公路基础设施网络的同时,更加注重提升服务质量和效率,提供多样化、人性化、高品质的公路运输服务,提升对运输需求的适配性,支撑现代流通体系构建,不断增强人民群众的获得感、幸福感、安全感。

(三)坚持创新性发展,强化科技赋能加快数字化发展

创新是引领发展的第一动力,是建设现代化经济体系的战略支撑。党的十九届五中全会明确提出,坚持创新在我国现代化建设全局中的核心地位。《国家综合立体交通网规划纲要》强调要坚持创新核心地位,注重科技赋能,促进交通运输提效能、扩功能、增动能。当前,新一轮科技革命正掀起产业变革的浪潮,数字经济、人工智能等新技术层出不穷,数字化、信息化正与各行业深度融合,交通领域的新业态、新模式和新技术不断涌现。

这就要求公路交通抢抓数字化经济的重要发展机遇,注重科技创新赋能,加快数字化发展,促进前沿科技与公路交通的深度融合,争当新基建主力军,不断提高建设、管理、养护、运营的智能化水平,坚持走依靠创新驱动提升资源配置效率的发展之路,全面塑造发展新优势。

(1)要以数据为关键要素和核心驱动培育新动能,以数字技术驱动公路交通产业转型,协同推进技术、模式、业态和制度创新。

(2)要以网络化思维和网络化技术打造路网运行最强"大脑",实现信息共享、生产对接、业务协同和服务整合,提升公路服务的便捷性和精准性。

(3)要以应用场景创新引导公路新业态。要求加强公路运营和服务的应用场景和商业模式通过数字化实现融合创新,与商贸物流、旅游休闲等产业有机融合。

(4)要以创新驱动构建公路建设新模式。利用现代信息技术,大力推进三维协同设计、智慧建造、智慧工地、智慧监管,实现公路建设全寿命周期数字化,成为推动公路建设高质量发展的必然要求。

(四)统筹发展和安全,提高安保能力和设施安全水平

当前和今后一个时期,要坚持总体国家安全观,实施国家安全战略,维护和塑造国家安全,把安全发展贯穿国家发展各领域和全过程,加强国家安全体系和能力建设,确保国家经济安全,保障人民生命安全,维护社会稳定和安全。公路交通是国民经济循环的动脉,是保障粮食、能源、矿产等民生和战略物资运输,维护国际国内产业链供应链安全的关键环节,是有效应对自然灾害、事故灾难、公共卫生事件和社会安全事件的关键保障。公路交通安全也与人民生命和财产安全息息相关。

统筹发展与安全,要求进一步强化国防通道布设,提高公路网络系统韧性,加强应急物

流体系建设,增强公路交通的安全保障能力。同时,要贯彻落实国家总体安全观,始终坚持人民至上、生命至上,把安全发展理念落实到公路交通发展各领域、各环节。以提升公路基础设施本质安全为重点,加强建设、维护、运行安全风险管控,提高设施安全性和可靠性。不断健全完善公路自然灾害防治体系,统筹公路应急资源保障,做好抢通保通保畅工作,提高公路交通应急处置和救援能力。强化公路桥梁、隧道重大风险隐患排查和防范化解,不断提升公路基础设施技术状况、运行监测和应急处置水平。加强国防安全保障,强化行业金融风险防范化解,坚决做到确保交通运输安全,确保人民生命安全,为加快建设交通强国打下坚实基础。

(五)践行绿色发展理念,建设绿色循环低碳的公路交通运输体系

生态文明建设是关系中华民族永续发展的根本大计,必须坚持"绿水青山就是金山银山"理念,深入实施可持续发展战略,构建生态文明体系,促进经济社会发展全面绿色转型,建设人与自然和谐共生的现代化。尊重自然、顺应自然、保护自然,是全面建设社会主义现代化国家的内在要求。碳达峰、碳中和是以习近平同志为核心的党中央统筹国内国际两个大局作出的重大战略决策,是着力解决资源环境约束突出问题、实现中华民族永续发展的必然选择。实现碳达峰、碳中和,是一场广泛而深刻的经济社会变革,是一项复杂工程和长期任务,交通运输行业肩负着义不容辞的责任担当。

扎实推进"双碳"工作,公路交通必须深入落实绿色发展、生态环保理念,将绿色低碳理念贯穿于交通基础设施规划、建设、运营和维护全过程,推进建管养运一体化,降低全生命周期能耗和碳排放。加快推进绿色、环保、低碳的建设方式和运输组织模式,坚持集节约利用土地、岸线等资源,加强节能减排、污染防治和环境修复,提升公路沿线绿化植被碳汇能力,协同推进公路交通高质量发展和生态环境高水平保护,实现全寿命周期内生产要素投入少、资源配置效率高、资源环境成本低、经济社会效益好的内涵式发展,建设绿色循环低碳的公路交通运输体系,促进公路交通运输与自然和谐发展。

(六)推进交通强国建设,推动公路与其他运输方式融合发展

建设交通强国是以习近平同志为核心的党中央立足国情、着眼全局、面向未来作出的重大战略决策,是新时代赋予交通运输行业的历史使命。《国家综合立体交通网规划纲要》提出"强化衔接联通,提升设施网络化和运输服务一体化水平,提升综合交通运输整体效率";"促进交通通道由单一向综合、由平面向立体发展,减少对空间的分割,提高国土空间利用效率。统筹考虑多种运输方式规划建设协同和新型运输方式探索应用,实现陆水空多种运输方式相互协同、深度融合"。

推进交通强国建设,构建综合立体交通网,迫切需要公路交通充分发挥比较优势,统筹集约利用通道资源、优化通道能力配置,进一步提高与其他运输方式之间的衔接转换效率,推动各运输方式一体化融合发展,促进综合交通运输体系的合理衔接和高效运行。

(七)推进国家治理体系和治理能力现代化,破解体制障碍

坚持和完善中国特色社会主义制度、推进国家治理体系和治理能力现代化,是关系党和

国家事业兴旺发达、国家长治久安、人民幸福安康的重大问题。党中央、国务院高度重视交通事业,出台了一系列重大利好政策,各相关部门和地方政府不断完善公路建设发展的配套政策和法规制度,形成了中国特色的公路发展政策法规体系和政策框架。

当前,国内外形势复杂多变,机遇与挑战并存,新阶段、新理念、新格局对公路发展提出了更高的要求,一些长期困扰公路交通行业发展的矛盾和潜在风险仍然存在,行业治理面临更加严峻的挑战。要针对制约行业高质量发展的深层次矛盾,着力破解体制机制障碍,在关键性、基础性重大改革上守正创新,推动投融资及规划、决策、设计、施工、运营、市场监管等各项制度不断完善和发展。发挥法治的引领和推动作用,用法治思维和法治方式推进公路交通治理体系和治理能力建设,进一步发挥社会协同共治作用,推动形成共建共治共享的公路交通治理新格局,把制度优势更好转化为行业治理效能,推动公路交通可持续发展。

(八)服务支撑共同富裕,促进公路交通服务均等化

扎实推进共同富裕,满足人民群众对美好生活的新需求、新向往,公路交通一要瞄准发展不平衡不充分的领域,瞄准缩小地区差距、城乡差距,聚焦关键、集中发力,充分发挥公路交通是农村地区、边远地区等特殊地区最基本甚至是唯一的出行方式的特点,改善人民群众的基本出行条件,推进城乡交通一体化,促进基本公共服务均等化,使交通发展成果更多更均衡地惠及广大人民。二要不断加大建设规模和投资力度,为社会提供更多就业岗位、吸纳更多劳动力,在稳住经济基本盘、做好兜底保障方面继续发挥重要作用。三要推动建设现代化经济体系,牢牢把握高质量发展这个根本要求,进一步优化存量资源配置,扩大优质增量供给,积极推进构建高质量发展、高品质服务、高效能治理、低成本运行的现代化公路交通网络。

(九)构建人类命运共同体,与世界相交、与时代相通

国际环境日趋复杂,世界进入动荡变革期,不稳定性不确定性明显增加。同时,随着国际力量对比深刻调整,人类命运共同体理念深入人心,区域经济一体化是大势所趋,特别是我国推动经济全球化带来新的发展机遇。在第二届联合国全球可持续交通大会开幕式上,习近平总书记指出:"交通要与世界相交、与时代相通,要顺应世界发展大势,推进全球交通合作,书写基础设施联通、贸易投资畅通、文明交融沟通的新篇章。"[1]

我国公路交通发展深受世界瞩目,国际合作前景广阔。要在推进全球交通合作进程中主动担当,在推进互联互通、促进公平普惠、增强发展动能、实现绿色低碳、完善全球治理中展现新作为,稳步推进"一带一路"交通国际合作,全面推进中国标准规范国际化,更好服务中国技术、中国标准、中国企业"走出去"战略,努力提升中国公路交通的国际话语权和规则制定权。

---

[1] 习近平:《与世界相交 与时代相通 在可持续发展道路上阔步前行——在第二届联合国全球可持续交通大会开幕式上的主旨讲话》,人民出版社2021年版,第2页。

第二节　发达国家公路交通发展经验与启示

一、发达国家公路发展主要特点

从国外的管理体制上来看,对于公路建设,特别是高等级公路建设,美国、德国、英国等采取的都是政府建设和管理的模式,日本、法国等国家则通过建立专门的全国性高速公路建设实体来进行高速公路的建设和管理。主要发达国家高速公路的发展大都经历了建设起步时期、集中20~30年的大规模快速发展时期、稳定发展与完善时期。

早在20世纪20—30年代,高速公路就开始在意大利、德国等西方发达国家出现。意大利于1924年修建了米兰—莱克斯高速公路,德国于1932年建成了波恩—科隆高速公路。随后发展的是美国、英国、法国、日本等国家。高速公路有计划、大规模建设是在20世纪50年代中期以后,此时西方主要发达国家开始从战时经济状态进入持续快速发展时期,交通运输需求总量不断增加,工业社会生产的多品种、少批量产品及高、精、尖产品大量增加,对运输的方便性、及时性要求明显提高。与此同时,汽车工业快速发展,公路运输逐渐成为综合运输体系中的基础运输方式,这对于高速公路的发展起到了直接的推动作用。

由于高速公路对国民经济和社会发展具有重要作用,许多国家把修建高速公路作为实现现代化的一项重要措施。从20世纪60—70年代开始,澳大利亚、西班牙、墨西哥、加拿大等国家也加入了修筑高速公路的行列。就世界范围来看,高速公路已发展到了一个比较成熟的阶段,无论其主体工程还是基础配套设施的发展已经相当完善,一些发达国家越来越重视高速公路的安全性、信息化管理、环境和景观等问题,并正向以计算机技术、现代通信技术和现代控制技术为基础的智能交通系统发展。

以三个国家为例,来介绍发达国家公路发展经验。

(一)美国

1. 政府立法建设高速公路网络

在20世纪40年代中—50年代初,美国高速公路开始起步建设,但发展速度相对较慢,而在1956—1978年,美国高速公路建设进入快速发展阶段,在以后的几十年间,开始进入稳定发展期。

美国于1938年提出建设总长度约4.3万km的跨区域公路系统的设想,1941年提出研究建立6.3万km"国家州际公路系统"的必要性。1944年的《联邦资助公路法案》将其总长度扩展到6.5万km,正式提出了"国家州际公路系统"这一概念,要求尽可能连接主要的大都市地区、城市和工业中心,并服务于国防,与加拿大和墨西哥连接的具有大陆交通意义的公路干线也在考虑之内。但是由于该法案及整个20世纪40年代的其他法案都没有为州际公路系统的建设解决资金来源,加之受第二次世界大战的影响,其建设速度相当缓慢。

1956年通过的《联邦资助公路法》和《公路税收法案》决定征收燃油税和重要汽车配件消费税等,建立州际公路信托基金,解决了州际公路建设资金问题。在1957—1959财政年度,按照人口占 2/3、土地占 1/6、州际公路里程占 1/6 的比例给各州分配基金。从 1960 财政年度开始,采用分期拨付的方式,联邦政府承担州际高速公路建设费用的 90%,其余 10% 由各州政府承担。此外,该法案将州际公路系统扩大到 6.66 万 km,目标是服务于全国,为不同地区居民提供公平均等的发展机会,连接所有 5 万人口以上的城市,全部控制出入,消除公路和铁路的平交,绝大部分路段应不少于四车道,在交通量稀少的路段允许两车道,城市出入口路段应建成六至八车道,并能适应未来 20 年交通需求的增长,可承担全美公路交通总量的 20%~25%。1966 年又通过立法明确规定,州际公路不管交通量大小,至少要修建四车道,且取消一切平交,同时允许各州将符合州际公路标准的收费道路、桥梁、隧道纳入州际公路系统。因此,美国州际公路系统的规模和布局得到不断扩大和完善。1956 年的《联邦资助公路法》确保了州际公路在"用者付费"的原则下修建,既为该系统的建设提供了资金保障,又实现了"不增加联邦政府财政赤字"的基本要求。

同时,美国十分重视综合运输通道中的高速公路建设,公路运输因其快速、方便而在运输通道中发挥着重要作用。

2. 应用科技提高建设管理水平

美国非常注重科技应用,不断提高公路建设水平。美国联邦公路总署(FHWA)自 1986 年启动了"夏普计划"(战略公路科研项目),受委托的交通运输研究部(TRB)经过五年半的研究,取得了大量的成果,其中涉及公路路面材料的包括沥青混合料路用性能规范(包括规格试验方法、混合料配合比设计、使用性能评价等)、环保性混凝土(包括减轻环境负荷型混凝土和生态型混凝土)、超高强混凝土等,实现通过路用新材料开发改善公路路面的稳定性和耐久性要求,并提升了道路管理科技化水平。

美国以信息化技术为突破,大力发展智能交通。美国是最早对智能交通系统(Intelligent Transportation System,ITS)进行研究开发的国家。早在 20 世纪 60 年代,ITS 就初见雏形,在后续的数十年当中,美国相继开展了对于电子路径导向系统以及道路系统的研究。后来,美国智能交通系统协会正式提出了 ITS 的概念,这一系统能够实现对于交通运输情况的实时监测,从而帮助人们选定最适宜的出行路线,极大程度上缓解了交通运输的压力。美国代表性的 ITS 有:TRAVTEK 城市交通诱导系统,由交通管理中心、信息与服务中心和装有导航装置的车辆组成,该系统以实时路线引导和信息服务实用化为目的;先进的驾驶员与车辆顾问导航系统(Advanced Driver and Vehicle Advisory Navigation Concept,ADVANCE)是通过电波的双向通信直接将车载导航装置和交通管制中心连通,所以,车辆传感器等现有的信息源也可作为交通信息,同时还可利用行驶在区域内参加运行车辆的行驶时间数据;交通引导与先进控制的快速安全旅行系统(Faster And Safer Travel through Traffic Routing and Advanced Control,FASTTRAC)是把先进的交通管理系统(ATMS)和出行者信息系统(ATIS)组合在一起的 ITS 项目。

3. 先进理念指导公路养护工作

美国的公路普遍进入了大、中修期,因此,美国进行了大量的养护实体工程,具有丰富的道路养护经验。

(1) 养护体制健全。

全面实施机械化养护,加强公路养护技术科学管理,人员及装备的配置充分体现了技术密集型的特点。美国国道和州道的养护管理都由各州运输厅具体负责组织,公路养护分为具体养护和交通维护两大类。其中,交通维护类似于我国养护巡查、小修保养和紧急情况的处理,其他养护工程都归为具体养护。交通维护有两种组织形式,一是由州公路管理机构直接设立巡查快递负责,目前美国大部分州都是这种模式,二是由州公路管理机构整体发包给私人养护公司,目前美国许多州开始趋向于借鉴这种模式。具体专项养护一般委托给专门的养护公司承担,按照 AASHTO(美国国家公路和运输官员协会)出版的《成员组织现场承包养护概况》《典型承包养护工程工作和各种范围及单位成本》及其他养护手册规定,公路管理机构以业主的身份负责承包工程的谈判,并监督合同执行和验收工作。

(2)科学化的养护决策。

美国公路路面养护决策过程主要包括在养护施工方案确定前,进行详细的调查和分析,运用系统研究的方法,反复比较各种方案的投入与产出(一般使用"现值比较"法和"年平均成本比较"两种方法),确定一个与当地材料、环境、工程条件和施工成本相适的方案,以达到资源节约、环境友好、质量保证、实现可持续发展的目标。

(3)先进的养护策略。

美国公路养护立足于全路网和全行业的角度理解养护,养护策略主要有好路优先养护,强化路面保值—路面养护—预防性养护,根据技术路线对症下药。

(4)养护作业实施机械化。

高速公路养护作业多采用高效专用设备进行养护,如多功能养护车、通用底盘配置多尾机等。

(5)非常重视交通运输安全,2007年美国交通运输安全预算为159亿美元,占交通运输财政预算的24.3%,其中公路安全相关预算为48亿元占公路相关预算的12%。

(二)日本

1.收费公路制度解决资金问题

日本的高速公路网规划开始于20世纪40年代初。尽管当时日本的经济实力还很弱,财政困难,但日本政府认识到公路交通落后已成为经济发展的障碍,经过调查和研讨,1943年,日本提出了5490km的高速汽车国道规划方案。1955—1957年,日本国会讨论并通过了《国土开发纵贯公路建设法》《高速公路法》和《道路公团法》,正式批准了7条纵贯国土、共计3730km的高速公路建设计划,并成立高速公路公团专门负责高速公路的建设和管理工作。1966年,日本国会通过的《国土开发干线公路建设法》明确提出,至2000年,全国建设32条、总长7600km的高速公路网的发展规划。1987年日本内阁会议决定将1966年法定的7600km高速公路扩展到1.4万km,并更名为"高标准干线公路"。

高速公路建设计划的有效实施,必须有长期、稳定和充足的资金来源为保障。日本在开始修建高速公路时财政十分困难,无力解决高速公路建设资金问题,因此不得不借助于日本1952年通过立法建立和实施的收费公路制度,采取借款修路、过路收费、收费还债的办法解决财力不足的问题。其中第一条高速公路——名神高速公路是通过向世界银行贷款建设的,1966年建成通车后,取得了巨大的社会效益和经济效益。这种制度至今仍在日本高速公路建设和资金筹措中发挥重要作用。按照这种制度,道路的建设资金从政府和金融机构借款取得,并通过道路通车后收取的通行费来偿还。此外,日本政府每年还向高速公路建设拨款,主要用于贴息。

2. 高速公路投融资体制的改革

日本在高速公路发展初期,建设任务由政府直接承担,由于缺少整体规划和协同机制,高速公路的发展一度十分混乱。因此,在日本道路委员会的建议下,1956 年成立了国有的日本道路公团,负责全面实施高速公路发展规划,管理原交通省和各地政府管理的高速公路项目,后来又陆续成立了首都高速道路公团、阪神高速道路公团和本州四国联络桥公团,统称"日本道路四公团"。然而,由于对道路公团缺乏有效的监督管理机制,而且道路公团在运营管理上缺乏成本控制意识,导致公路债务日益庞大。

为有效处理公路债务,提高运营管理效率,日本政府于 2005 年开启了高速公路投融资体制改革。

(1)拆分和改组。2004 年 6 月,日本国会通过立法,将 4 个道路公团拆分为 6 个负责公路建设和管理的新公司以及 1 个道路保有和债务偿还机构(独立行政法人)。日本道路公团拆分为东日本、中日本和西日本 3 个高速公路公司,首都高速、阪神高速、本州四国联络桥 3 个道路公团分别改组为同名的公司。

(2)明晰资产债务关系。明确公路资产归日本政府所有,债务由新设立的独立行政法人(日本道路保有和债务偿还机构)代政府持有。改革后,独立行政法人承接了原有 4 个道路公团总计 40 万亿日元的债务,并计划在 45 年内用高速公路收费收入偿还,最终实现高速公路免费开放的目标。

(3)建立租赁和监督关系。独立行政法人与 6 个高速公路公司签订租赁经营协议,公路资产以租赁的方式交由高速公路公司经营。新建成项目的资产归政府所有,同时向独立行政法人移交相关债务。根据《日本高速公路公司法》规定:中央政府必须持有 6 个高速公路公司股份的 1/3 以上,其他出资方和出资比率也由中央政府决定。各公司在发行新股及债券、合并、分割、解散等重大事项上,均需由国土交通省批准方可实施,6 个高速公路公司接收独立行政法人的监督。实际上,6 个高速公路公司均为国有控股企业,但 6 个公司最高负责人全部来自社会招聘。各公司与政府之间除了租赁关系以外,还存在着一定程度的资金交易关系。如:高速公路公司能够得到日本政府的无息贷款或政府担保债券,但有义务降低经营成本并接受政府的监督。

改革后,日本的高速公路建设资金由独立行政法人(日本道路保有和债务偿还机构)负责统一贷款,统一使用。高速公路养护任务由 6 个高速公路公司负责实施,养护资金主要来源于高速公路通行费收入。通行费收入扣除养护和管理等支出后,由高速公路公司上缴道路保有和债务偿还机构用于偿还债务。

3. ITS 提供高效服务

日本对 ITS 的研究较早,这与日本汽车普及程度和交通拥堵状况密切相关。1969 年,日本在一些城市开始用道路信息通告牌和广播,向行驶在路上的各种车辆提供拥堵信息。1973 年,以通产省为主开发的"汽车综合(交通)控制系统"[Comprehensive Automobile (traffic)Control System,CACS]被认为是日本最早的 ITS 项目,当时在世界上处于领先地位。1994 年 1 月,日本设立了专门负责联络 5 个省厅、大学和科研机构以及民间企业和促进 ITS 发展的机构——道路、交通、车辆智能化推进协会(Vehicle、Road and Traffic Intelligence Society,VERTIS),这是一个制定日本的 ITS 发展策略、协调工业和公用部门、在制定 ITS 标准方面产生国际影响的跨政府部门的组织。

日本的 ITS 研究与应用开发工作主要围绕三个方面进行,包括车辆信息与通信系统(Vehicle Information and Communication System,VICS)、ETC 系统、自动公路系统(Automated Highway System,AHS)。

1991 年,日本政府组织了警察厅、通产省、运输省、邮政省和建设省,集中之前的成果开发了 VICS,通过路侧红外线、电波标识或用调频广播向驾驶员提供出行时间、堵车信息、停车场信息等,把汽车导航系统与 VICS 联网,科学疏散了汽车在公路上的流量,合理分解了道路压力,从而成功解决了由于汽车数量的增加给道路交通带来的堵塞和拥挤。2002 年,VICS 系统的服务范围已覆盖了日本的主要城市。

1995 年 6 月,日本建设省开始组织 ETC 的试验并于 1996 年 3 月完成,1997 年开始进行试运行。日本 ETC 采用的是微波技术,收费站的通行能力提高为原来的 4 倍以上。

从 1994 年开始,日本建设省组织了以丰田公司为首的 25 家公司进行了 AHS 的研究与开发。1996 年 9 月在正式投入使用的高速公路上进行了 AHS 试验,为实现 ITS 的多元化,日本还先后制定了智能道路(Smartway)计划和先进安全型汽车(Advanced Safety Vehicle,ASV)计划。

1991 年,日本警察厅在新汽车交通信息通信系统(Advanced Mobile Traffic Information and Communication Systems,AMTICS)的基础上,独自开发了新交通管理系统(Universal Traffic Management System,UTMS),然后又升级为 21 世纪交通管理系统(Next Generation Universal Traffic Management System,UTMS21),这也是日本 ITS 的主要组成部分之一。系统应用了红外线感应器和光信标等现代传感器,通过双向通信,实现对数据及时的采集、传输、处理及分类功能。

4. 建设乡村驿站振兴乡村经济

日本的乡村驿站建设对于重塑乡村发展活力、推动城乡统筹发展起到非常重要的作用。二战后,日本伴随经济高速增长,乡村发展出现了"过疏化"和"老龄化"等问题。20 世纪 90 年代泡沫经济破灭后,日本乡村建设从"外生型"乡村振兴转向为以村民为主的自建运动,乡村驿站正是在这种背景下应运而生。1993 年,日本建设省(现国土交通省)批准建设了第一批复合多功能型休憩设施,这是乡村驿站的发端。当时建设的目的主要是为了提供安全、舒适的道路交通环境和振兴乡村经济。此后,乡村驿站逐渐吸引了其他社会团体、组织和机构加入,开始为村民提供医疗、教育培训、文化活动等多种形式的公共服务,并逐渐成为一种以交通配套服务为先导的复合多功能设施。据日本国土交通省统计,1993 年建设的第一批乡村驿站共 113 处。2012 年,日本乡村驿站的销售额已达 2100 亿日元,成为了日本乡村经济中一道令人瞩目的靓丽风景线。

日本的乡村驿站是指为了给一般道路(非高速公路)的使用者提供舒适、安全的休息环境,同时也是为了活化带动沿线地区发展、彰显沿线各地区的特色经济而建立的多功能复合的路边休憩设施,其基本理念是成为所在区域特色展示、所在地区生产和生活活化的节点。乡村驿站的功能主要有四个方面:一是休憩功能,即通过缓解驾驶者的疲劳以减少交通事故;二是展示功能,即为道路使用者提供所在区域的交通、旅游、物产、紧急医疗等信息;三是商业功能,即开展各种商业活动,以带动活化沿线地方经济;四是组织功能,即驿站成为联系所在地区周边农户、企业、政府、社会组织和道路使用者的纽带。

1）乡村驿站的设立

日本乡村驿站的设立采用申请—许可制的方式。设立计划主要由各地方政府(市町村)发起,由道路管理部门和市町村的相关部门对建设驿站的必要性进行论证。论证通过后交由市町村的相关部门制定详细的驿站建设规划,之后根据规划要求分别由道路管理部门和市町村等建设相关设施。设施建成后,市町村作为申请人向国土交通省提出注册申请。申请批准后,市町村等对驿站的经营管理方法进行充分论证后方能开业。

2）乡村驿站的运营与管理

乡村驿站的运营形态主要有公设公营、公设民营、民设民营三种,实际以公设民营方式居多。乡村驿站建设完成后,由市町村交由指定运营方,如指定管理者、第三部门、政府部门、财团法人等运营管理。其中,由指定管理者和第三部门管理和运营的方式有助于运用民间智慧以高效利用公共设施,提升服务质量,所以较多被采用。

3）类型

日本的乡村驿站根据发展模式可分为两类。一类是着眼于将外部活力引入乡村的门户型;另一类是着眼于激活乡村内部活力的中心型。根据区位的不同,也可分为城市近郊型、偏远山区型、观光地型等。

门户型乡村驿站主要通过旅游等手段增加观光人口以振兴乡村。其功能主要为以下三个方面。

（1）作为乡村旅游的窗口,与旅游协会等合作为旅游者深入乡村观光和外国游客前来乡村旅游提供指引,同时,也承接住宿预约等相关服务。

（2）提供相关的配套设施与服务,如银行 ATM 机、免税店、免费 WiFi、EV（电动汽车）充电站等。

（3）吸引城市居民参与乡村建设。1923 年日本关东大地震后,一部分城市居民意识到城市生活的危险,开始移居乡村。人口回归乡村的现象被称为"田园回归"。门户型乡村驿站可提供乡村住房和就业等信息,为他们移居提供便利,增强他们移居乡村的意愿。此外,还提供"故乡纳税"的相关信息服务,增强外部人群对乡村的认同,为乡村发展筹集资金。

中心型乡村驿站作为乡村的核心,主要支持乡村中心地建设。其主要功能有以下三个方面。

（1）利用乡村资源促进产业发展和实现经济振兴。包括利用乡村物产进行产品开发和乡村品牌创建,增加区域内农产品采购率和就业等。

（2）提供医疗、养老、行政等相关公共服务,提高乡村生活福祉水平。为使偏远地区村民享受公共服务,整备交通网络、提供石油制品方便出行等。

(3)发挥乡村防灾临时指挥中心作用。负责村民的日常防灾教育和实时灾害发布等。有条件的驿站还储备备用燃料和紧急电源等避难物质。在2011年东京大震灾时,日本东北地区的乡村驿站作为自卫队的后方支援基地发挥了很大作用。

(三)德国

1. 规划先行,步步推进公路建设

德国是世界上最早修建高速公路的国家,1939年,德国已建成高速公路3440km,但其早期修建的高速公路主要是用于军事。二战后,联邦德国在战后的头10年间主要致力于恢复、重建高速公路。从1955年开始,联邦德国又开始有计划地大规模修建高速公路。

联邦德国对全国公路网制定了长期规划和中期规划,规划以人口、经济、国土开发和环境保护的发展为基础,使所有5万人口以上的城市及大部分人口在5万以下的城市连通高速公路。1971年后,联邦德国又制定了为期15年的高速公路网建设规划,规划里程1.05万km,规划目标为全国各地都能在30min内到达高速公路。1985年,联邦德国高速公路总里程达到8198km,全国5万人口以上的城市及大部分5万人口以下的城市通了高速公路(距高速公路不到10km)。

德国统一后,又进一步制定了1991年—2010年州际高速公路发展计划,截至2010年,德国公路网的总里程超过23万km,高速公路承担了德国公路近50%的运输量。同时,在高速化和短途客运交通的地区化通过铁路运输来实现,并依托莱茵河、威悉河、易北河等河流形成了完善的内河现代水运体系,直通内陆腹地。总体来说,德国交通以公路运输为基础,各种运输方式互为补充的运输优势得以充分发挥。

截至2017年底,德国高速公路总里程达到1.28万km。德国处于欧洲中部,其大部分高速公路同时又承担着欧洲大陆交通的职能。因此,德国的高速公路网促进了整个欧洲经济开发以及邻国之间的经济交流。

德国干线公路与高速公路建设费用主要来自联邦、各州和私人投资,最早一段时间还有少量外来贷款,后期制定石油税收法后,则用汽车燃油税作为主要资金来源。联邦按税收情况制定整个经济开支计划。资金分配的总原则是以各州汽车保有量的增加情况、整个联邦地区的交通关系和各地的急迫性调查为依据而确定的,同时考虑到不同地区排除冬季冻害需要的资金。联邦高速公路的所有权归联邦政府,由联邦政府统一投资建设,建成后委托各州管理和养护。

同时,德国着力于完善综合运输体系,重点围绕货运中心等枢纽,优先资助公路与铁路、水路衔接,充分发挥三式联运模式,以寻求一种资源节约运行高效的服务方式。

2. 交通降噪的管理和技术措施

据相关调查资料显示,欧盟有12个国家的噪声污染较为严重,40%的居民每天生活在50分贝的噪声环境中,20%的人受到超过65分贝的交通噪声污染,然而,德国的交通噪声基本控制在40分贝以下,噪声污染明显低于其他欧盟国家。德国政府非常重视交通噪声污染的防治问题,采用了一系列交通降噪技术,并执行严格的交通噪声法律、法规,多措并举,大大降低了交通噪声,使德国的城市和乡镇及村庄都变得非常安静。

交通降噪技术措施有六个方面。

(1) 带空隙的降噪沥青路面。公路交通是德国最大的噪声来源,但在慕尼黑等地区道路附近的人们会感到公路上的噪声越来越小。德国公路的降噪原理是在路面设置许多孔隙率为9%~14%的小孔,利用孔隙吸收轮胎排挤的气体,从而降低噪声6分贝。

(2) 吸声并隔音的声屏障。吸声及隔音墙一般设计为2m、4m等不同高度,采用具有吸声和反射噪声两种功能的材料制成。吸声及隔音墙一般分为两种:一种是采用钢丝笼内装碎石作为吸声及隔音墙;另一种是采用天然植物加工成带空隙的吸声及隔音屏障。此外,就是采用化工材料生产的隔音墙,只有隔音功能,没有吸音功能。

(3) 下穿隧道降噪技术。德国高速公路和州际干道及乡镇道路在穿越乡镇、村庄时,即使是平地,公路也是采用下穿方式通过人口密集区,并在下穿通道上方填土栽种植物以吸收交通噪声。如果因地形限制无法做下穿隧道时,必须设置吸声和隔音的声屏障。

(4) 机场降噪技术。德国政府采取了在机场附近居民屋顶加装隔音设备、更换效果更佳的隔音门窗玻璃、安装隔音通风扇等技术措施。另外,德国通过"环流声场设计"原理,把飞机场设计成一个巨大的吸声器。比如,把机场搬迁到茂密的森林附近、广袤的原野上、空旷的大海上或湖边,让周边自然环境形成一个巨大的消声器,可降低机场附近噪声5~7分贝。

(5) 轨道交通降噪技术。德国的轨道交通系统非常发达,如地铁、快铁、轻轨、有轨电车等,通过增加地铁埋置深度,采用抗震性能良好的重型铁轨,轻轨系统采用高架桥梁并增设吸声及隔音墙,利用河流、乔木和灌木结合防噪林、防振墩柱缓冲器等方式降噪。

(6) 天然植物防护林屏障。德国高速公路和州际干道两侧几乎都有天然植物屏障。公路建设时期,在公路沿线栽植了大量的乔木和灌木相结合的绿化植物,现在公路沿线已形成了成片的绿色森林,这可降低交通噪声20~35分贝。采用森林加声屏障综合防噪技术,其防噪效果更佳,居住在高速公路附近的居民几乎感觉不到汽车噪声。

同时实施限制噪声的法律、法规等管理措施,比如专门制定了《噪声保护法》,德国的交通法律、法规非常健全,并且严格执行。

3. 道路交通安全已成社会共识

德国的道路交通安全工作之所以取得如此成就,不仅得益于政府的科学规划和良法制定,更得益于警方的严格执法,得益于德国各种协会、俱乐部、高校、企业等民间组织和社会团体所发挥的积极作用。同时,其强大的社会基础是根植于德国民众的良好道路交通安全意识和较高的文明素养。德国交通统计年鉴中20%篇幅用于分析交通安全,特别是道路交通安全问题,对保障安全的各项因素都做了详细的归类和分析,为安全问题评估提供了详实的数据支持。

1) 道路交通安全高度社会化,成为相关行业一致目标

德国的道路交通安全工作中,政府的职责主要在规划和立法,警方的职责更加专注于交通安全执法,其他的交通安全研究、宣传教育、事故预防对策、车辆安全检测等基础工作,则由各种协会、俱乐部、高校、企业等社会机构承担起来,形成了"小政府、大社会"的良好社会化格局,值得学习借鉴。

2) 立法设计保障严格执法,注重源头安全管理

德国的道路交通安全法律制度严密、完善,为了保障交通安全,有些规定近似严苛,同时

还在不断地结合安全形势修改完善。一是考试制度严格。二是记分制度严格。三是营运车辆管理制度严格。

3) 交通管理执法重点突出,道路通行规范有序

柏林交通警察局主要负责大型活动交通安保和交通执法工作。他们通过汇聚近20年来柏林交通事故的数据并进行分析,针对事故发生的规律特点,合理调配警力部署并针对重点车辆和重点违法开展交通执法,在查处酒驾、超速等违法行为和监管大型货物运输、危险品运输等方面都有一系列成熟的工作方法,并有完备的法规、标准体系支撑和良好的装备保障,确保执法规范、高效。

4) 交通事故救援高度专业化,有效减少死亡人数

在德国,大量的交通事故现场救援由全德汽车俱乐部(ADAC)承担,这是一个于1903年创立的民营非营利社会组织。目前共有1900万名会员,占德国驾驶人总数的三分之一。同时,ADAC专门设立了空中救援部门,拥有37架救援直升机,能够在15min内到达高速公路、边远地区以及交通拥堵地区,对交通事故危重伤员实施现场救援,他们能够为全国90%以上的地区实施快速救援服务。高水平的医疗救护是德国交通事故死亡率非常低的另一个重要原因。

5) 交通安全教育针对性很强,与事故预防紧密结合

德国交通安全宣传教育具有很强的针对性和专业性,按照不同年龄段和交通方式划分人群,并且会根据交通事故伤亡人员的年龄结构特点,开展针对性的宣传教育。例如,德国联邦交通委员会(DVR)分别设立了儿童、青少年、成年人、驾校学员和老年人的交通安全委员会,德国交通观察员协会(DVW)也分别面向学龄前儿童、年轻驾驶人、老年人和骑自行车人等重点人群开展宣传活动。此外,德国还推出了一项长期的交通安全宣传活动,通过向市民提供优惠甚至免费的方式来提升宣传活动的参与度。优惠根据年龄、交通方式、网站学习者类型分为13大类,一共提供了193项优惠活动。

6) 智能交通网络高度发达,道路交通信息集成共享

德国拥有良好的交通基础设施,不论是高速公路,还是普通道路,各种道路管理和监控设施非常完备。高速公路上平均每2km就有一个道路监测站用于收集与交通有关的数据,如车型、速度、车辆数、降雨量、盐碱度、温度、能见度等交通信息,在道路拥堵时,还能随时报警,准确地向交通管控中心发出信息,做到全路段监控无盲区。在高速公路上平均每2km还设置了可变限速标志牌,交通管控中心根据路面交通流量和道路状况、天气情况,适时调整行驶速度限制,在路面可变限速标志牌上显示出来,要求驾驶人降低车速,保持车距。

二、对我国公路发展的启示

总结发达国家公路发展的经验,可以得到如下启示。

(一) 推动公路建设,促进经济发展

公路交通运输业是国民经济先导性基础产业,公路的建设与发展在发达国家具有超前性,尤其是高等级公路建设适度超前于国民经济发展。大部分国家都是在国家经济实力相

对较弱,但经济发展处于振兴阶段,需求旺盛,干线公路基础设施又严重不足的情况下,开始修建高速公路。公路网络建设对各国经济与社会发展起到了巨大的推动和促进作用。大多数国家的高速公路里程仅占公路网总里程的1%~2%左右,但承担的汽车行驶量却占总量的20%以上。高速公路已经成为各国交通运输系统的主动脉。发达国家的实践证明,高速公路的建设与发展能够有效地促进国民经济的增长,推动国土资源均衡开发,加快城市化进程,提高人民生活质量和水平,并在汽车等相关产业的发展、增加就业等方面发挥重要作用。

(二)注重公路规划,倡导先进理念

政府高度重视国家级高速公路网络规划建设,基本上由中央统一进行建设规划,充分体现国家意志并具有权威性,任何建设和管理机构不得随意更改规划确定的路线、工程项目和技术标准。制定相应的法律法规,为高速公路建设提供长期、稳定、充足的资金来源,有效保障了高速公路发展规划的实施。同时,发达国家在公路规划与决策阶段,注重公路交通服务均等化和绿色环保、安全至上等先进理念。注重满足不同层次客货运输需求,维护交通出行基本权益,提供均等化公路交通服务;在规划到运营管理全寿命周期的决策过程中,发达国家始终贯彻绿色环保理念,包括严格执行公路节能设计标准、优化选线、减少耕地占用,针对交通污染,注重修建声屏障和绿化设施限制公路交通汽车尾气排放等;发达国家始终把增强现有交通技术设施的安全性作为优先项目,通过制定完善的法律体系和相应的公路交通安全设施设计规范,提高公路交通运营安全。

(三)注重功能衔接,发展综合运输

各国都比较注重以公路交通为基础,发展综合运输体系。在工业化进入中后期的阶段,大规模建设高速公路,已成为世界各国交通运输发展的共同规律。公路建设迅猛,不仅奠定了公路运输在综合运输体系中的基础性地位,而且公路运输在发达国家综合运输体系中的地位还在不断上升。发达国家注重不同交通方式之间的衔接、同一方式层级之间的衔接和城市内外道路之间的衔接。

(1)不同方式之间的衔接,公路作为最机动灵活的交通方式,在不同方式分工和协作的基础上,能够发挥不同方式的最大组合效益。

(2)同一方式层级之间的衔接,主要体现在高速公路、普通干线公路、一般地方公路之间衔接。

(3)城市内外道路之间的衔接,主要考虑随着城市用地的外延、城乡交通一体化进程加快,不同地理空间属性的公路与城市道路连接,主要通过公路与环线衔接、公路与城市道路立体交叉、公路与城市道路平面直接连通以及二者之间通过融合过渡等方面采取一系列的措施。

(四)注重科学管理,实现管养分离

注重养护决策科学化,在养护施工方案确定前,进行详细的调查和分析,运用系统研究的方法,确定一个与当地材料、环境、工程条件和施工成本相适的方案,以达到资源节约、环

境友好、质量保证、实现可持续发展的目标。注重养护策略先进性,立足于全路网和全行业的角度理解公路养护。注重养护设备先进性,养护机械产品种类多,规格齐全,具有成套成体系、机电液一体化、自动化水平高的特点,成为公路养护工作的重要支撑。注重养护管理科学化,发达国家建立的公路养护管理体系更加完善,由国家公路机构负责统一调度养护工作,通过养护市场选择专业化公司,养护作业的社会化、专业化、市场化程度高。

(五)推动科技创新,发展智能交通

随着技术进步,公路的科技化和信息化水平也在不断提高。发达国家比较注重以科技应用为突破,不断提高公路建设和管理水平,比如大力倡导并推广使用ETC、AHS等,以信息化技术为突破,大力发展智能交通,提高通行能力,减少交通事故。

(六)建设公路驿站,调动乡村资源

建设乡村驿站是一种将经济循环带入乡村的区域发展策略。其发展有助于提高农产品销售额和增加农民收入,同时促进农业、工业、商业间的相互融合。乡村驿站在建设上注重统一规划,在运营和管理上鼓励公众参与,在发展方向上则注重增强带动功能和实施差异化策略。随着中国经济快速发展,城乡统筹的任务也日益艰巨。如何引导城市居民进入乡村消费?如何扩大城乡间的交流和实现城市反哺农村?以公路交通为抓手,建设农村公路驿站,是比较好的借鉴。

第二章 公路基础知识

第一节 公路的分类

公路是设置在大地上供各种车辆行驶的一种线形带状结构物,主要承受车轮荷载的反复作用,并经受各种自然因素的长期影响。由于每条公路在国民经济中的作用不同,自然条件的复杂程度不同,车辆种类和速度以及运量不同,其技术完善程度和管理方法也不同。

一、公路的技术等级

《公路工程技术标准》(JTG B01—2014)(以下简称《标准》)规定,公路根据功能和适应交通量,分为高速公路、一级公路、二级公路、三级公路及四级公路五个技术等级,其设计交通量见表2-1。

五个等级公路设计交通量　　　　表2-1

公路技术等级	高速公路	一级公路	二级公路	三级公路	四级公路	
					双车道	单车道
年平均日设计交通量(小客车)	15000辆以上	15000辆以上	5000～15000辆	2000～6000辆	2000辆以下	400辆以下

(1)高速公路:专供汽车分向、分车道行驶,全部控制出入的多车道公路。
(2)一级公路:供汽车分向、分车道行驶,可根据需要控制出入的多车道公路。
(3)二级公路:供汽车行驶的双车道公路。
(4)三级公路:供汽车、非汽车交通混合行驶的双车道公路。
(5)四级公路:供汽车、非汽车交通混合行驶的双车道或单车道公路。

公路按其交通功能可分为集散公路和干线公路。公路技术等级的选用应遵循《标准》规定的原则。

(1)公路技术等级选用应根据路网规划、公路功能,并结合交通量论证确定。
(2)主要干线公路应选用高速公路。
(3)次要干线公路应选用二级及二级以上公路。
(4)主要集散公路宜选用一、二级公路。
(5)次要集散公路宜选用二、三级公路。
(6)支线公路宜选用三、四级公路。

二、公路的行政等级

《公路管理条例实施细则》(2009 年 6 月 13 日公布)规定公路分为国家干线公路(以下简称国道)、省、自治区、直辖市干线公路(以下简称省道),县公路(以下简称县道),乡公路(以下简称乡道)和专用公路五个行政等级。

国道是指具有全国性政治、经济意义的主要干线公路,包括重要的国际公路,国防公路,联结首都与各省、自治区首府和直辖市的公路,联结各大经济中心、港站枢纽、商品生产基地和战略要地的公路。

省道是指具有全省(自治区、直辖市)政治、经济意义,联结省内中心城市和主要经济区的公路,以及不属于国道的省际间的重要公路。

县道是指具有全县(旗、县级市)政治、经济意义,联结县城和县内主要乡(镇)、主要商品生产和集散地的公路,以及不属于国道、省道的县际间的公路。

乡道是指主要为乡(镇)内部经济、文化、行政服务的公路,以及不属于县道以上公路的乡与乡之间及乡与外部联络的公路。

专用公路是指专供或者主要供厂矿、林区、油田、农场、旅游区、军事要地等与外部联络的公路。

第二节 公路的基本组成

公路主要由路基、路面、桥涵、隧道、交通工程及沿线设施等组成。

一、路基

(一)路基的定义

路基是按照路线位置和一定技术要求修筑的带状构造物,是路面的基础,承受由路面传来的行车荷载。

(二)路基的组成

根据《公路路基设计规范》(JTG D30—2015),路基包括一般路基和特殊路基两类。一般路基是指在一般(正常)工程地质条件下修筑,路基填挖高度不超过设计规范或技术手册所允许的范围。其设计可直接参照现行规范规定或标准图,结合当地实际条件进行,而不必进行个别论证和详细演算。一般路基设计包含以下内容。

(1)选择路基断面形式,确定路基宽度与路基高度。
(2)选择路堤填料与压实标准。
(3)确定边坡形状与坡度。
(4)路基排水系统布置和排水结构设计。

(5)坡面防护与加固设计。

(6)附属设施设计。

特殊路基是指位于特殊土(岩)地段、不良地质地段及受水、气候等自然因素影响强烈,需要进行特殊设计的路基。

1. 路基宽度

路基宽度为行车道及其两侧路肩宽度之和。技术等级高的公路设有中间带、路缘石、变速车道、爬坡车道、紧急停车带等,均应包括在路基宽度范围内。路面宽度根据设计通行能力及交通量大小而定,一般每个车道宽度为 3.5～3.75m,技术等级高的公路及城镇近郊的一般公路,路肩宽度尽可能增大,一般取 1～3m,并铺筑硬质路肩,以保证路面行车不受干扰。公路路基宽度如图 2-1 所示。

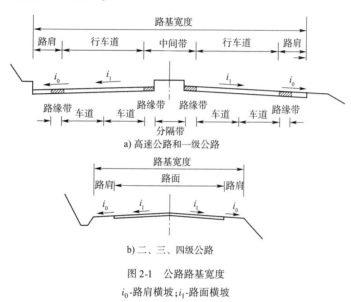

图 2-1 公路路基宽度
i_0-路肩横坡;i_1-路面横坡

路基占用土地,是公路通过农田或用地受限制地区时的突出问题。对路基占地必须综合规划,统筹兼顾,讲究经济效益,农业与交通相互促进。公路建设应尽可能利用非农业用地,少占农田,高速公路局部路段可选用高架道路,以桥代路。山坡路基应尽量使得填挖平衡,扩大和改善林业用地,保护林区牧地,防止水土流失,维护生态平衡,减少高填深挖,利用填物防护,绿化与美化路基。

2. 路基高度

路基高度是指路堤的填筑高度加上路面结构厚度或路堑的开挖深度(高速公路、一级公路应挖出路面结构厚度所占的路槽),它是道路中桩原地面高程与路基设计高程的相差值,称为路基填挖高度或施工高度。提高路基高度是保证路基稳定的措施,也是保证路基强度和稳定性,减薄路面、降低造价的重要途径。

根据路基强度和稳定性的要求,减小或避免地面水、地下水、毛细水及冻胀作用的影响,路床顶面应高出地表长期积水位或地下水位一个必要的高度。

路基的最小填土高度必须保证不因地面水、地下水、毛细水及冻胀作用的影响而降低其强度和稳定性。因此,路基最小填土高度应根据路基临界高度,并结合沿线的具体条件和排水及防护措施,按公路技术等级确定,一般应保证路基处于干燥或中湿状态。当路基填土高度受限制而不能达到规范的规定或挖方路段路基时,则应采取相应的措施,如排水、换土、设置隔离层或修筑地下渗沟,以避免地面积水或地下水进入路基,影响路基工作区内的土基强度与稳定性。

3. 路基边坡坡度

路基边坡坡度的选择是路基设计的重要任务,它取值的大小直接影响路基的填挖工程量和稳定性。公路路基的边坡坡度通常采用边坡高度 H 和边坡宽度 b 的比值来表示,即 H/b;通常 H 为 1,则写成 1:m(路堤)或 1:n(路堑)的形式表示边坡坡率。

路基的边坡坡度应根据填料的物理力学性质、气候条件、边坡高度以及基底的工程地质和水文地质条件进行综合考虑予以确定。

根据长期的工程实践,当路堤基底情况良好时,路堤边坡坡度可按规范规定选用。对边坡高度超过规定高度的路堤(高路堤),应进行路堤稳定性验算。

在陡坡地面上填筑路堤时,可分别采用石砌护肩、护坡、护墙或护脚,并根据边坡高度、石料的规格及施工方法分别采用 1:0~1:0.75 的外边坡。填石路堤的边坡,当高度小于 20m,表面用较大石块砌筑成规则整齐的行列,内部以一般石料分层填筑,填料规格采用大于 25cm 的石块时,可采用 1:1 的坡度。

路堑或挖方路基边坡的稳定性主要和当地的工程地质、水文地质及地面排水条件有关。此外,地貌、气候等因素对其稳定性也有很大影响。设计时应参考当地稳定的自然山坡和人工边坡的坡度,并结合采用的施工方法等予以综合考虑。在一般情况下,土质挖方边坡坡度可按规范规定选用。

当边坡高度超过规定或水文等地质情况不良时,应当验算路基的稳定性。一般土质挖方边坡高度不宜超过 30m。

岩石挖方边坡坡度应根据岩性、地质构造、岩石的风化破碎程度、边坡高度、地下水及地面水等因素综合分析确定或运用工程地质方法确定。在一般情况下,岩石挖方边坡坡度可按规范规定确定。

4. 路基填料

路基应尽量选用当地良好的岩土材料填筑,并且按规定的要求进行压实,以保证结构稳定性和变形量小。填筑路基的材料以采用强度高、水稳定性好、压缩性小、施工方便以及运距短的岩土石料为宜。为节省投资和少占耕地或良田,一般应利用附近路堑或附属工程的挖方作为填料;若要外借,取土坑应该设在沿线的荒地、高地或劣田上。从土坡上取土时,应考虑取土处坡体的稳定性,不得因取土而造成水土流失,危及路基和附近建筑物安全。

5. 路基附属设施

1) 取土坑与弃土堆

路基土石方的填挖平衡是公路路线设计的基本原则,但往往难以做到完全平衡。土石方经过合理调配后,仍然会有部分借方和弃方,路基土石方的借弃,首先要合理选择地点,即确定取土坑或弃土堆的位置。选点时要兼顾土质、数量、用地及运输条件等因素,还必须结合沿线区域规划,因地制宜、综合考虑,维护自然平衡,防止水土流失,做到借之有利、弃之无害。借弃所形成的坑或堆,要求尽量结合当地地形,充分加以利用,并注意外形规整,弃堆稳固。对高等级公路或位于城郊附近的干线公路,尤应注意。

如果用土量较少,平坦地区可以沿路两侧设置取土坑,与路基排水和农田灌溉相结合。路旁取土坑,深度约1.0m或稍大一些,宽度依用土量和用地允许而定,如图2-2所示。为防止坑内积水危害路基,当堤顶与坑底高差不足2.0m时,在路基坡脚与坑之间需设宽度小于1.0m的防护平台,坑底设纵、横排水坡及相应设施。

河水淹没地段的桥头引道近旁,一般不设取土坑,如设取土坑要距河流中水位边界10m以外,并与导治结构物位置相适应。此类取土坑要求水流畅通,不得长期积水危及路基或构造物的稳定。

路基开挖的废方,应尽量加以利用,如用以加宽路基或加固路堤,填补坑洞或路旁洼地,亦可兼顾农田水利或基建等所需,做到变废为用,弃而不乱。

废方一般选择路旁低洼地,就近弃堆。原地面倾斜坡度小于1:5时,路旁两侧均可设弃土堆,地面较陡时,宜设在路基下方。沿河路基爆破后的废石方,往往难以远运,条件许可时可以部分占用河道,但要注意河道压缩后,不致壅水危及上游路基及附近农田等。

图2-3所示为路旁弃土堆,要求堆砌整平,顶面具有适当横坡,并设平台、三角土块及排水沟,宽度 d 与地面土质有关,最少3.0m,最大可按路堑深度加5.0m。积砂或积雪地段的弃土堆,宜有利于防砂防雪,可设在迎风面一侧,并具有足够距离。

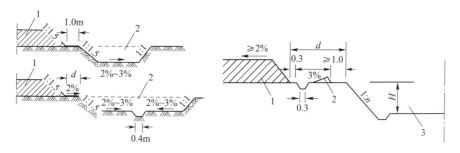

图2-2 路旁取土坑示意图　　　　图2-3 路旁弃土堆示意图
1-路堤;2-取土坑　　　　　　　1-弃土堆;2-平台与三角土块;3-路堑

2)护坡道与碎落台

护坡道是保护路基边坡稳定性的措施之一,设置的目的是加宽边坡横向距离,减小边坡平均坡度。护坡愈宽,愈有利于边坡稳定,但最少为1.0m。宽度大,则工程数量亦随之增加,要兼顾边坡稳定性与经济合理性。通常护坡道宽度 d 视边坡高度 h 而定,$h \geqslant 3.0$m时,$d=1.0$m;$h=3 \sim 6$m时,$d=2$m;$h=6 \sim 12$m时,$d=2 \sim 4$m。

护坡道一般设在挖方坡脚处,边坡较高时亦可设在边坡上方及挖方边坡的变坡处。浸水路基的护坡道,可设在浸水线以上的边坡上。

碎落台设于土质或石质土的挖方边坡坡脚处,主要供零星土石碎块下落时临时堆积,以保护边沟不致阻塞,亦有护坡道的作用。碎落台宽度一般为1.0~1.5m,如兼有护坡作用,可适当放宽。对碎落台上的堆积物应定期清理。

3）堆料坪与错车道

路面养护用矿质材料,可就近选择路旁合适地点堆置备用。亦可在路肩外缘设堆料坪,其面积可结合地形与材料数量而定,例如,每隔 50～100m 设一个堆料坪,长约 5～8m,宽 2m。高级路面或采用机械化养护的路段,可以不设,或另设集中备用料场,以维护公路外形的视觉平顺和景观优美。

单车道公路,由于双向行车会车和相互避让的需要,通常每隔 200～500m 设置错车道一处。按规定,错车道的长度不得短于 30m,两端各有长度为 10m 的出入过渡段,中间 10m 供停车用。单车道的路基宽度为 4.5m,而错车道地段的路基宽度为 6.5m。错车道是单车道路基的一个组成部分,应与路基同时设计与施工。

（三）路基的分类

由于地形的变化和填挖高度的不同,路基横断面也各不相同。路基横断面的基本形式有路堤、路堑、半填半挖及零填零挖等四种类型,如图 2-4 所示。

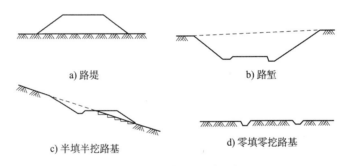

图 2-4　路基横断面基本形式

1. 路堤

高于原地面的填方路基称路堤。路床以下的路堤分上下两层。路面底面以下 80～150cm 范围内的填方部分为上路堤；上路堤以下的填方部分为下路堤。路基高于天然地面,一般通风良好,易于排水,路基经常处于干燥状态；因路堤为人工填筑,对填料的性质、状态和密实度可以按要求加以控制。因此,路堤病害少,强度和稳定性较易保证,是经常采用的路基形式。

2. 路堑

低于原地面的挖方路基称为路堑。典型路堑为全挖断面,路基两边均需要设置边沟。路堑低于原自然地面,通风和排水不畅；路堑是在天然地面上开挖而成,其土石性质和地质构造取决于所处地的自然条件；路堑的开挖破坏了原地层的天然平衡状态。所以,路堑的病害比路堤会多,设计和施工时,除了要特别注意做好路堑的排水工作外,还应对其边坡的稳定性予以充分注意。

3. 半填半挖路基

在一个断面内一部分为路堤,另一部分为路堑的路基称为半填半挖路基。其特点是移挖作填,节省土石方,如果处理得当,可以使路基稳定可靠,是一种比较经济的断面形式,因此又称经济断面。

4. 零填零挖路基

在干旱的平原区和丘陵区、山岭区的山脊线路段,原地面与路基高程基本相同,构成了零填零挖路基断面形式。这种形式的路基,虽然节省土石方,但对排水非常不利,容易发生水淹、雪埋等病害,只适用于干旱的平原区、地下水位较低的丘陵区、山岭区的山脊线以及过城镇街道和受地形限制处。

二、路面

路面是用各种筑路材料分层铺筑在公路路基顶面上的层状构造物。主要供车辆安全、迅速和舒适地行驶。因此,对路面的基本要求是具有足够的强度、稳定性、平整度、抗滑性能、尽可能低的扬尘性和透水性。

(一)路面的组成

行车荷载和自然环境因素对路面的作用和影响随着深度的增加而逐渐衰减。因此,对路面材料的强度、抗变形能力和稳定性的要求也随深度的增加而逐渐降低。为了适应这一特点,路面结构一般分多层铺筑,根据使用要求、受力状况、土基支撑条件和自然因素影响程度的不同,分为不同的层次,各个层次分别承担不同的功能。通常将路面结构划分为面层、基层、垫层三个层次,如图2-5所示。

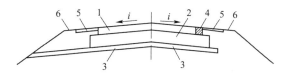

图2-5 路面结构层次示意图
1-面层;2-基层;3-垫层;4-路缘石;5-加固路肩;6-土路肩;i-路拱横坡度

1. 面层

面层是路面结构最上面的一个层次,它直接承受行车荷载的垂直力、水平力和振动冲击力的作用,并受到大气降水、气温和湿度变化等自然因素的直接影响。因此,与其他层次相比,面层应具备较高的强度、抗变形能力,较好的温度稳定性,良好的平整度和表面抗滑性,同时应具有较好的耐磨性和抗渗水性。

铺筑面层的材料主要有水泥混凝土、沥青混凝土、沥青碎(砾)石混合料、碎(砾)石掺土或不掺土混合料及块石等。

2. 基层

基层是面层的下卧层,它主要承受由面层传递的行车荷载垂直力,并将它扩散和分布到垫层和土基上。基层是路面结构中的主要承重层,因此,它应具有足够的强度和刚度,并具有良好的扩散应力的能力。虽然基层位于面层之下,但仍然难以避免雨水从面层渗入,同时它还会受到地下水的浸湿,因此,基层应具有足够的水稳定性。同时为了保证面层具有优良的平整度,还要求基层也具有较好的平整度。

铺筑基层的主要材料有各种结合料(石灰、水泥或沥青等)稳定土或碎(砾)石或各种工业废渣(煤渣、粉煤灰、矿渣、石灰渣等)组成的混合料、贫水泥混凝土、各种碎(砾)石混合料、天然砂砾及片石、块石或圆石等。

3. 垫层

垫层位于基层和土基之间,直接与土基接触,它的功能是改善土基的湿度和温度状况,保证面层和基层的强度、刚度和稳定性不受土基的影响。同时垫层还起到将基层传下的车辆荷载应力进一步加以扩散,从而减小土基顶面压应力和竖向变形的作用。另外它也能阻止路基土挤入基层。在地下水位较高的路基,可能发生冻胀的路基,土质不良或冻深较大的路基上通常都应设置垫层。

垫层材料强度要求不一定高,但要求稳定性和隔温性能好,常用的垫层材料有两类:一类为松散粒料,如砂、砂石、炉渣、煤渣等组成的透水性垫层;另一类为石灰、水泥和炉渣稳定土等组成的稳定性垫层。

(二)路面的分类

路面是用各种材料、按不同配制方法和施工方式修筑而成,在力学性质上也互有异同。根据不同的使用目的,可将路面作不同的分类。按路面在行车荷载作用下的力学性质来分类,一般把路面分为以下三大类。

1. 刚性路面

刚性路面主要是指水泥混凝土路面。它的强度高、刚性大、板体性好,有较大的扩散应力的能力,在车轮作用下路面的弯沉变形很小。

2. 柔性路面

柔性路面主要有碎(砾)石路面和各类沥青路面。它的刚度较小,抗拉强度较低,荷载作用下变形较大,土基和基层强度对路面结构整体强度有较大影响。此类路面有弹性,柔性较好,路面无接缝,行车舒适性较好。

3. 半刚性路面

半刚性路面材料主要为无机结合料(水泥、石灰)、水硬性材料、稳定土、砂、砾石和工业废料(粉煤灰、矿渣等)。此类材料前期具有柔性路面的力学特性,后期强度增长较大,最终强度比柔性路强度要高,但比刚性路面强度要低。它不耐磨耗,只可作为柔性或刚性路面的基层使用。

按面层材料和施工方法不同,路面可分为碎(砾)石类、结合料稳定类、沥青类、块料类、水泥混凝土类五大类。

三、桥涵

桥涵是指公路跨越水域、沟谷及其他线路时,为了保证公路的连续性,修建的构造物。按照我国《标准》规定,单孔跨径小于5m或多孔跨径总长小于8m称为涵洞,大于这一规定值称为桥梁。

(一)桥梁

1. 桥梁的构成

桥梁由上部结构、下部结构和附属结构等几部分组成。

上部结构又称桥跨结构,其包括承重结构和桥面系,是路线遇到障碍(河流、山谷等)而中断时跨越障碍的建筑物。它的作用是承受车辆荷载,并将车辆荷载通过支座传递给墩台。

下部结构包括桥墩和桥台,是支撑上部结构的建筑物。它的作用是支撑上部结构,并将结构重力和车辆荷载传递给地基。桥墩和桥台还与路堤相衔接,以抵御路堤土压力,防止路堤填土的滑坡和坍落。桥墩和桥台中使全部荷载传至地基的底部地基部分,通常称为基础。它是确保桥梁能安全使用的关键。由于基础往往深埋于土层之中,并且需要在水下施工,故也是桥梁建筑中施工比较困难的一部分。

一座桥梁中在桥跨结构与桥墩或桥台的支承处所设置的传力装置,称为支座。它不仅要传递很大的荷载,并且要保证桥跨结构能产生一定变位。

附属结构包括桥头路堤锥形护坡、护岸、导流结构等。锥形护坡的作用是防止路堤填土向中间坍塌,并抵御水流的冲刷,它一般是用石头砌筑的。

2. 桥梁的类型

目前人们所见到的桥梁种类繁多,它们都是人们在长期生产活动中,通过反复实践和不断总结逐步发展起来的。下面对各种类型的桥梁进行概略介绍。

结构工程上的受力构件,总离不开拉、压、弯三种受力方式。由基本构件所组成的各种结构,在力学上也可以归为梁式、拱式、悬吊式三种基本体系以及它们之间的各种组合。桥梁结构内容更丰富,更形式多样,材料更坚固,技术更进步。下面从受力特点、建桥材料、适用跨度、施工条件等方面来阐明桥梁各种体系特点。

(1)按结构受力体系不同。按结构受力体系不同,桥梁可分为梁桥、拱桥、刚架桥、吊桥、斜拉桥、组合体系桥。这是最主要、最基本的分类。小桥主要形式有梁桥、拱桥和刚架桥。

①梁桥。梁桥的主要承重构件是梁或板,是一种在竖向荷载作用下无水平反力的结构,与同样跨径的其他结构体系相比,梁内产生的弯矩最大,通常需用抗弯拉能力强的材料(钢、木、钢筋混凝土等)来建造,如图 2-6 所示。

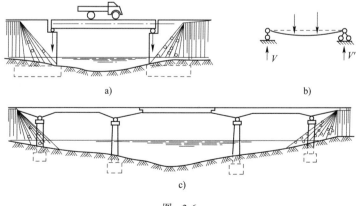

图 2-6

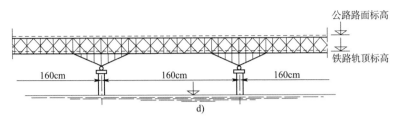

图2-6 梁桥简图

②拱桥。拱桥的主要承重结构是拱圈或拱肋,如图2-7所示。这种结构在竖向荷载作用下,桥墩或桥台将承受水平推力。同时,这种水平推力将显著抵消荷载所引起拱圈或拱肋内的弯矩作用。因此,与同跨径的梁相比,拱的弯矩和变形要小得多。拱桥的承重结构以受压为主。因此,通常可用抗压能力强的圬工材料(砖、石、混凝土)和钢筋混凝土等建造。

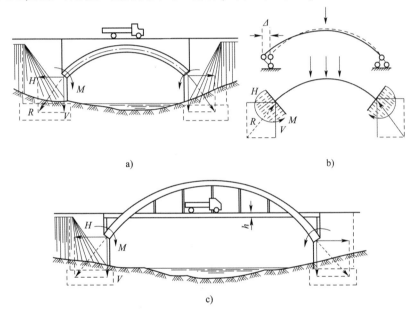

图2-7 拱桥简图

③刚架桥。刚架桥的主要承重结构是梁或板与立柱或竖墙整体结合在一起的刚架结构,梁和柱的联结处具有很大的刚性,如图2-8所示。在竖向荷载作用下,梁部主要受弯,柱脚产生竖向反力、水平反力和弯矩;在相同条件下,刚架桥的跨中弯矩比梁桥小,其受力状态介于梁桥与拱桥之间。

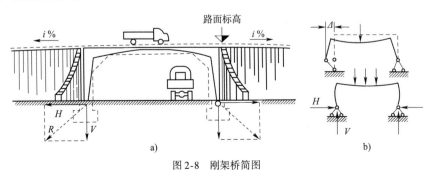

图2-8 刚架桥简图

④悬索桥。传统的悬索桥(也称吊桥)均用悬挂在两边塔架上的强大缆索作为主要承重结构,在竖向荷载的作用下,通过吊杆使缆索承受很大拉力,通常就需要在两岸桥台的后方修筑非常巨大的锚碇结构。悬索桥也是具有水平反力(拉力)的结构,如图2-9所示。现代的悬索桥上广泛采用高强度钢丝成股编制的钢缆,以充分发挥其优异的抗拉性能,因此结构自重较轻,就能以较小的建筑高度跨越其他桥型无与伦比的特大跨度。悬索桥的另一个特点是成卷的钢缆易于运输,结构的组成构件较轻,便于无支架悬吊拼装。我国在西南山岭地区和在遭受山洪泥石流冲击威胁等的山区河流上,以及对于大跨径梁桥,当修建其他桥梁有困难的情况下,往往采用悬索桥。

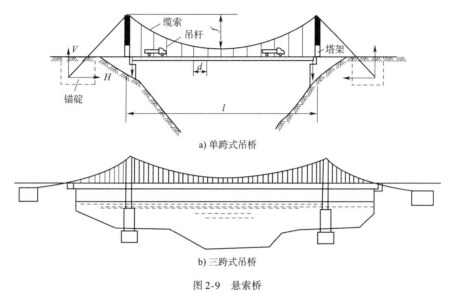

图2-9 悬索桥

⑤斜拉桥。斜拉桥由斜索、塔柱和主梁所构成,用高强钢材制成的斜拉索将主梁多点吊起,并将主梁的恒载和车辆荷载传至塔柱,再通过塔柱基础传至地基,如图2-10所示。这样跨度较大的主梁就像一根多点弹性支撑的连续梁一样工作,从而可以使主梁尺寸大大减小,结构自重显著减轻。既节省了结构材料,又大幅度增加桥梁的跨越能力。此外,与悬索桥相比,斜拉桥的结构更大,即在荷载作用下的结构变形小得多,且其抵抗风振的能力也比悬索桥好,这也是斜拉桥可能在大跨度情况下使悬索桥逊色的重要因素。

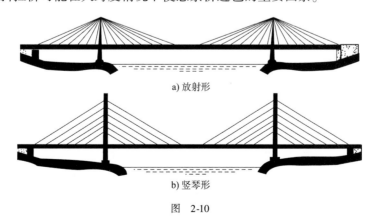

图 2-10

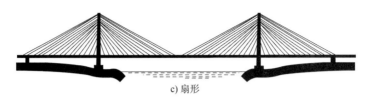

c) 扇形

图 2-10 斜拉桥

⑥组合体系梁桥。除了前面 5 种桥梁的基本体系之外,根据结构受力特点,还有由几种不同体系的结构组合而成的桥梁,称为组合体系桥。图 2-11a)所示为一种梁和拱的组合体系。其中梁和拱都是主要承重结构,两者相互配合共同受力。由于吊杆将梁向上(与荷载作用的挠度方向相反)吊住,这样就显著减小了梁中的弯距,同时由于拱和梁连接在一起,拱的水平推力就传给梁来承受,这样梁除了受弯以外尚且受拉,这种组合体系桥,相比于一般简支梁桥来说,能跨越更大的跨度,而对墩台没有推力作用,因此对地基的要求就与一般简支梁桥一样。图 2-11b)所示为拱置于梁的下方、通过立柱对梁起辅助支撑作用的组合体系桥。

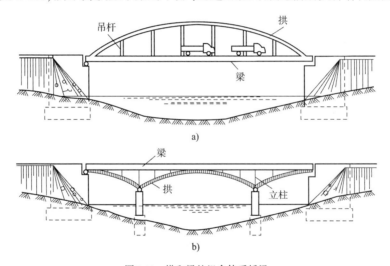

图 2-11 拱和梁的组合体系桥梁

(2)按桥梁的长度和跨径大小。桥梁可分为特大桥、大桥、中桥、小桥和涵洞。划分标准见表 2-2。

桥梁按跨径分类 表 2-2

桥梁分类	多跨径总长 $L(m)$	单孔跨径 $L_K(m)$	桥梁分类	多跨径总长 $L(m)$	单孔跨径 $L_K(m)$
特大桥	$L \geqslant 1000$	$L_K \geqslant 150$	小桥	$8 \leqslant L \leqslant 30$	$5 \leqslant L_K < 20$
大桥	$100 \leqslant L \leqslant 1000$	$40 \leqslant L_K \leqslant 150$	涵洞	—	$L_K < 5$
中桥	$30 < L < 100$	$20 \leqslant L_K \leqslant 40$	—	—	—

(3)按主要承重结构的材料不同。桥梁可分为木桥、圬工桥(包括砖、石、混凝土桥)、钢筋混凝土桥、预应力混凝土桥、钢桥及由两种以上材料构成的组合桥。

（4）按跨越障碍物的不同。桥梁又可分为跨河桥、跨线桥、跨谷桥、高架桥、栈桥等。跨线桥又称立交桥,是公路跨越铁路或公路的结构物。高架桥又称高架道路,主要是在城市中为解决交通、少占地及修建高速公路而使用的两层或多层道路(桥)。栈桥是为将车道升高至地面以上,并使其下面的空间可以通行车辆或作其他用途(如堆栈、店铺等)而修建的桥梁。

（5）按行车道部分的位置不同。桥梁可分为上承式桥、下承式桥和中承式桥。桥面布置在主要承重结构之上者称上承式桥；桥面布置在桥跨结构之下的称为下承式桥；桥面布置在桥跨结构中间的称为中承式桥。

（6）其他分类方式。按使用年限不同,桥梁可分为永久性桥、半永久性桥和临时性桥。按施工方法不同,桥梁可分为整体式桥和装配式桥。按使用条件不同,桥梁分为固定式桥梁、浮桥、开启式桥、漫水桥等。

（二）涵洞

1. 涵洞的功能

涵洞是公路路基通过洼地或跨越水沟(渠)时设置的,或为把汇集在路基上方的水流宣泄到下方而设置的横穿路基的小型地面排水结构物。它是公路上广泛使用的一种人工构筑物。公路建设中修建涵洞的目的：一是专为排泄小溪流水和天然雨水,以保护路基的稳固,避免雨水的毁坏；二是专为灌溉农田,不致因修公路而影响农业生产用水。

2. 涵洞的基本组成

涵洞由洞身、洞口建筑、基础和附属工程组成。

（1）洞身是涵洞的主要部分,其截面形式有圆形、拱形、箱形等。

（2）洞口建筑设置在涵洞的两端,有一字式和八字式两种结构形式。涵洞的进出口应与路基衔接平顺且保证水流顺畅,使上下游河床、洞口基础和洞侧路基免受冲刷,以确保洞身安全,并形成良好的泄水条件。在山区修建涵洞时,出水口要设置跌水坎,在进水口处有时要设置落水井(竖井)等减冲、防冲消能设施,一般下游至少应铺出洞口以外3~5m,压力式涵洞宜更长些。尤其是改沟移位的涵洞,进出水口的沟床应整理顺直,要做好上下游导流排水设施,如天沟、侧沟、排水沟等的连接应圆顺、稳固,以保证流水顺畅,避免流水损坏路基、村舍和农田等。

（3）基础的形式分为整体式和非整体式两种。

（4）涵洞的附属工程包括锥形护坡、河床铺砌、路基边坡铺砌及人工水道等。

3. 涵洞的分类

涵洞的种类繁多,截面形状、出入口类型、涵内水流流态也多种多样。按不同的分类方法,涵洞可分为不同的类型。

（1）根据涵洞中线与路线中线的关系,可分为正交涵洞和斜交涵洞。正交涵洞中线与路线中线垂直,斜交涵洞中线与路线中线有一定交角。

（2）根据涵洞洞身截面形状的不同,可分为圆管涵、盖板涵、拱涵和箱涵等。

（3）根据涵洞洞顶填土情况的不同,可分为明涵和暗涵。明涵洞顶不填土,适用于低路堤或浅沟渠;洞顶填土厚度大于50cm的称为暗涵,适用于高路堤和深沟渠。

(4)按建筑材料的不同,可分为砖涵、石涵、混凝土涵、钢筋混凝土涵和其他(木、陶瓷、瓦管、缸瓦管、石灰三合土簸管、石灰三合土拱、铸铁管、波纹钢管)涵等。

(5)按涵洞水力特性的不同,可分为无压力式、半压力式、压力式涵等。无压力式涵洞入口水流深度小于洞口高度,并在涵洞全长范围内水面都不触及洞顶,有自由水面。公路上大多数涵洞均属于此类。半压力式涵洞入口水深大于洞口高度,水仅在进水口处充满洞口,而在涵洞全长范围内的其余部分都具有自由水面。通常在涵洞尺寸受路基高度或其他因素限制时采用。压力式涵洞入口水深大于洞口高度,在涵洞全长范围内都充满水流,无自由水面。此类涵洞仅在深沟高路堤或允许壅水但不危害农田时采用。

此外,当路线跨越农业灌溉沟渠,沟渠底高于路堤时,可设置为倒虹吸式涵。此时,涵洞的管节宜采用钢筋混凝土或混凝土管,进出水口须设置竖井,包括防淤沉淀井等设施。

四、隧道

(一)隧道的功能

公路隧道是指道路从地下层内部或者水底通过而修筑的建筑物。隧道在山岭地区可用于克服地形和高程障碍,改善线型,提高车速,缩短里程,节约燃料,节省时间,减少对植被的破坏,保护生态环境还可用于克服落石塌方、雪崩、雪堆等带来的危害。修建隧道既能保证线路平顺行车安全,提高舒适性和节约运费,又能增加隐蔽性,提高防护能力,不受气候影响。

(二)隧道的组成

隧道是地下工程建筑物,为保持坑道岩体稳定,保证行车安全,通常需要修筑主体建筑和附属建筑。主体建筑包括洞身衬砌和洞门,附属建筑包括通风、照明、防排水、安全设备等。洞身衬砌的作用是承受围岩的压力,结构自重和其他荷载,防止围岩风化、崩塌以及洞内的防水防潮等。洞门的主要作用是防止洞口塌方落石。保持仰坡和边坡的稳定。通风照明、防排水、安全设备等的作用是确保行车能够安全舒适。

(三)隧道的分类

公路隧道一般可分为两大类,一类是修建在岩层中的,称为岩石隧道;另一类是修建在土层中的,称为软土隧道。岩石隧道修建在山体中的较多,又称为山岭隧道。软土隧道常常修建在水底和城市立交,故称为水底隧道和城市道路隧道。埋置较浅的隧道,一般采用明挖法施工;埋置较深的隧道,一般采用暗挖法施工。用作地下通道的有道路隧道、水底隧道、城市道路隧道、地下铁道、铁路隧道、航运隧道。

五、交通工程及沿线设施

为了保证行车安全和充分发挥公路的作用,公路沿线按其规定设置必要的交通工程及沿线设施。交通工程及沿线设施应按照保障安全、提供服务、利于管理的原则进行设计。交通工程及沿线设施包括交通安全设施、服务设施、管理设施三种。各项设施应该按统筹协调、总体设计的原则设置,并应结合交通量增长与技术发展状况等逐步补充、完善。

(一)交通安全设施

交通安全设施主要包括交通标志、交通标线、护栏、栏杆、视线诱导设施、隔离栅、防落网、防眩设施、避险车道和其他交通安全设施(含防风栅、防雪栅、积雪标杆、限高架、减速丘和凸面镜)等。

交通标志和标线的设置是交通管理的重要内容,是技术层面上的交通管理方案。道路交通标志和标线是引导道路使用者有秩序地使用道路,以促进道路交通安全、提高道路运行效率的设施。

1. 交通标志的定义

交通标志是把交通指示、交通警告、交通禁令、指路等交通管理与控制法规用文字、图形、不同颜色或符号形象化的表示出来,设置于路侧、路面或道路上方的交通管理设施。

2. 交通标志的分类

交通标志分为指示标志、警告标志、禁令标志、指路标志、旅游区标志、道路施工安全标志、辅助标志。

3. 交通标线的定义

交通标线是由路面不同颜色线条、符号、箭头、文字、立面、标记、突起路标和路边轮廓标线等组成,常敷设或漆划于路面及结构物上。

交通标线作为一种交通管理设施,起引导交通与保障交通安全的作用,可同标志配合使用,亦可单独使用。是交通法规的组成部分之一,具有强制性、服务性和诱导性。

4. 交通标线的分类

按其功能分有指示标线、禁令标线、警告标线。按其形态分有线条、字符标记、突起路标、路边线轮廓标线。

(二)服务设施

服务设施包括服务区、停车区、客运汽车停靠站等,提供餐饮、休息、购物和车辆维修、加油等服务。服务区和停车区的位置应根据区域路网、建设条件、景观和环保要求等规划和布设,客运汽车停靠站宜根据地区交通规划、公路沿线城镇分布和出行需求布设。

(三)管理设施

管理设施包括监控、收费、通信、供配电、照明和管理养护等设施。高速公路应设置监控、收费、通信、供配电、照明和管理养护等设施。其他等级的公路可以根据需求设置。监控、收费、通信、供配电、照明和管理养护等设施应根据交通量进行总体设计,分期实施,并据此实施基础工程、地下管线及预留埋工程等。

第三章 公路网规划

第一节 公路网规划概述

一、新中国成立以来公路交通发展规划的历史回顾

新中国成立以来,我国公路交通规划经历了从无到有,从形成、发展到逐步完善的历史过程,并且与我国经济社会发展和经济体制改革的历史步伐相适应,我国公路交通发展规划经历了三大历史时期。在每一个发展阶段,公路交通发展规划呈现出不同的历史特征。

(一)1949—1978年

从1949年到1978年,我国先后经历了国民经济恢复时期、"一五""二五""三五"和"四五"等历史时期。为了满足国民经济发展、国防建设以及战备工作的需要,从1958年起,交通部先后制订了公路交通发展的短期规划和中期发展规划。"三五"时期,首次制订全国公路国道网建设规划并提出了《关于"三五"全国公路国道网建设规划的实施方案(草案)》;"四五"时期,提出了建设"适应战争和经济发展需要的四通八达的公路网"和"社社通汽车"的公路交通发展设想;交通部还制订了《1963—1972年交通科学技术事业发展规划(草案)》《1976年至1985年公路交通发展规划》等中期发展规划。

改革开放前,我国公路交通发展规划尚处于起步阶段。交通发展规划的历史使命在于满足国民经济发展、国防建设和战备工作的需要。交通发展规划以短期规划和中期发展规划为主,交通发展思想、理念和政策措施集中体现在五年建设计划之中。其间,形成了全国公路国道网建设规划设想,为改革开放以后公路交通发展战略的提出以及中长期发展规划的制定奠定了基础。

(二)1978—2012年

从改革开放到党的十八大之间,党和国家高度重视交通建设,把交通发展列为国民经济发展的战略重点。为促进公路交通的现代化发展,国务院交通运输主管部门加强了交通发展战略、发展规划和发展政策研究,进一步明确了交通发展战略,制订了一系列中长期发展规划。

20世纪70年代末,交通部制订了《关于实现交通运输现代化的汇报提纲》,首次研究我国公路交通运输现代化发展战略。该提纲首次把我国高速公路建设问题提上政策议程,并提出建设"以高速公路和国防、经济干线为骨架的现代化公路网"和建成"一个江、河、湖、海

四通八达的水运网"的现代化发展目标。20 世纪 80 年代初期,划定了国家干线公路网;20 世纪 80 年代末期提出了公路水运交通发展的"三主一支持"的战略构想。即以"建立综合运输体系为主轴的交通业"为指导思想,按照"统筹规划、条块结合、分层负责、联合建网"的方针,从"八五"开始,用 30 年左右的时间,建设公路主骨架、水运主通道、港站主枢纽和交通支持系统。20 世纪 90 年代,进一步完善"三主一支持"的规划体系,编制了"五纵七横"国道主干线系统规划、水运主通道规划和港站主枢纽规划。在 1998 年交通工作会议上,制定了我国社会主义初级阶段公路、水路交通发展实现现代化的三个发展阶段的目标。

进入 21 世纪,交通部进一步明确了公路交通现代化发展战略,制订了《公路水路交通发展的三阶段战略目标》和《公路水路交通发展战略》。与此同时,继续健全公路交通发展的中长期规划体系。2005 年开始,交通部先后制定了《国家高速公路网规划》《农村公路建设规划》《国家公路运输枢纽布局规划》等国家级规划,"7918"国家高速网在这一阶段提出,确立了完整的公路交通发展国家级规划体系。此外,为贯彻落实国家区域化发展战略,交通部还制定了一系列区域交通发展规划。继《加快西部地区公路交通发展规划纲要》之后,2004—2006 年间,交通部先后制定了《长江三角洲地区现代化公路水路交通规划纲要》《振兴东北老工业基地公路水路交通发展规划纲要》《促进中部地区崛起公路水路交通发展规划纲要》《泛珠江三角洲区域合作公路水路交通基础设施规划纲要》和《海峡西岸公路水路交通基础设施发展规划指导意见》以及《环渤海地区现代化公路水路交通基础设施规划纲要》,进一步充实了公路水运交通发展的中长期规划体系。2007 年,政府批准的《综合交通网中长期发展规划》明确提出建设现代化综合交通网。2012 年,交通运输部出台了《集中连片特困地区交通建设扶贫规划纲要(2011—2020 年)》。

改革开放至 2012 年,是我国公路交通发展规划逐步完善并趋于成熟的历史时期。在这一阶段,交通发展规划以促进公路交通的现代化发展为宗旨,确立了我国公路交通现代化发展战略,形成了国家级交通发展规划和区域交通规划为主体的公路交通发展中长期规划体系,为我国交通运输事业又好又快发展提供了有力的支持。

(三) 2012 年至今

党的十八大以来,中国交通进入了加快现代化综合交通运输体系建设的新阶段,铁路、公路、水路、民航、邮政行业统筹规划、协调发展。充分发挥交通运输在区域经济发展中的先导作用,在实施京津冀协同发展、长江经济带发展、粤港澳大湾区建设、长三角一体化发展、黄河流域生态保护和高质量发展、成渝地区双城经济圈等重大国家战略和重大决策部署中,把交通运输作为先行领域重点部署。

为适应新的发展要求,保障国家公路健康可持续发展,2013 年,《国家公路网规划(2013—2030 年)》印发实施,首次提出国家公路网由提供高效服务的国家高速公路网和提供普遍服务的普通国道网两个层次路网组成,提出了"71118"国家高速公路网,并出台了《"十三五"现代综合交通运输体系发展规划》《"十四五"现代综合交通运输体系发展规划》《公路"十四五"发展规划》等,制定印发了促进铁路建设、普通公路、海运业、民航业、快递业健康发展等意见,推动交通运输高质量发展。2014 年开始大力推动"四好农村路"建设(即建好、管好、护好、运营好农村公路),2019 年和 2020 年先后实现具备条件的乡镇和建制村通硬化路、通客车,交通运输脱贫攻坚战取得全面胜利。2017 年,十九大提出建设交通强国。2019 年和 2021 年,中共中央、国务院先后印发《交通强国建设纲要》和《国家综合立体交通网规划纲要》,提出到 2035 年,基本建成交通强国,到本世纪中叶,全面建成人民满意、保障有力、世界前列的交通强国的奋斗目标,我国开启了加快建设交通强国的新征程。

二、公路交通发展规划的主要成就

经过了 70 多年的发展,我国公路交通规划工作取得了长足的进步。取得的主要成就有四个方面。

(1)建立了比较完善的规划体系。从时间上看,既有短期的五年计划,也有中长期发展规划;从空间上看,既有国家级规划,也有区域发展规划和专项规划;就内容而言,涉及高速公路、干线公路、农村公路、公路运输枢纽等公路交通运输网络的各个方面;就性质而言,既有基础设施建设规划,又有行业发展规划。

(2)树立了比较科学的规划理念。规划的重心从注重基础设施建设到注重全行业的发展转变,从重视交通供给能力和投资效率的提升向提高供给水平和资源综合利用效率转变,从重视交通发展速度和规模到重视提高交通发展的质量和优化交通发展的结构转变。规划的视角从关注行业内部关系的处理到关注行业外部的协调,从注重单一运输方式的发展到注重综合运输体系的构建,从关注国内交通发展到注重国际交通发展的比较。

(3)形成了比较成熟的规划方法和技术。公路规划领域引进了"四阶段"规划法,形成了"总量控制法"和"逐层展开+单因素分析"等科学实用的规划方法。

(4)确立了比较规范的规划工作制度。新中国成立以来,我国公路交通规划工作制度不断完善,推动了规划工作日益制度化和规范化。《中华人民共和国公路法》的制定,以法律、法规的形式确立了公路交通规划的重要地位,并提出了规划工作的基本原则。与此同时,交通部颁布了《公路网规划编制办法》等部门规章,对交通规划的编制、审批、公布、修改与实施管理活动等做出了明确的规定,进一步提高了交通规划工作的规划性。

具体地讲,在国道网、省道网等以下几个方面的规划,都取得了可喜的成果。

(一)国道网规划方面

改革开放以来,我国先后出台了四个国家级干线公路网规划,分别是《国家干线公路网(试行方案)》《国道主干线系统规划》《国家高速公路网规划》《国家公路网规划(2013 年—2030 年)》。

1.《国家干线公路网(试行方案)》

1981 年 11 月,国务院授权国家计委、经委和交通部以《关于划定国家干线公路网的通知》的形式批准了《国家干线公路网(试行方案)》,也就是普通国道网。国道网是在既有各省公路基础上划定而成,共 70 条线路,长 10.92 万 km。主要由以下线路组成。

(1)由首都通向并连接各省(区、市)政治、经济中心和 50 万人口以上城市的干线公路。

(2)通向各大港口、铁路干线枢纽、重要工农业生产基地的干线公路。

(3)连接各大军区之间和具有重要国防意义的干线公路。

(4)连接省际之间和省内个别地区的重要干线公路。

1993年,交通部对国道网做了局部调整。调整后的国道网路线由70条减为68条,总里程由10.92万km下降至10.62万km。国道网规划是在全国公路普查数据基础上形成的,该规划在1981年划定之初所涉及的国道不到全国公路总里程1/8,却担负着全国约1/3的交通量和1/3以上的公路运输量,是全国公路网的主骨架,具有重要的政治、经济和军事意义。调整后的国道网,更好的兼顾了地区经济发展、对外开放和环境保护的现实需要,路网布局更趋合理。国道网的划定对指导我国20世纪80~90年代的公路建设发挥了重要作用。

2.《国道主干线系统规划》

在国道主干线系统规划方面,1992年,为破解全国交通运输全面紧张的难题,交通部在"三主一支持"长远规划构架的基础上编制了《国道主干线系统规划》。国道主干线系统由"五纵七横"12条路线组成,总规模约3.5万km,规划为二级以上高等级公路标准,其中2.5万km为高速公路。"五纵"约为1.5万km,由五条自北向南纵向高等级公路组成:同江—三亚,北京—福州,北京—珠海,二连浩特—河口,以及重庆—湛江等;"七横"总里程约2万km,由七条自东向西横向高等级公路组成:绥芬河—满洲里,丹东—拉萨,青岛—银川,连云港—霍尔果斯,上海—成都,上海—瑞丽,以及衡阳—昆明等。国道主干线系统建设跨越了"八五"至"十一五"的四个五年计划,于2008年上半年已基本建成通车。

"五纵七横"国道主干线布局规划将全国重要城市、工业中心、交通枢纽、主要陆上口岸以及所有特大城市(人口100万以上)和93%的大城市(人口50万以上)连接在一起,逐步形成一个与国民经济发展格局相适应、与其他运输方式相协调的快速、高效、安全的国道主干线系统。《国道主干线系统规划》指导了近20年的公路建设,推动了高速公路迅速发展,使我国高速公路用了十几年的时间完成了发达国家30~40年才能走完的路程。

3.《国家高速公路网规划》

为指导全国高速公路建设,交通部于2002年开始组织编制《国家高速公路网规划》,并于2004年经国务院审议通过颁布实施。国家高速公路网由7条首都放射线、9条南北纵向线和18条东西横向线组成,简称为"7918网",总规模约8.6万km。截至2022年底,我国高速公路总里程达到17.73万km,多年居于世界第一,7918国家高速公路网已基本建成。《国家高速公路网规划》为我国高速公路持续健康有序发展提供了保障。

4.《国家公路网规划(2013年—2030年)》

在以上这些规划的指导下,我国干线公路快速发展,总体上由过去的"瓶颈制约"发展到现在的"基本适应",显著提高了公路交通发展水平,对于提升国家综合国力和竞争力、增强经济社会发展活力、提高国民生活质量、保障国家安全等都作出了突出贡献。

但是,随着经济社会快速发展和公路网络规模结构的不断发展变化,既有的国家干线路网出现了一些不适应的情况,部分高速公路车流量快速增长,通道能力紧张问题随之出现。2013年5月,国务院批准《国家公路网规划(2013年—2030年)》,这是我国改革开放以来出台的第四个国家级干线公路网规划。国家公路网规划总规模约40.1万km,国家公路网由普通国道和国家高速公路两个路网构成,其中国家高速公路共 36 条,由"7918"调整为"71118"和 6 条地区环线,总规模增至 13.6 万 km,包括 7 条首都放射线、11 条北南纵线、18 条东西横线,以及地区环线、并行线、联络线等,共计 11.8 万 km;普通国道共 200 条,由 12 条首都放射线、47 条北南纵线、60 条东西横线和 81 条联络线组成,将由原来 10.6 万 km 增加到 26.5 万 km;另规划远期展望线 1.8 万 km,主要位于西部地广人稀的地区。到 2030 年将建成布局合理、功能完善、覆盖广泛、安全可靠的国家干线公路网线,实现首都辐射省会、省际多线连通、地市高速通达、县县国道覆盖。

十八大以来,在该规划指导下,国家公路实现快速发展,总体适应经济社会发展需要,有力支撑了国家重大战略实施,为决胜全面建成小康社会提供了坚实保障。同时,随着国际国内发展形势的变化和人民群众高质量出行需求的日益增长,国家公路网主通道能力不充足、城市群都市圈区域网络不完善、路网覆盖深度不够、路网韧性和安全应急保障能力还需提高等问题逐步显现。"十四五"期间,2021 年 2 月,中共中央、国务院印发了《国家综合立体交通网规划纲要》(以下简称《规划纲要》),作出了构建现代化高质量国家综合立体交通网的重大战略部署,为新阶段国家公路发展指明了方向。《规划纲要》明确,国家高速公路网和普通国道网合计 46 万 km 左右。

因此,2022 年 7 月,国家发展改革委和交通运输部联合印发《国家公路网规划》(以下简称《规划》),与《国家公路网规划(2013 年—2030 年)》相比,国家公路网布局总体框架没有变化,国家高速公路网增加约 2.4 万 km,普通国道网增加约 3.5 万 km,2035 年国家公路总规模将达到 46.1 万 km。其中,国家高速公路网规划总里程约 16.2 万 km,未来建设改造需求约 5.8 万 km;普通国道网规划总里程约 29.9 万 km,未来建设改造需求约 11 万 km。

新增的线路布局重点考虑五方面因素,就是"两支撑,三增强",即支撑新型城镇化建设、支撑全面开放新格局、增强国家安全保障能力、增强与其他方式衔接和与产业融合发展、增强国家公路网韧性。

《规划》对国家公路网进行了补强,增设了 12 条服务特大超大城市的都市圈环线,将国家高速公路覆盖范围拓展到了所有城区人口 10 万以上的市县;优化了国家公路网与亚洲公路网和国际经济合作走廊的衔接,加强了对边境口岸及县市的连接;着重构筑以国家高速公路为主体、串联沿边沿海地区地级行政中心等重要节点的临边快速通道,进一步完善了沿边国道和抵边公路路线布设;重点新增一批普通国道路线,加强了对重要景区和交通枢纽的连接;从加密稀疏区域路网、增设迂回替代通道、加强路网衔接转换等方面新增了部分联络线。

国家公路网建成后,我国将实现所有县市 15min 上普通国道,地级行政中心和城区人口 10 万以上的市县 30min 上国家高速公路;东中部地区省会到地市当日往返、地市到县半日往返,西部地区省会到地市当日到达,满足全国特大超大城市和国家中心城市都市圈 1h 通勤需要;国家高速公路将连接全国所有边境口岸县市,普通国道连接全国所有沿边公路口岸;国家公路网全面覆盖亚洲公路网境内路段,以及我国 5A 级景区、国家级风景名胜区、世界文化和自然遗产(保护区),连接全国所有重要的交通枢纽。

(二)省道网规划方面

省域 30 年公路网规划是 20 世纪 90 年代中期,在交通部的统一部署下,各省(市、区)组织相继完成省域1990—2020年公路网规划,简称30年路网规划。30年路网规划是各省(市、区)第一次系统研究本地区公路网长远发展规划,对指导本地公路建设发挥了重要作用,同时也为后来编制各级各类公路网规划打下了技术基础。

《规划纲要》中提出,要推进城乡交通运输一体化发展。统筹规划地方高速公路网,加强与国道、农村公路以及其他运输方式的衔接协调,构建功能明确、布局合理、规模适当的省道网。加快推动乡村交通基础设施提档升级,全面推进"四好农村路"建设,实现城乡交通基础设施一体化规划、建设、管护。畅通城乡交通运输连接,推进县乡村(户)道路连通、城乡客运一体化,解决好群众出行"最后一公里"问题。提高城乡交通运输公共服务均等化水平,巩固拓展交通运输脱贫攻坚成果同乡村振兴有效衔接。

(三)农村公路网规划方面

在农村公路建设规划方面,因为加快农村公路的发展,是解决好"三农"问题的重要前提和基础条件。所以在2003年,为贯彻中央农村工作会议精神,交通部组织编制了《农村公路建设规划》(以下简称《规划》),并于2005年正式完成。《规划》提出21世纪前20年农村公路建设总体目标是:全面完成"通达""通畅"工程,农民群众出行更便捷、更安全、更舒适,适应全面建设小康社会的总体要求。到2020年,具备条件的乡镇和建制村通沥青(水泥)路,全国农村公路里程达到370万km,全面提高农村公路的密度和服务水平,形成以县道为局域骨干、乡村公路为基础的干支相连、布局合理、具有较高服务水平的农村公路网,适应全面建设小康社会的要求。农村公路建设规划明确了我国农村公路发展的方向和目标,对农村公路建设具有重要指导意义。截至2022年底,农村公路建设里程超出预期,已达453.14万km。

2021年,交通运输部印发的《农村公路中长期发展纲要》提出,到2035年,形成"规模结构合理、设施品质优良、治理规范有效、运输服务优质"的农村公路交通运输体系,"四好农村路"高质量发展格局基本形成。农村公路网络化水平显著提高,总里程稳定在500万km左右,基本实现乡镇通三级路、建制村通等级路、较大人口规模自然村(组)通硬化路;管理养护体制机制完备高效、资金保障政策机制完善有力;基础设施耐久可靠、安全防护到位有效、路域环境整洁优美;运输服务总体实现"人便于行""货畅其流",基本实现城乡公路交通公共服务均等化。农村公路对乡村振兴的服务保障和先行引领作用更加充分,人民群众获得感、幸福感、安全感明显增强,总体满足交通强国建设和农业农村现代化发展需要。

展望到本世纪中叶,全面建成与农业农村现代化发展相适应、与生态环境和乡村文化相协调、与现代信息通信技术相融合、安全便捷绿色美丽的农村公路交通运输体系。农村公路通村达组、联通城乡,实现与特色小镇、美丽乡村、田园综合体、农业产业园区等融合发展,满足人们对农村出行的美好期望,有力支撑和促进乡村全面振兴,适应交通强国建设和农业农村现代化发展需要。

(四)公路运输枢纽规划方面

在公路运输枢纽规划方面,主要是《全国公路主枢纽布局规划》和《国家公路运输枢纽布局规划》两个文件。为解决公路运输站场设施落后、功能单一、组织化程度低、信息不灵、联运能力差、运输效率低等问题,交通部根据"三主一支持"长远规划设想,1992年完成了《全国公路主枢纽布局规划》,确定了45个公路主枢纽。从覆盖面看,公路主枢纽规划涉及全国所有省会城市和80%的100万以上人口的特大城市;从地理分布上看,东部地区占55.6%,中部地区占22.2%,西部地区占22.2%,相邻主枢纽间的平均间距,东部为200～300km,中部为300～400km,西部为500km以上,符合国道网、全国公路网、国道主干线系统东密西疏的特点,也与东、中、西三个地带经济发展水平相适应;从在综合运输体系中的作用看,45个公路主枢纽均位于两种或两种以上运输方式交汇处,其中有24个位于枢纽港所在城市,有28个位于铁路枢纽所在城市,有43个位于航空港所在城市,沿海主要港口、铁路大枢纽和国际空港基本全部包含在内,有利于多种运输方式的有机衔接,有效促进综合运输系统的形成和发展。

为适应新时期公路交通发展的要求,加快国家公路运输枢纽的建设,在《全国公路主枢纽布局规划》的基础上,2007年,交通部公布了《国家公路运输枢纽布局规划》,将原45个公路主枢纽全部纳入布局规划方案,共确定179个国家公路运输枢纽,其中东部地区61个、中部地区56个、西部地区62个;覆盖60%地级以上城市,遍及84%国家开放口岸,涉及所有沿海主要港口。

《国家综合立体交通网规划纲要》中提出,要建设多层级一体化国家综合交通枢纽系统。建设综合交通枢纽集群、枢纽城市及枢纽港站"三位一体"的国家综合交通枢纽系统。建设面向世界的京津冀、长三角、粤港澳大湾区、成渝地区双城经济圈4大国际性综合交通枢纽集群。加快建设20个左右国际性综合交通枢纽城市以及80个左右全国性综合交通枢纽城市。推进一批国际性枢纽港站、全国性枢纽港站建设。

推进综合交通枢纽一体化规划建设。推进综合交通枢纽及邮政快递枢纽统一规划、统一设计、统一建设、协同管理。推动新建综合客运枢纽各种运输方式集中布局,实现空间共享、立体或同台换乘,打造全天候、一体化换乘环境。推动既有综合客运枢纽整合交通设施、共享服务功能空间。加快综合货运枢纽多式联运换装设施与集疏运体系建设,统筹转运、口岸、保税、邮政快递等功能,提升多式联运效率与物流综合服务水平。按照站城一体、产城融合、开放共享原则,做好枢纽发展空间预留、用地功能管控、开发时序协调。

第二节 公路网规划的目的、原则、内容和方法

一、公路网规划的定义

公路网一般特指某一区域内的公路网络系统,它有别于城镇市区内的道路网。区域内的城市或集镇以及某些运输集散点(大型工矿、农牧业基地、车站、港口等)被视为节点,成为运输点。这些运输点之间的连线称为公路路线。公路网是指由规划区域内的运输点,以及连接各运输点的所有公路,按一定的规律组合而成,并具有特定功能的有机集合。合理的公路网一般应具备几个条件:具有必要的通达深度和公路里程;具有与交通量相适应的技术标

准和使用质量;具有经济合理的平面网络。

公路网规划,包含了两层含义。第一层含义是指对一个国家或地区公路建设发展所作出的全面、长远的安排,亦即该国家或地区的公路网规划方案或文件;第二层含义则是指拟定公路网规划方案或文件的过程,包括其步骤、内容、方法和模型等。

公路网规划的方案或文件,应包括规划期内区域公路网发展的目标、公路网建设规模、网络布局、等级配置、环境影响分析、建设时序以及配套的政策、策略和措施等。公路网规划的过程,是将区域的公路网络作为一个整体,通过对现状公路网络的分析、评价(诊断)以及对未来区域社会经济发展、客货运交通需求和公路建设投资的预测,拟定合理可行的公路网规划建设方案,确定区域公路网规模、布局、建设时序及配套政策、措施等,以指导区域公路的建设和改造过程。

二、公路网规划的目的和意义

1. 目的

公路网规划是公路建设管理决策的依据,是制订公路建设规划的基础,是公路建设项目前期工作的重要环节。公路网规划的目的就是要从科学、实事求是的观点出发,建设公路基础设施,以满足经济发展、产业布局、区域开发、城镇建设、社会生活等社会经济活动对公路交通运输的需求。

2. 意义

公路网规划有利于节省车辆行驶时间,降低运输成本,提高公路运输效益;保障国民经济和工农业生产健康发展;促进区域经济平衡、协调发展;促进公路运输与其他运输方式协调发展;合理投放和使用公路建设资金;节约土地资源,保护自然环境。

三、公路网规划的基本原则

公路网规划一般应遵循的原则有以下六个方面。

1. 综合运输、协调发展

编制公路网规划应当根据国民经济和社会发展以及国防建设的需要,与城市建设发展规划和其他运输方式发展规划相协调,要注重发挥各种运输方式的优势,与其他运输方式的发展衔接协调,有利于形成各种运输方式衔接配合、优势互补的综合运输体系。

2. 资源优化、保护环境

保证规划路网达到最佳综合效益,实现社会的可持续发展,重视资源优化利用和生态环境保护与改善。

3. 系统分析、整体优化

现代公路网可视为一个系统。公路网规划必须以系统分析原理为其理论基础,从系统的相互协调关系上对公路交通系统进行分析、预测、规划及评价。这样才能使区域公路网达到其使用要求和目标,获得总体效益最佳的公路网规划布局及建设方案。

4. 结合实际、工程经济

公路网规划必须遵循从实际条件出发的原则,"一次规划,分期实现",既要保证公路建设适应区域交通运输的需要,同时也要满足经济、切实可行的原则。公路网建设是一个长期发展的过程,一个合理的公路交通系统建设规划应包括近期项目建设计划、中期项目建设计划和远期发展战略规划三个层次,公路网建设的长期性决定了公路网规划必须具有"规划滚动"的可操作性,可结合实际需求分期修建。

在我国,混合交通是公路网规划过程中必须加以重视的重要因素之一,随着我国交通运输业的发展,公路交通组成也将发生变化,混合交通中的机动车辆数所占比例会增高,这些特点应在公路网规划中给予重视。

5. 严格执行法律法规

编制公路网规划要严格执行国家的法律、法规,严格执行公路方面的技术标准,保持规划的一致性、连续性、协调性。

6. 功能明显、层次分明

编制公路规划要体现"统筹规划,条块结合,分层负责,联合建设"的方针,注意发挥不同层次公路网的作用,力求做到功能明显、层次分明。

四、公路网规划的内容

(一)公路网规划的一般步骤

1. 公路网现状分析与评价

对公路网规划设计区域的自然地理条件和特征、社会经济发展水平、综合交通运输格局做出宏观系统分析,特别是对现状公路网的等级、交通现状、建设与管理状况,应详细调查和剖析,并做出评价。其目的在于发现公路交通存在的主要问题和找出解决问题的有效途径,从而为公路网规划提供重要依据。

2. 社会经济发展趋势预测

通过对规划区域自然资源及生产力布局、城镇及人口分布、产业结构与经济发展水平的充分调查与综合分析,运用多种方法对社会经济发展总趋势和新特点做出科学预测,指出在规划期内公路运输将面临的新形势和客、货流状况,并明确因此而可能产生的新变化和新特点。

3. 制定公路网发展战略

提出公路网发展的出发点、遵循原则以及发展战略目标,为后期的规划工作指明方向。同时,还应当依据人口、经济、行政级别、交通状况、资源状况等方面的情况,筛选网节点,提出路网主干线构想,进而提出阶段性建设目标。

4. 公路交通量预测

在区域社会经济发展趋势分析和预测基础上,研究综合运输与社会经济发展的相互关系。依据历史资料采用多种方法建立不同的数学模型,对规划区内的综合运输量、旅客运输量和流向、大宗货物流量和流向及公路运输工具等一一作出预测,其中尤以公路运输为重点。根据未来公路客、货流量和流向分布特点,结合公路交通量的构成情况,对规划期公路交通量按不同线路进行分配,获得未来公路网上流量的预测。

5. 公路网布局优化

根据社会经济发展,紧密结合生产力布局、城镇分布及公路网现状特点,依据一定原理,对公路路线走向、重要控制点选择做出多种布局方案,通过比较,从中选优。

6. 公路网规划分期实施

在公路网布局优化的基础之上,根据规划期内建设资金、路网交通流量分布及路线地位、功能、作用等条件,对布局规划优化方案中的各条线路、路段做出建设序列安排。

7. 实施公路网规划的对策与措施

针对公路网规划实施过程中面临的资金、技术、材料及其他等重要问题,需在其前期的可行性研究工作中进行详细的研究和论证。同时,对公路网规划实施的管理体制,应提出基本对策与措施。

8. 公路网规划的综合评价

公路网规划的综合评价主要包括技术评价、经济评价、社会发展影响评价和环境影响评价等。通过公路网规划实施可能产生的各种正面或负面影响的全面分析,对公路网规划评价方案做出综合的评价。技术状况评价指标包括反映路网结构和交通状况的指标,反映路网结构性能的评价指标有公路网密度、公路网连通度、公路网等级水平、公路网路面铺装率;反映交通状况的评价指标有公路网平均车速、公路网拥挤度、公路网里程饱和率。

9. 跟踪调查

公路网规划实施周期长。在这期间,由于经济发展速度、生产力布局、投资结构或国家有关政策发生变化,导致运输结构和公路交通需求与预期情况不符。此时应区别情况,对所做规划进行全网、区域、局部或个别路线、路段的调整,以便充分利用有限资源,使运输供给最大可能地满足运输需求。

(二)公路网的布局形式

对于公路干线系统,世界上多数国家是以首都和省会所在地为中心,呈放射状布置国家干线网和省内干线网,干线与干线之间则连以环形干道,这就形成了放射加环形的主干线布置系统。除此以外,也有以网格状布置的。

我国公路网采取纵横网及放射相结合的原则,连接各省省会、自治区首府,直辖市,及大军区、重要港站枢纽、工农业基地及50万人口以上的大中城市。对于次一级的公路和在干线之间局部地区的公路,根据地区地形以及集散点的分布情况予以布置,一般采用树枝状式和方格状式。对于不同的区域、不同的城市,其路网布局要考虑所在地区的社会、自然、经济情况来选取。典型的公路网布局形式有放射形、三角形、并列形、树杈形四种,各种布局形式及其性能均不相同。

1. 放射形路网

放射形路网一般用于中心城市与外围郊区、周围城镇间的交通联系,对于发挥大城市的经济、政治、科技、文化中心作用,促进中心城市政治、经济、科技、文化对周围地区的辐射和影响有重要作用,如图3-1所示。

2. 三角形路网

三角形路网一般用于规模相当的重要城镇间的直达交通联系,通达性好、运输效率高、但建设量大,如图 3-2 所示。

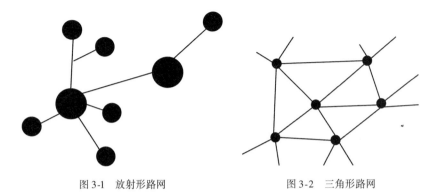

图 3-1　放射形路网　　　　　图 3-2　三角形路网

3. 并列形路网

并列形路网是平行的几条干线分别联系着一系列城镇,对某些城镇之间缺少便捷通道,是一种不完善的路网布局,如图 3-3 所示。

4. 树权形路网

树权形路网一般是公路网中的最后一级,是从干线公路上分叉出去的支线公路,连接乡镇、自然村寨与市、县政府,如图 3-4 所示。

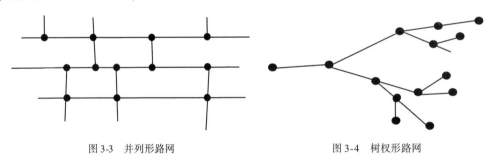

图 3-3　并列形路网　　　　　图 3-4　树权形路网

(三) 公路网中道路的分类

在公路网中,由于每条道路在国民经济中的作用不同,自然条件的复杂程度不同,车辆种类和速度以及运量不同,其技术完善程度和管理方法也不同。从规划、设计和管理的要求出发,公路网中的各条道路需要进行分类,分类详见第二章第一节。

五、公路网规划的编制机构

2010 年,交通运输部重新修订颁布的《公路网规划编制办法》中规定,国道规划由国务院交通运输主管部门会同国务院有关部门并商国道沿线省、自治区、直辖市人民政府编制,报国务院批准;省道规划由省、自治区、直辖市人民政府交通运输主管部门会同同级有关部门并商省道沿线下一级人民政府编制,报省、自治区、直辖市人民政府批准,并报国务院交通运输主管部门备案;县道规划由县级人民政府交通运输主管部门会同同级有关部门编制,经本级人民政府审定后,报上一级人民政府批准;乡道规划由县级人民政府交通运输主管部门协助乡、民族乡、镇人民政府编制,报县级人民政府批准。县道、乡道规划应当报批准机关的上一级人民政府交通运输主管部门备案;专用公路规划由专用公路的主管单位编制,经其上级主管部门审定后,报县级以上人民政府交通运输主管部门审核。专用公路规划应与其他公路规划相协调;按行政区域编制的公路网规划,由该行政区域交通运输主管部门编制,规划编就后,报该行政区域人民政府批准,并报上一级交通运输主管部门备案。跨行政区域的公路网规划可由上一级交通运输主管部门组织相关行政区域的交通运输主管部门编制。按行政区域编制的公路网规划应服从上一级公路网规划。

第三节 新时代公路网规划

2021年2月,中共中央、国务院印发的《国家综合立体交通网规划纲要》和2022年国家发展改革委、交通运输部联合印发的《国家公路网规划》,对新时代公路网规划提出了新要求。

一、发展目标

到2035年,基本建成覆盖广泛、功能完备、集约高效、绿色智能、安全可靠的现代化高质量国家公路网,形成多中心网络化路网格局,实现国际省际互联互通、城市群间多路连通、城市群城际便捷畅通、地级城市高速畅达、县级节点全面覆盖、沿边沿海公路连续贯通。

(1)覆盖广泛。国家高速公路全面连接地级行政中心、城区人口10万以上市县和重要陆路边境口岸,普通国道全面连接县级及以上行政区、国家重要旅游景区、陆路边境口岸。

(2)功能完备。国家公路实现首都辐射省会,省际间和城市群间多通道联系,全面对接亚洲公路网和国际经济合作走廊。国家高速公路通行能力明显提升,普通国道技术等级结构显著改善,有力支撑国家综合立体交通网建设。

(3)集约高效。便捷连接所有综合交通枢纽城市、重要交通枢纽,与其他运输方式衔接更加顺畅,城市过境交通更为高效。跨海跨江跨河等关键通道布设更加集约。

(4)绿色智能。国家公路网有效避让生态保护区域、环境敏感区域,对国土空间利用效率明显提高,基本实现建设全过程、全周期绿色化。与运输服务网、信息网、能源网等融合更加紧密,数字化转型迈出坚实步伐,基本实现运行管理智能化和出行场景数字化。

(5)安全可靠。国家公路网韧性显著增强,自然灾害多发、地理自然阻隔、边境等重点区域网络可靠性明显改善,设施安全性明显提升,具备应对各类重大安全风险能力。

展望到21世纪中叶,高水平建成与现代化高质量国家综合立体交通网相匹配,与先进信息网络相融合,与生态文明相协调,与总体国家安全观相统一,与人民美好生活需要相适应的国家公路网,有力支撑全面建成现代化经济体系和社会主义现代化强国。

二、公路网规划布局思路

优化国家综合立体交通布局,要构建完善的国家综合立体交通网,完善铁路、公路、水运、民航、邮政快递等基础设施网络,构建以铁路为主干,以公路为基础,水运、民航比较优势充分发挥的国家综合立体交通网。

到2035年,国家综合立体交通网实体线网总规模合计70万km左右(不含国际陆路通道境外段、空中及海上航路、邮路里程)。其中国家公路网规划总规模约46.1万km,包含国家高速公路约16.2万km(含远景展望线约0.8万km),普通国道约29.9万km。

要加快建设高效率国家综合立体交通网主骨架,国家综合立体交通网主骨架实体线网规划里程29万km左右,其中国家高速公路6.1万km、普通国道7.2万km。

要建设多层级一体化国家综合交通枢纽系统,完善面向全球的运输网络,都需要公路交通网络的发展。

按照"用足存量,做优增量"的思路,要在维持既有路网总体稳定的基础上,进行局部优化和增减。

(一)国家高速公路布局重点

国家高速公路网布局重点如下。

(1)强化城市群核心城市之间的顺直联系,增设主要城市群间便捷通道。增加沈阳至秦皇岛、南京至九江、南昌至宁德、武汉至重庆、杭州至上饶、深圳至南宁、雄安至武汉、成都至贵阳、神池至太原等国家高速公路路线。

(2)支撑城市群交通体化发展,设城市群内都城际快速通道。增加北京至雄安、北京至德州、扬州至杭州、上海至宁波、上海至慈溪、南京至合肥、南京至六安、盐城至蚌埠、武汉至南昌、南昌至长沙、永登至海晏等国家高速公路路线,对G18荣成至乌海高速公路雄安段线位进行优化调整。

(3)增强中心城市辐射带动功能,增设哈尔滨、长春、杭州、南京、郑州、武汉、长沙、西安、重庆、成都等城市国家高速公路都市圈环线,优化调整首都地区环线走向。

(4)支持中小城市加快发展,补充连接省直辖县(市)以及城区人口10万以上的市县。增加绥化至北安、双鸭山至宝清、济宁至徐州、平顶山至宜昌、洛阳至内乡、合肥至信阳、安阳至长治、晋城至永济、安塞至清涧、杭州至乐清、泉州至梅州、长沙至凤凰、张家界至吉首、南宁至武冈、屏山至兴义、洞口至三穗、伊宁至新源、阿克苏至阿拉尔、房县至五峰、安乡至慈利、巴中至成都、滨州至德州、徐州至合肥、衡阳至新宁、济南至聊城、洛阳至卢氏、抚州至吉安、南通至如东、曲靖至弥勒、商丘至固始、康平至沈阳、武汉至岳阳、秀山至从江、宜昌至华容、长春至辽源等国家高速公路路线。

(5)支撑全面开放新格局,补充连接边境口岸县市及重要口岸,服务西部陆海新通道建设。增加抚松至长白、白山至临江、乌拉特前旗至甘其毛都、额济纳旗至策克、临沧至清水河、贵阳至北海等国家高速公路路线。

(6)提高路网可靠性。增加临沧至勐海、鸡西至建三江、伊春至北安、海拉尔至加格达奇、锡林浩特至二连浩特、阿克苏至阿拉尔、沙县至南平、奎屯至库车、丹凤至宁陕、新乐至忻州等国家高速公路路线,将G1113丹东至阜新高速公路调整为丹东至新民,考虑生态环保等因素,对G1013海拉尔至张家口高速公路海拉尔至阿尔山段路线走向进行优化调整。

综上所述,国家高速公路共布局7条放射线、11条南北纵线、18条东西横线,以及6条地区环线、12条都市圈环线、30条城市绕城环线、31条并行线、163条联络线,总规模约16.2万km,"71118"路网主骨架保持不变,主要增设12条都市圈环线、11条并行线和58条联络线。需要说明的是,城市绕城环线均为《国家公路网规划(2013年—2030年)》中的路线,覆盖了直辖市、各省省会、自治区首府及计划单列市,其路线名称、编号和排序在《公路路线标识规则和国道编号》(GB/T 917—2017)中均已明确。

(二)普通国道布局重点

普通国道网布局重点如下。

(1)补充连接双湖、长子县级节点,增加双湖至班戈普通国道路线,对G341平顺至屯留段路线走向进行优化调整。

(2)增设相邻重要地市间便捷通道。增加哈尔滨至松原、黑河至加格达奇、沈阳至庄河、赤峰至锦州港、雄安至沧州、廊坊至雄安、德州至石家庄、德州至晋中、商丘至南阳、景泰至兰州、武威至定西、泗阳至阜阳、吴江至芜湖、台州至上饶、青田至厦门、广昌至长沙、乐山至雅安、钦州至崇左、文山至蒙自等普通国道路线。

(3)优化调整南京、福州、太原、南昌、贵阳、昆明等重要城市的普通国道过境方案。

(4)支撑全面开放新格局,补充连接边境公路口岸,对接亚洲公路网。增加和龙至南坪口岸、珲春至珲春口岸、伊宁至都拉塔、吉木乃至吉木乃口岸、那坡至平孟、珲春至沙坨子口岸、乌拉斯台至奇台、乌力吉至阿拉善左旗、金平至金水河、峒中至峒中口岸、额尔古纳至室韦、塔什库尔干至卡拉苏、塔克什肯至富蕴等普通国道路线。

(5)保障国家安全,优化调整沿海沿边地区普通国道路线走向,增设部分联络线。

(6)支撑国家旅游风景道建设,加强对重要旅游景区的有效连接。增加呼伦贝尔至罕达盖、五常至敦化、围场至张家口、兰考至乌海、乌海至西吉、叶集至信阳、大悟至岳西、萍乡至新化、稻城至香格里拉、西乌珠穆沁旗至克什克腾、平武至松潘、巴松措至巴河、特克斯至喀拉峻、阜康至天山天池、玉龙雪山至丽江、云阳至利川、扎兰屯至阿尔山、大方至普定、安顺至罗甸、九乡至宜良、当雄至纳木错、井陉至苍岩山、淳安至黄山等普通国道路线。

(7)提高路网可靠性。增加太仓港至平湖、红原至宁蒗、渠县至华蓥、理县至石棉、海东至湟源、夏河至泽库、同仁至贵德、扎赉特旗至公主岭、漫江至临江、克拉玛依至阿拉山口、改则至巴嘎、横山至安塞、岳西至望江、万宁至洋浦、房县至兴山、巴西至来凤、垫江至凯里、从江至荔波、松桃至岑巩、关岭至安龙、黑河至嫩江、沁源至霍州、宜章至江华、巫溪至城口、惠水至平塘、合水至华池、红寺堡至泾川、呼玛至乌兰浩特等普通国道路线,对G230延津至开封段、G344洛南至蓝田段、G555施甸连接线、G557贡觉连接线等的路线走向进行优化调整。

综上所述,普通国道共布局12条放射线、47条南北纵线、60条东西横线和182条联络线,总规模约29.9万km,路网骨架总体保持一致。

三、公路网规划的新要求

目前,国家公路网在多轮规划科学引领和有序推进下,基本适应当前我国经济社会发展需要,在满足国家政治、经济、国防及人民群众出行需要方面发挥了重要作用,但与全面建设社会主义现代化国家的要求和人民群众对美好生活的向往相比,国家公路网主通道能力仍需提升、城市群地区互联互通还需加强、路网覆盖深度和网络韧性有待提高、与其他运输方式衔接协调还需进一步优化。

优化基础设施网络布局,是构建现代化高质量国家综合立体交通网的核心任务和重要支撑。《国家综合立体交通网规划纲要》对构建完善的国家综合立体交通网提出了布局理念和要求,明确要以统筹融合为导向,着力补短板、重衔接、优网络、提效能,更加注重存量资源优化利用和增量供给质量提升。国家综合立体交通网连接全国所有县级及以上行政区、边境口岸、国防设施、主要景区等。基本实现全国县级行政中心15min上国道、30min上高速公路,这为优化完善国家公路网布局提供了基本遵循。

立足当前发展基础,着眼新发展阶段更高要求,要牢牢把握国家综合立体交通网布局理念和要求,按照"用足存量,做优增量"的思路,着力构建更加完善、更有效率、更高质量的国家公路网。一方面,要"用足存量"。在充分考虑提升既有设施能力、利用智能化及需求管理等手段提升存量资源力和服务品质的前提下,通过局部优化和适当调整,使既有路线功能更加完善、布局更加合理。这既体现了国家综合立体通网的构建要求,也符合国家公路网的发展实际。另一方面,要"做优增量"。在充分挖掘存量资源潜力的基础上,强化对构建新发展格局、推动区域协调发展和新型城镇化、维护国家安全等国家战略实施的支撑和引领,按照构建现代化高质量国家综合立体交通网的目标要求,扩大优质增量供给,进一步系统优化完善国家公路网。

我国已转向高质量发展阶段,正处在转变发展方式、优化经济结构、转换增长动力的攻关期,建设现代化经济体系是跨越关口的迫切要求和我国发展的战略目标。《国家综合立体交通网规划纲要》提出了推进综合交通统筹融合发展的重点领域,以及推进综合交通高质量发展的主要任务。国家公路网作为国家综合立体交通网中可达性最好、方便性最高、个性化最强的网络,是衔接其他各种运输方式和发挥综合立体交通网整体效率的主要支撑,在做好科学论证、稳步有序推进规划实施的同时,需要更加强化与其他运输方式的一体化建设实施,更加强化与国土空间规划和相关产业的融合发展,更加注重依靠科技、数据等新生产要素培育新动能,更加注重绿色集约发展和治理能力提升,坚持走依靠创新驱动提升资源配置效率的发展之路。

(一)畅通区域间、城市群间"大动脉"

公路交通是形成国民经济良性循环、构建新发展格局的重要保障。随着区域重大战略、区域协调发展战略、主体功能区战略的深入实施推进,经济和人口向城市群、都市圈、大城市逐步集中,主通道和城市群等重点区域交通需求集聚趋势将更加明显。《国家综合立体交通网规划纲要》结合未来交通运输发展和空间分布特点,提出按照"4极""8组群""9组团"之间的交通联系强度,加快建设高效率的"6轴、7廊、8通道"国家综合立体交通网主骨架,形成区域间、城市群间、省际间以及连通国际运输的主动脉。

在国家公路网中,国家高速公路侧重于提供高效率、高品质的运输服务,发挥"大动脉"

和主干线作用,重要承担区域间、城市群间、省际间的快速客货运输需求。近年来,主通道交通量持续快速增长,部分国家高速公路路段车流量已经饱和,拥堵现象频繁,通行能力和运行效率亟待提高。优化国家公路网布局,要重点提升区域间、城市群间国家高速公路通道能力和服务水平,强化城市群核心城市之间国家高速公路的顺直便捷联系,进一步畅通"大动脉",提升国家公路主通道的服务效率与应急保障能力,实现区域间、城市群间"多通道联系",交通繁忙、城镇密集、人口集中地区"重要通道多路线",空间联系更加高效,有力支撑新发展格局构建。

(二)提高城市群、都市圈地区网络化水平

我国正处于城镇化快速发展阶段,未来将构建形成城市群—都市圈—中小城市—特色小镇协调发展的新型城镇化空间格局框架。《国家综合立体交通网规划纲要》提出要推进城市群内部交通运输一体化和都市圈交通运输一体化发展,构建便捷高效的城际交通网,基本实现城市群内部2h交通圈,打造1h"门到门"通勤圈。

要着眼于适应和引领未来新型城镇化发展格局,着力推进形成网络更加完善的国家公路网布局。

(1)强化城市群内部重要节点间的联系,增强城市群国家公路网络的便捷性和可靠性,有力支撑2h交通圈构建。

(2)结合城市规划和未来发展趋势,着力完善中心城市国家公路网络,增强中心城市辐射带动作用,提高路网衔接转换效率,高效服务都市圈1h通勤需求。

(3)加强中小城市和县城对外联系,实现全国地市级行政中心和城区人口10万以上市县的县级行政中心30min上国家高速公路、所有县级行政中心15min上普通国道,便捷服务基本覆盖全国,极大增强人民群众的获得感、幸福感、安全感。

(三)增强路网对旅游等新型消费的服务支撑

当前随着消费不断升级,消费对经济发展的基础性作用进一步增强。交通运输对于形成强大国内市场、健全现代流通体系具有至关重要的作用,对旅游等新型消费的服务支撑效果明显。《国家综合立体交通网规划纲要》在推动交通与旅游、现代物流、装备制造等相关产业深度融合发展等方面提出了明确要求。

国家公路作为国家综合立体交通网的重要基础,要顺应消费升级新趋势,推动国家公路与旅游业、制造业、商贸物流业等关联产业深度融合,进一步强化国家公路网与AAAAA级景区、国家级风景名胜区等重要景区以及重要产业基地、物流园区的有效衔接,全面支撑国家旅游风景道建设,拓展新业态,新模式发展空间。

(四)强化路网系统韧性和安全性

安全是交通强国建设中重要的价值取向。《国家综合立体交通网规划纲要》从国家安全和系统韧性两个方面提出了强化国家综合立体交通网安全保障能力的发展要求。要统筹发展和安全,着力形成安全可靠、保障有力的国家公路网布局。

（1）全面贯彻落实总体国家安全观，强化沿边沿海公路布局，加快打造串联沿边沿海地区的国家公路通道，显著提升快速机动保障水平，有效提高保障国家安全能力。

（2）重点完善灾害频发、地理自然阻隔、迂回绕行严重区域的国家公路网络布局，加快推进多通道、多路径建设，强化国家公路网的系统韧性和应对各类重大风险能力，提高路网运行的安全性和可靠性。

按照构建国家综合立体交通网的要求，统筹考虑发挥各种运输方式比较优势和综合交通运输整体效率，经系统优化和研究论证，到2035年，国家公路网规划规模46万km左右，约占未来全国公路网的7.7%，这一比重与美国、日本、德国等发达国家大致相当。其中，国家高速公路网16万km左右，由7条首都放射线、11条纵线、18条横线及若干条地区环线、都市圈环线、城市绕城环线、联络线、并行线组成，基本实现90%的县级行政中心30min上国家高速公路；普通国道网30万km左右，由12条首都放射线、47条纵线、60条横线及若干条联络线组成，基本实现全国县级行政中心15min上普通国道。

各省（区、市）应加快优化完善省级公路和农村公路规划，合理确定规划目标和建设规模，与国家公路网布局规划做好衔接。尤其是在地方高速公路规划建设中，各地应统筹考虑资源禀赋和要素约束，充分挖掘存量资源，合理把握高速公路规划规模和建设节奏，严守债务风险底线。

（五）强化国家公路网与其他运输方式的一体化融合

立足公路技术经济特征和与其他运输方式的比较优势，推进国家公路网与其他运输方式网络的有机衔接、优势互补和融合发展，提高综合立体交通基础设施网络的整体性、协同性。

（1）加强运输枢纽的一体化衔接。加强国家公路对铁路站、机场、港口等枢纽节点的衔接，扩大铁路、水运、民航运输服务范围，有力支撑"全国123出行交通圈"和"全球123快货物流圈"建设。

（2）协同推进综合运输通道的一体化建设。节约集约利用通道线位资源，开展重要的江河、海湾跨越通道以及特大城市、大城市和城市密集区的公路与铁路、轨道交通共用通道的规划建设，探索综合运输通道线位、桥位资源集约利用、合理利用的模式和途径，促进综合交通线位、桥位资源共用共享。

（3）推动城市群道路网络的一体化构建。加强国家公路与城市道路的高效对接，推动规划建设统筹和协同管理，城区路段灵活采用、合理选用技术标准，绕城路段和穿城路段系统优化布局，减少对城市的分隔和干扰。

（六）强化国家公路网与国土空间规划和相关产业的融合发展

（1）在国家公路网布局规划及建设项目前期工作开展过程中，积极对接国土空间规划，做好国家公路线位与"三区三线"的协调衔接，实现线位资源的有效预留。

（2）强化国家公路与旅游业深度融合发展，提升国家公路对重要旅游景点景区的服务能力，丰富拓展国家公路服务区、沿线配套设施服务功能，注重与公路沿线自然景观、历史人文等融合设计。

(七)更加注重依靠科技、数据等生产要素培育新动能

注重科技创新赋能交通发展,推动新一代信息技术、人工智能、新材料等前沿科技在国家公路上的深度应用。

(1)按照"系统谋划、稳妥有序、试点先行、总结推广、标准引领、产业发展"的方针,稳妥有序推进国家公路基础设施智慧升级,大力发展"新基建",打造技术可靠、运行安全、管理规范、服务优质的一流智慧公路设施。

(2)推动国家公路基础设施与信息网融合发展,加快实现国家公路网规划、设计、建造、养护、运行管理等全要素、全周期数字化,加快布局建设全方位公路交通感知网络,构建先进的交通信息基础设施。

(3)加强国家高速公路电子不停车收费系统(ETC)数据、省际不停车收费系统数据、导航数据、手机信令等各类相关数据挖掘和融合应用,构建载运工具、基础设施、通行环境有效互联的交通控制平台,提升数字化管控和科学决策水平。

(八)更加注重绿色集约发展和治理能力提升

(1)加强资源集约节约利用,挖掘存量资源潜力,提升设施使用效率,改扩建公路和升级改造工程要充分利用原有设施。推进科学选线选址,避让基本农田、严守生态保护红线,提高用地用海效率。

(2)加强国家公路沿线生态环境保护修复和路域环境改善,将生态保护理念贯穿到公路规划、设计、建设、养护和运营全过程,积极推行生态环保设计,推广使用低污染、可循环建筑材料和施工工艺等,切实降低对生态环境影响。

(3)按照交通运输领域中央与地方财政权和支出责任划分改革要求,提升中央对国家公路的宏观管理、专项规划、政策制定、监督评价、路网运行监测和协调的能力和效率,加快建立健全以大数据、信用信息共享为基础,以法律法规和标准规范为引领,全面适应国家公路网高质量发展的体制机制。

四、公路网规划重点推进的内容

(一)节约集约利用资源

《国家公路网规划》中要求,要节约集约利用资源。协同推进综合运输通道的一体化建设,推动铁路、公路等基础设施的线位统筹,促进通道线位资源共用共享。挖掘存量资源潜力,充分利用既有设施进行改扩建和升级改造,加强对另辟新线扩容的规划管理。科学确定设施技术标准,采用多种技术手段提高设施利用效率,严格执行建设用地标准,节约土地资源,严格保护耕地和永久基本农田。

(二)推进公路绿色发展

《国家综合立体交通网规划纲要》深入贯彻落实生态优先、绿色发展理念,重点体现国土

空间集约利用、生态保护修复、污染防治、节能降碳、资源节约等各项要求。

（1）在发展目标方面，以绿色集约为导向，提出到2035年综合运输通道资源利用的集约化、综合化水平大幅提高，基本实现交通基础设施建设全过程、全周期绿色化，单位运输周转量能耗和二氧化碳排放强度下降，交通污染防治达到世界先进水平的目标，从顶层设计角度推进综合立体交通网绿色发展。

（2）在规划布局方面，充分考虑资源环境承载力和国土空间开发适宜性，优化交通基础设施布局，推动交通网络与生态环境协调发展。

（3）在运输结构方面，加强铁路、水运基础设施建设，强化不同运输方式统筹衔接，推进运输结构调整，提升综合交通网络效率，降低单位运输排放。

（4）在综合交通高质量发展方面，明确交通运输绿色低碳发展要求，提出资源节约集约利用、生态保护修复、交通污染防治、节能降碳等主要任务，并强调源头管控。

《国家公路网规划》中也要求，要推进绿色低碳发展。将生态保护、绿色低碳理念贯穿公路规划、设计、建设、运营、管理、养护等全过程、各环节，降低全寿命周期资源能源消耗和碳排放。依法依规避让各类生态保护区域、环境敏感区域、城乡历史文化资源富集区域，注重生态保护修复、资源循环利用、碳减排，加强大气、水及噪声污染防治，因地制宜建设绿色公路。

（三）注重创新赋能发展

《国家公路网规划》中要求要统筹国家公路与新型基础设施建设。推动国家公路全要素全周期数字化转型，实现数据资源一体化管理，强化数据动态采集、更新、共享，推动与建筑信息模型、路网感知网络同步规划建设，将采集信息基础设施纳入公路工程统一规划建设。推动制修订公路相关标准规范，注重与新型运载工具、通信、智能交通等设施、装备的标准协同。

（四）推进城乡交通运输一体化

《国家综合立体交通网规划纲要》提出，要推进城乡交通运输一体化发展。统筹规划地方高速公路网，加强与国道、农村公路以及其他运输方式的衔接协调，构建功能明确、布局合理、规模适当的省道网。加快推动乡村交通基础设施提档升级，全面推进"四好农村路"建设，实现城乡交通基础设施一体化规划、建设、管护，畅通城乡交通运输连接，推进县乡村（户）道路连通、城乡客运一体化、解决好群众出行"最后一公里"问题。提高城乡交通运输公共服务均等化水平，巩固拓展交通运输脱贫攻坚成果同乡村振兴有效衔接。

（五）推进交通与产业融合发展

交通运输是实体经济发展的基础支撑、国民经济循环的动脉，在与其他产业融合发展，推动我国经济发展质量变革、效率变革、动力变革、提高全要素生产率方面，具有先天优势。《国家综合立体交通网规划纲要》聚焦邮政快递、现代物流、旅游、装备制造等与交通运输联系紧密、相互作用影响程度深，融合发展过程中催生新技术、新模式、新业态的产业，提出融合发展的重点任务。

（1）推进交通与邮政快递融合发展。主要包括推动在交通场站建设邮政快递专用处理场所、运输通道、装卸设施；发展快递专用运载设施设备；在重要交通枢纽实现邮件快件集中安检、集中上机(车)；推动不同运输方式之间邮件快件装卸标准、跟踪数据等有效衔接；发展航空快递、高铁快递，推动邮件快件多式联运等。

（2）推进交通与现代物流融合发展。主要包括加强现代物流体系建设，优化国家物流大通道和枢纽布局，加强国家物流枢纽应急、冷链、分拣处理等功能区建设，完善与口岸衔接，畅通物流大通道与城市配送网路交通线网连接；加快构建农村物流基础设施骨干网络和末端网络；发展高铁快运，推动双层集装箱铁路运输发展；加快航空物流发展；培育壮大一批具有国际竞争力的现代物流企业；依托综合交通枢纽城市建设全球供应链服务中心，打造开放、安全、稳定的全球物流供应链体系等。

（3）推进交通与旅游融合发展。主要包括充分发挥交通促进全域旅游发展的基础性作用；加快国家旅游风景道、旅游交通体系等规划建设；强化交通网"快进慢游"功能，加强交通干线与重要旅游景区衔接；完善公路沿线、服务区、客运枢纽、邮轮游轮游艇码头等旅游服务设施功能；支持红色旅游、乡村旅游、度假休闲旅游、自驾游等相关交通基础设施建设；推进通用航空与旅游融合发展；健全重点旅游景区交通集散体系，鼓励发展定制化旅游运输服务，丰富邮轮旅游服务等。

（4）推进交通与装备制造等相关产业融合发展。主要包括加强交通运输与现代农业、生产制造、商贸金融等跨行业合作，发展交通运输平台经济、枢纽经济、通道经济、低空经济等；支持交通装备制造业延伸服务链条，促进现代装备在交通运输领域应用，带动国产航空装备的产业化、商业化应用；推动交通运输与生产制造、流通环节资源整合，鼓励物流组织模式与业态创新，推进智能交通产业化。

《国家公路网规划》也要求要注重与产业融合发展。依托国家公路网发展通道经济，注重与沿线旅游、制造、物流、电子商务等关联产业深度融合发展，引导优化区域产业布局，促进产业链供应链安全稳定。提升公路服务区服务品质，设置人性化服务设施和充换电、加氢等设施，因地制宜丰富文化、旅游、休闲等服务功能。按需实施服务区扩容改造，增设大型货车或危化品车辆专用停车区。

（六）严控地方政府债务风险

《国家公路网规划》中要求坚持尽力而为、量力而行，合理确定建设规模和建设节奏，科学论证项目建设时机及建设标准，强化技术方案比选，合理控制工程造价，稳步有序推进项目建设。建立健全高速公路债务风险监测机制，督促指导债务负担较重地区严格控制新开工项目规模。

（七）推进公路人文建设

加强人文建设，是建设人民满意交通的重要举措。《国家综合立体交通网规划纲要》提出加强交通运输人文建设，主要方向是完善交通运输基础设施、运输装备功能配置和运输服务标准规范体系,满足不同群体出行多样化、个性化要求。具体体现在以下方面。

(1)服务特殊人群出行需求,要加强无障碍设施建设,完善无障碍交通运输装备设备功能,提高特殊人群出行便利程度和服务水平。

(2)服务老年人出行需求,要使交通基础设施、运输装备和运输服务水平满足老龄化社会交通需求。

(3)服务人民日益增长的美好生活需要,要不断创新服务模式,提升运输服务人性化、精细化水平。

(4)加强交通文明宣传教育,弘扬优秀交通文化,提高交通参与者守法意识和道德水平。

第四章 公路建设管理

公路建设是指公路、桥梁、隧道、交通工程及沿线设施和公路渡口的项目建议书、可行性研究、勘察、设计、施工、竣(交)工验收和后评价全过程的活动。公路建设管理是指对公路建设全过程活动的管理。

第一节 公路建设相关政策法规

我国涉及公路建设的政策法规较多,公路建设过程中涉及的法律、法规是公路建设监管机构依据相关的政策法规对公路建设经济活动实施的直接或者间接的行政干预,对公路建设企业及公路建设市场行为进行约束的一系列制度安排,保证和促进公路行业的健康、有序发展。

一、公路建设相关法律法规

公路建设相关法律法规体系分为二级。第一级为国家级,由国家法律、国家行政法规两个层次组成。第二级为地方级,由地方性法规、地方规章两层次组成。层次越高法律效力越高。

(一)国家法律

鉴于公路的公益性属性以及在公路的建设过程中需要占用大量土地,所以国家对于公路建设的有效管理是非常必要的。如2021年修订的《中华人民共和国安全生产法》中针对生产经营单位的安全生产保障、从业人员的安全生产权利义务、安全生产的监督管理、生产安全事故的应急救援与调查处理等做出了相关的规定。

2017年修订的《中华人民共和国公路法》(以下简称《公路法》)第三章针对交通运输主管部门以及参与公路建设的相关单位的责任和义务作出了明确的规定,同时针对公路建设过程中总体要求、资金筹措、施工过程报请批复、土地使用、环境保护、文物保护以及竣工后安全设施设置等方面做出了相关要求。

2017年颁布的《中华人民共和国招标投标法》规定了公路建设项目招标投标活动所需遵循的规则。针对招标、投标、开标、评标和中标各阶段的行为规则做出了规定,以及明确违反相关规则应承担的法律责任。

通过国家法律来约束公路建设项目这一项生产经营活动,其目的是保护国家利益、社会公共利益和当事人的合法权益,提高经济效益,保证项目质量。

(二)国家行政法规

公路建设相关的行政法规一般以条例、办法、实施细则、规定等形式组成。如为了规范招标投标活动,依据《中华人民共和国招投标法》制定了《中华人民共和国招投标法实施条例》;为了严格规范安全生产条件,进一步加强安全生产监督管理,防止和减少生产安全事故,根据《中华人民共和国安全生产法》的有关规定,制定了《安全生产许可证条例》;为了加强公路保护,保障公路完好、安全和畅通,制定了《公路安全保护条例》等。

(三)地方性法规

地方性法规是地方国家权力机关依照法定职权和程序制定和颁布的、施行于本行政区域的规范性的文件。如北京市为加强公路的建设和管理,促进公路事业发展,根据《公路法》《收费公路管理条例》及有关法律、法规,结合北京市实际情况制定的《北京市公路条例》等。

(四)地方规章

地方规章是有地方性法规制定权的地方人民政府依照法律、行政法规、地方性法规或者本级人民代表大会或其常务委员会授权制定的在本行政区域实施行政管理的规范性文件。具体表现形式为规程、规则、细则、办法、纲要、标准、准则等。如广西为加强公路工程造价管理,规范造价行为,合理控制建设成本,保障公路工程质量和安全,根据《公路法》《公路工程造价管理暂行办法》(交通运输部令2016年第67号)等法律法规,制定的《广西公路工程造价管理实施细则(试行)》等。

二、公路建设相关的行业政策

近年来,国家颁布了一系列关于公路建设的政策,着力点是在绿色环保的前提下提升公路建设的质量和安全,始终贯彻以人为本的原则,树立公路与自然、社会协调发展的工作理念,促进公路的网络化、规范化。

2015年4月,交通运输部出台了《关于深化公路建设管理体制改革的若干意见》(交公路发〔2015〕54号),指出改革的重点定位在公路建设阶段的项目管理体制机制改革,要做好顶层设计,充分考虑公路建设事权和投融资多元化等对项目建设管理的影响,做好与事权改革、投融资改革等的衔接。

2016年7月,交通运输部出台了《关于实施绿色公路建设的指导意见》(交办公路〔2016〕93号),明确了绿色公路的发展思路和建设目标,提出了五大建设任务,决定开展五个专项行动,推动公路建设发展转型升级。2016年7月,交通运输部出台了《关于推进公路钢结构桥梁建设的指导意见》(交公路发〔2016〕115号),提出加强对混凝土桥梁和钢结构桥梁方案进行比选论证,鼓励择优选用钢结构桥梁;在环境条件适合的项目推广使用耐候钢,提高结构抵抗自然环境腐蚀能力,降低养护成本;大力推进钢结构桥梁建设标准化设计、工业化生产、装配化施工,提升桥梁工程的质量品质。

2020年2月,交通运输部发布了《关于贯彻落实习近平总书记重要指示精神统筹做好疫情防控加快公路水运工程复工开工建设加大交通投资力度的通知》(交公路明电〔2020〕49号),提出为应对疫情可能造成的投资影响,交通运输主管部门应重点关注项目储备、资金供给、要素保障等关键问题,多措并举,为投资营造良好政策环境,服务好经济平稳运行大局,确保全面建成小康社会和"十三五"规划圆满收官。

2020年5月,交通运输部发布的《关于公路水运工程建设领域保障农民工工资支付的意见》(交公路规〔2020〕5号)中强调交通运输部坚决落实党中央、国务院决策部署,结合公路水运工程建设领域的实际情况,不断完善相关制度,细化工作要求,较早推行了农民工合同制、实名制、工资保证金制度、银行代发工资等制度,将保障农民工工资支付有关要求纳入标准招标文件和信用评价内容,持续开展监督检查,有力维护了农民工合法权益。

2020年7月,交通运输部为贯彻落实《交通强国建设纲要》,进一步推进公路工程建设标准化工作,规范公路工程标准管理,保障人身健康和生命财产安全,促进公路工程技术进步和创新,根据有关法律法规和国家工程建设标准化改革发展等要求,印发了《公路工程建设标准管理办法》(交公路规〔2020〕8号)。

正是这一系列行业政策的提出,才促进了公路建设市场的健康有序发展。

第二节 公路基本建设程序

一、基本建设程序的概念

基本建设程序是指基本建设项目从投资前期到投资期,从规划立项到竣工验收的整个建设过程中各项工作的先后次序,它由基本建设的客观规律决定。公路基本建设涉及面广,它受到地质、气候、水文等自然条件和资源供应、技术水平等物质技术条件的严格制约,需要内外各个环节的密切配合,并且要求按照符合既定需要和有科学根据的总体设计进行建设。

工程的建设程序是多年建设项目管理经验的积累,是客观规律的总结,在基本建设活动时,必须严格按照规定的程序进行,不可人为地忽略其中的某个阶段或改变其顺序,否则,不仅将造成宏观上的浪费,而且会导致盲目发展,甚至贻误地区经济的开发时机。

二、基本建设程序的主要内容

公路基本建设的程序是:根据国民经济长远规划及布局所确定的公路网规划,提出项目建议书;通过调查,进行可行性研究,编制可行性研究报告;经批准后进行初步测量及编制初步设计文件;经批准后,列入国家年度基本建设计划,并进行定线测量编制施工图设计文件;经批准后组织施工;完工后,进行竣工验收,最后交付使用。以上程序在符合审批制度的前提下,可根据具体情况进行合理的交叉,小型项目可根据具体情况适当并免一些程序,公路基本建设程序如图4-1所示。

(一)编制项目建议书

项目建议书是在经济规划、运输规划和道路规划的基础上产生的技术政策性文件,是按项目或年度列出的待建项目,它既是进行各项前期准备工作的依据,又是可行性研究的基础。项目建议书应对拟建项目的目的、要求、主要技术指标、原材料、投资估算及资金来源等提出文字说明。项目建议书是根据国民经济和社会发展的长期规划、产业政策、地区规划、经济建设的方针、技术经济政策和建设任务,结合资源情况、建设布局等条件和要求,经过调查、预测和分析,向有关部门提出的对某个投资建设项目需要进行可行性研究的建议书,是对投资建设项目的轮廓性设想。大中型项目要求预可行性研究报告。国家高速公路网项目可直接进行工程可行性研究。对列入国家高速公路网规划的项目不要求项目建议书。公路工程项目建议书见表4-1。

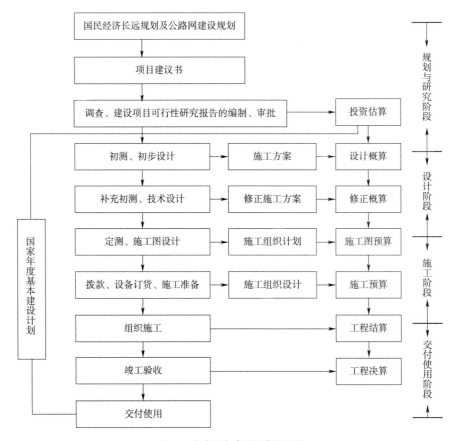

图4-1 公路基本建设程序流程图

公路工程项目建议书 表4-1

项目	主要内容
公路工程项目建议书	(1)项目提出的必要性和依据; (2)拟建规模和建设地点初步设想; (3)资源情况和建设条件; (4)投资估算和资金筹措设想; (5)项目建设需要的时间; (6)经济效果和社会效益初步估计

(二) 可行性研究

可行性研究是项目前期工作中最重要的内容,它从项目建设和生产经营的全过程考察分析项目的可行性,其目的是回答项目是否必要建设,是否可能建设和如何进行建设的问题,其结论为投资者的最终决策提供直接的依据。该阶段要完成的专题包括土地预审、环评、水保、地质、地震、防洪、文物、通航论证、银行承诺等。

1. 可行性研究的任务

公路建设项目可行性研究的任务是在对拟建工程地区社会、经济发展和公路网状况进行充分地调查研究、评价、预测和必要的勘察工作的基础上,对项目建议的必要性、经济合理性、技术可行性、实施可能性,提出综合性研究论证报告。

2. 可行性研究的阶段划分

可行性研究按工作深度划分为预可行性研究和工程可行性研究两个阶段。

预可行性研究应重点阐明建设项目的必要性,通过踏勘和调查研究,提出建设项目的规模、技术标准,进行简要的经济效益分析。工程可行性研究应通过必要的测量、地质勘探(大桥、隧道及不良地质地段等),在认真调查研究,拥有必要资料的基础上,对不同建设方案在经济和技术上进行综合论证,提出推荐建设方案。

工程可行性研究报告经审批后作为初步设计的依据。工程可行性研究的投资估算与初步设计概算总额之差,应控制在10%以内。公路建设项目可行性研究报告的主要内容见表4-2。

公路建设项目可行性研究报告的主要内容　　　　　　　　　表4-2

项目	主要内容
公路建设项目可行性研究报告	(1) 项目建设依据; (2) 建设地区交通运输现状和建设项目在运输网中的地位和作用; (3) 原有公路技术状况及适应程度; (4) 研究建设项目与地区经济发展的内在联系,预测交通量发展水平; (5) 建设项目地理位置、地形、地质、气候等自然特征; (6) 筑路材料来源; (7) 论证不同建设方案路线起讫点和主要控制点、建设规模、标准,提出推荐方案; (8) 评价建设项目对环境的影响,测算主要工程数量、征地拆迁数量、估算投资,提出资金筹措方案; (9) 提出勘察设计、施工计划安排;进行经济评价、财务分析

项目建议书阶段着重解决的是"必要性"的问题,项目建议书批复即立项。工程可行性研究阶段着重解决的是"可行性"的问题,需要做很多专题论证。

(三) 工程设计阶段

根据批准的可行性研究报告编制设计文件。工程设计是对工程对象进行构思,并进行计算、验算,编制设计文件的过程。设计文件是安排建设项目、控制投资、编制招标文件、组织施工和竣工验收的重要依据。设计文件的编制必须坚持精心设计,认真贯彻国家有关方针政策,严格执行基本建设程序的规定。

根据基本建设项目的性质和设计内容不同,工程设计一般可分为"一阶段设计""两阶段设计"和"三阶段设计"三种类型。

公路工程基本建设一般采用两阶段设计,即初步设计和施工图设计。对于技术简单、方案明确的小型建设项目,可采用一阶段设计,即一阶段施工图设计;技术复杂而又缺乏经验的建设项目或建设中个别路段、特殊大桥、互通式立体交叉、隧道等,必要时采用三阶段设计,即初步设计、技术设计和施工图设计。如何选择工程设计类型,具体见表4-3。

工程设计类型选择组合表 表4-3

设计类型	设计特点		
	适用场合	设计依据	应提交的成果
一阶段设计	技术方案明了、投资不大的道路工程项目(尤其是地方投资的项目)	批准的可行性研究(或测设合同)和定测资料	施工图设计文件和施工图预算文件
二级段设计	一般工程项目	初步设计:批准的可行性研究(或测设合同)和初测资料; 施工图设计:已批准的初步设计和定测资料	初步设计:初步设计文件和工程概算文件; 施工图设计:施工图设计文件和施工图预算文件
三阶段设计	重大的工程项目或其中有技术难题的工程项目	初步设计:批准的可行性研究(或测设合同)和初测资料; 技术设计:已批准的初步设计和补充初测资料; 施工图设计:已批准的技术设计和定测资料	初步设计:初步设计文件和工程概算文件; 技术设计:技术设计文件和修正概算文件; 施工图设计:施工图设计文件和施工图预算文件

1. 初步设计

初步设计是项目的宏观设计,即项目的总体设计、布局设计。根据批准的工程可行性研究报告,拟定建设原则,选定设计方案,计算工程数量及主要材料数量,提出施工方案的意见,编制设计概算,提供文字说明和图表资料。初步设计文件经审查批准后,是国家控制建设项目投资及编制施工图设计文件或技术设计文件(采用三阶段设计时)的依据,并且为订购或准备主要材料、机具设备,安排重大科研项目,筹划征用土地及控制项目投资的依据。

2. 技术设计

技术设计应根据已批准的初步设计和补充初测,对重大、复杂的技术问题通过科学试验、专题研究,加深勘探调查及分析比较,解决初步设计中未能解决的问题,进一步落实各项技术方案,计算工程数量,提出修正的施工方案,编制修正设计概算。批准后的技术设计文件将作为施工图设计的依据。技术设计文件的内容与初步设计类似,但此时的技术方案和技术细节都已基本确定。

第四章 公路建设管理

3.施工图设计

根据批准的初步设计进一步对审定的修建原则、设计方案、技术决定加以具体和深化,最终确定各项工程数量,编制施工图预算。经批准的施工图设计文件是项目实施的依据。

一阶段施工图设计应根据批准的可行性研究和定测资料,拟定修建原则,确定设计方案和工程数量,提出文字说明和图表资料以及施工组织计划,编制施工图预算,满足审批的要求,适应施工的需要。

两阶段(或三阶段)施工图设计应根据批准的初步设计(或技术设计)和定测(或补充初测)资料,进一步对所审定的修建原则、设计方案、技术决定加以具体和深化,最终确定工程数量,提出文字说明和适应施工需要的图表资料以及施工组织计划,编制施工图预算。

(四)列入年度基本建设计划

当建设项目的初步设计和概算经上报批准后,可列入国家基本建设年度计划。建设单位根据年度基本建设计划控制数字,按照批准的可行性研究报告和设计文件,编制本单位的年度基本建设计划,报经批准后,再编制物资、劳动、财务计划。这些计划分别经过主管机关审查平衡后,作为国家安排生产、宏观调控物资和财政拨款或贷款的依据,并通过招标或其他方式落实施工单位和监理单位。

(五)施工准备

为了保证施工的顺利进行,在施工准备阶段,建设单位、勘测设计单位、施工单位、监理单位和建设银行均应在自己的职责范围内,针对施工的要求充分做好各项准备工作。根据国家有关规定,进行征地拆迁等施工前准备工作,申请质量监督和施工许可。

建设主管部门应根据计划要求的建设进度,组建基本建设项目的专门管理机构,办理登记及拆迁,做好施工沿线有关单位和部门的协调工作,抓紧配套工程项目的落实,提供技术资料,落实材料、设备的供应。

勘测设计单位应按照技术资料供应协议,按时提供各种图纸资料,做好施工图纸的会审及移交工作。

施工招投标中中标并已签订工程承包合同的施工单位应组织机具、人员进场,进行施工测量,修筑便道及生产、生活等临时设施,建立实验室,组织材料、物资采购、加工、运输、供应、储备,做好施工图纸的接收工作,熟悉图纸的要求,编制实施性施工组织设计和施工预算,提出开工报告。

监理招投标中中标并已签订监理合同的监理单位应组织监理机构,建立监理组织体系,熟悉施工设计文件和合同文件;组织监理人员和设备进场,建立中心实验室;根据工程监理规划规定的程序和合同条款,对施工单位的各项准备工作进行检查、验收、审批,合格后签发开工令。

建设银行应会同建设、设计、施工单位做好图纸的会审,严格按计划要求进行财政拨款或贷款,做好建设资金的调拨计划。

(六)项目实施阶段

在开工报告批准后,施工单位即可正式施工。施工过程中,施工单位应遵照合理的施工程序,按照设计要求、施工规范及进度要求,确保工程质量,安全施工。坚持施工过程组织原则,加强施工管理,大力推广应用新技术、新工艺、新方法、新设备和新材料,努力缩短工期,降低造价,做好施工记录,建立技术档案。项目实施阶段主要工作见表4-4。

项目实施阶段主要工作　　　　　表4-4

项目	主要内容
项目实施阶段	(1)征地拆迁,土地报批; (2)监理、施工单位招标; (3)施工单位进场,施工准备; (4)申请质量监督、施工许可; (5)组织项目实施(质量、安全、进度、投资、环境,合同管理)

(七)竣工验收、交付使用

项目完工后,完善竣工图表和档案资料、工程决算和竣工财务决算,办理项目交、竣工验收和财产移交手续。

竣工验收包括两部分内容,一是工程技术验收,二是工程资金决算,是对工程质量、数量、期限、生产能力、建设规模、使用条件的审查,应对建设单位和施工单位编制的固定资产移交清单、隐蔽工程说明和竣工决算等进行细致检查。竣工验收由政府主管部门组织,对建设项目验收应具备条件和工作内容规定如下。

1. 竣工验收应具备条件
(1)通车试运营2年后;
(2)交工验收提出的工程质量缺陷等遗留问题已处理完毕,并经项目法人验收合格;
(3)工程决算已编制完成,竣工决算已经审计;
(4)竣工文件已编制完成;
(5)对需进行档案、环保等单项验收的项目,经有关部门验收合格;
(6)各参建单位完成各自工作报告;
(7)质监机构对工程质量检测鉴定合格,形成工程质量鉴定报告。

2. 竣工验收的工作内容
(1)成立竣工验收委员会;
(2)听取项目法人、设计单位、施工单位、监理单位工作报告;
(3)听取质量监督部门工作报告及工程质量鉴定报告;
(4)检查工程实体质量,审查有关资料;
(5)对工程质量进行评分,并确定工程质量等级;
(6)对参建单位进行综合评价;
(7)对建设项目进行综合评价;
(8)形成并通过竣工验收鉴定书。

(八)项目后评价

竣工验收合格后,组织项目后评价。

1. 后评价阶段主要工作

后评价阶段主要工作是公路路产应按规范要求定期检查、检测,经常养护,保证路面、路肩整洁,横坡适度,边坡稳定,排水通畅,构筑物完好,沿线设施完善,绿化协调美观,保证行车舒适安全。

在公路通车运营 2~3 年后,用系统工程的方法,对建设项目决策、设计、施工和运营各阶段工作及其变化的成因,进行全面的跟踪、调查、分析和评价。

目的是通过全面总结,为不断提高决策、设计、施工、管理水平,合理利用资金,提高投资效益,改进管理,制定相关政策等提供科学依据。

2. 项目后评价主要内容

建设项目的过程评价:依据国家法律法规,分析和评价项目前期工作、建设实施、运营管理等执行过程,找出变化原因,总结经验教训。根据实际发生的数据和后评价时国家颁布的参数进行国民经济评价和财务评价,并与前期工作阶段按预测数据进行的评价相比较,分析其差别和成因。

建设项目的影响评价:分析、评价对影响区域的经济、社会、文化以及自然环境等方面所产生的影响。

建设项目目标持续性评价:根据对建设项目的公路网状况、配套设施建设、管理体制、方针政策等外部条件和运行机制、内部管理、运营状况、公路收费、服务情况等的内部条件分析,评价项目目标的持续性,并提出相应的解决措施和建议。

第三节 公路建设投资融资

为转变政府职能,推进公路建设投资决策科学化,拓宽投资渠道,吸收社会资金进入公路建设领域,加快公路发展,我国先后提出了一系列政策措施,如允许通过集资和贷款修建公路和桥梁,采用"贷款修路,收费还贷"的收费公路政策,积极引进 BOT(Build-Operate-Transfer)、BT(Build-Transfer)、TOT(Transfer-Operate-Transfer)、ABS(Asset-Backed-Sercuritization)、PPP(Public-Private-Partnership)等"项目融资"模式,实施公路建设"项目代建制"等,这些政策的实施推动了公路建设市场投资多元化,拓宽了融资渠道,使得国内外商业银行、投资公司、民营资本、证券市场资金大量涌入公路建设领域,公路建设实现了投资大幅增长,有力地支撑了我国公路交通跨越式的发展。

一、公路建设项目投资

(一)公路建设项目投资概念

公路建设项目投资是依据公路基本建设程序,按照公路定额取费标准所进行的公路建设项目投资活动。公路建设项目具有公共基础设施的属性,公路建设项目投资效益包括经济效益、社会效益及环境综合效益多个方面。

(二)公路建设项目投资特点

1. 大额性

公路建设项目占用资源多,投资量巨大,工程项目的费用有时多达数亿、十几亿,甚至达到数百亿。

2. 单件性

公路建设项目是一次性单项投资活动,是在具体的地点,按照公路发展规划,依据公路技术标准建设的一次性的实体工程。

3. 阶段性

公路建设项目涉及面广、规模大,建设内容多、周期长,需要将公路建设划分成不同阶段,确定不同阶段的工作重点。

4. 风险性

公路建设存在许多不确定性因素,不同建设阶段存在不同的风险。公路建设项目风险包括政治风险、融资风险、建设风险、市场风险、技术风险、运营风险、管理风险等。

(三)公路建设项目投资管理模式

投资管理模式分为集权式、分散式和分权式。

1. 集权式

集权式投资管理体制中,国家是单一的投资主体,投资方式是财政计划拨款,投资领域内各经济实体之间是行政关系,项目计划、审批和投资由政府制定,我国在改革开放前以集权式投资管理体制为主。

2. 分散式

分散式投资管理体制是投资决策权高度分散的投资模式。该模式中多个投资主体各自拥有投资决策权,投资主体进行投资活动主要为获取投资收益。该模式有利于激发微观经济主体投资积极性,但易导致宏观投资比例失调及资源浪费。西方国家早期大多采用分散式投资管理体制。

3. 分权式

分权式投资管理体制包括中央政府、地方政府和企业三个层次的投资主体。中央政府负责国家公共建设领域(基础设施、基础产业和公益项目等)和关键性竞争领域投资,并负责宏观经济调控。地方政府负责地方经济发展建设领域和关键性竞争领域投资,并对地区经济结构和投资规模进行调控。企业则是市场投资主体,按照市场规律及企业目标进行投资决策。

投资领域内的调控主要是市场直接调控和政府间接调控,西方发达国家大多建立分权式投资管理体制。

分权式投资管理体制的优势表现在以下方面。

(1)分权式投资控制体系是以现代企业为主要投资主体的多元化和多层次市场调控投资体系,政府与市场投资范围界定明确,中央与地方政府的投资事权划分明确,地方政府在拥有投资决策权的同时也承担相应责任风险,企业拥有自主投资决策权。

(2)分权式投资管理体制鼓励企业自主投资、自主经营,市场对资源配置起主导作用。

(3)宏观经济调控主要采用财政、信贷、利率、税收等经济手段,市场经济化程度较高。

改革开放以来,随着我国国民经济逐步从计划经济向市场经济过渡,在投资管理体制改革中逐步向分权式投资管理体制发展。公路建设投资管理体制建立应有利于在宏观层面实现公路建设投资总量规模和投资结构的调控,并制定出符合我国国情的公路发展规划和产业政策。在地方政府和行业投资管理中,通过制定合理的地区或行业长远投资规划,指导企业和投资者进行市场投资。

二、公路建设项目融资

(一)公路建设项目融资概念

项目融资首先出现在美国,随后被推广到欧洲,后续又在发展中国家广泛采用。广义上,所有为建设一个新项目、收购一个现有项目或者对已有项目进行债务重组所进行的融资活动都可称为项目融资。狭义上,只有有限追索或无追索形式的融资活动才称为"项目融资"。

公路建设项目融资是指只依靠项目资产及项目未来收益作为项目债务资金偿还的保证的公路建设项目资金筹集的形式。项目融资结构如图4-2所示。

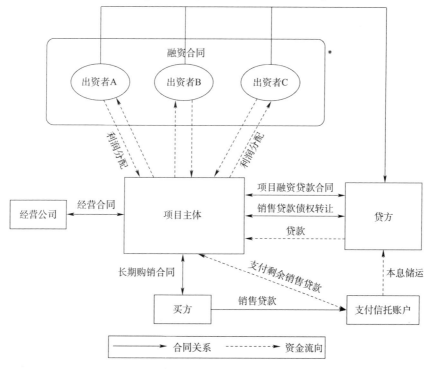

图4-2 项目融资结构图

根据公路建设项目投资主体的类型及项目运营是否收费,公路项目可分为公益性项目和经营性项目两大类。公益性公路项目的投资主体主要是各级政府,但有时也吸引部分社会资本投入项目建设,公路建成实行免费通行,不收取任何通行费用,项目运营养护费用也主要由政府财政负担。经营性公路建设项目中政府投入少量资本金,采用债务融资或项目融资的形成筹集剩余大部分建设资金,项目建成后收取道路通行费偿还各项债务,并获取投资收益。目前,我国新建二级及以下等级公路采用公益性项目形式,高速公路及一级公路采用经营性项目形式。

(二)公路建设项目融资程序

项目融资一般要经过5个阶段,即投资决策、融资决策、融资结构设计、融资谈判和项目融资执行阶段。

1. 投资决策

项目建设之初,都需要经过规范科学的投资分析,包括宏观经济形势预判、行业发展趋势,以及项目在行业中的竞争性分析、项目建设的可行性研究、项目投资估算、投资收益及投资风险分析等。通过对投资项目建设必要性、经济可行性、技术合理性、建设条件等综合对比分析,结合行业发展,确定是否对项目进行投资。

2. 融资决策

确定项目投资建设后,还需要进一步确定项目投资组成,设计项目的融资方案。在这个阶段,项目发起人需要根据项目性质、出资人背景及能力,确定项目投资人、项目资本构成、项目融资方案及融资模式、项目建设管理模式及项目公司的类型等。项目融资模式及筹资渠道主要依据项目类型、项目融资成本、融资风险、融资可获得的难易程度及可靠性等因素来确定。

3. 融资结构设计

项目融资结构设计是项目顺利筹集建设资金的重要保证。这一阶段的主要工作内容包括确定项目资本金和债务资金的比例,项目资本金组成及资金来源,项目债务资金组成及来源,项目融资风险分析和评估,项目融资信用保证结构设计等。项目融资结构设计需要项目投资者对项目风险因素进行全面分析和判断,确定项目投资收益及债务水平、项目风险可承受能力,将项目收益与项目风险在项目参与方之间均衡、合理分配。项目融资信用结构是获得项目融资的基础。

4. 融资谈判

融资谈判是指贷款人与借款人双方就如何提供贷款资金,提供资金担保等方面进行的谈判。谈判常常涉及融资的条件、融资的成本、支付的方法、担保的范围等问题。融资谈判需要经历融资沟通与谈判的准备,现场陈述与沟通,补充完善资料和政策征询,进一步沟通并确定融资合作的意向,实质性谈判,融资协议的签订等。

5. 项目融资执行

正式签署项目融资协议后,项目融资就进入了执行阶段。在传统的融资方式中,一旦进入贷款执行阶段,借贷双方的关系就变得相对简单明了,借款人只要求按照贷款协议支取项目贷款,偿还贷款的利息和本金。在项目融资中,贷款银团通过其经理人(一般由项目融资顾问担任)将经常性地监督项目的进展,根据融资文件的规定,参与部分项目的决策和管理。

项目融资各阶段的主要工作如图4-3所示。

图4-3　项目融资各阶段的主要工作

(三)公路建设项目主要融资模式

公路项目的融资模式有多种,主要有政府投资、国内银行贷款、国外贷款、公路企业债券融资、股票融资和项目融资等。

1. 政府投资

公路作为国家重要的基础设施,具有公共属性和公益性质。我国政府主要通过以下3个途径来投资公路建设。

(1)各级政府预算内的资金;

(2)公路建设基金,主要由交通规费和车辆购置附加费等专项资金组成,费改税后形成的交通资金属性不变、资金用途不变、地方预算程序不变、地方事权不变;

(3)国债资金,始于1998年,中央实行积极财政政策,为扩大内需,通过加大基础设施和国家重点项目建设,由中央财政发行的债券(国债)募集的资金。

2. 国内银行贷款

国内银行贷款是指国内商业银行借贷。采用国内商业银行贷款筹集公路建设资金具有诸多优点,如筹集资金数量大、还款期限长、融资成本低、融资风险小。但商业银行贷款需要严格的定期还本付息,并只向收益稳定的公路项目发放贷款,这些不利条件增加了项目还款压力,增大了项目融资的难度。

国内商业银行贷款已成为我国公路建设资金最主要的来源,并且,今后相当长的一段时期内仍将是我国公路建设资金的主要来源。当前,我国公路行业的贷款负债率已达到很高水平,其中隐含的"债务偿还"危机问题已经引起业内广泛关注。

深化公路行业融资体制改革,采取多渠道方式筹集建设资金,是解决目前银行贷款占比过高,推动公路建设持续快速发展的根本途径。

3. 国外贷款

国外贷款包括国际金融组织贷款和国外政府贷款。国际金融组织贷款主要是世界银行、亚洲开发银行和国际开发协会等组织贷款,这类组织一般只承担项目建设所需的部分费用,最高为50%外国政府贷款又称双边贷款,带有政治性因素和援助性质。国际金融组织和外国政府贷款具有融资量大、使用期限长、资金成本低等特点,特别适合贷款量大的高等级公路建设。这些贷款对项目前期准备、中期监控以及后期评价都有严格要求和程序,而且不少项目还附有技术援助赠款有利于提高我国公路建设和管理水平。在目前我国外汇储备充足、外债结构合理的情况下,利用国外贷款是一种理想的融资方式。

4. 公路债券融资

债券融资包括发行政府债券和企业债券。政府债券是政府利用其掌握的基金或委托金融机构发行债券,发行主体是政府,债务由政府承担,融资风险一般很小,对于广大投资者而言投资风险几乎等于零而且利息免征个人所得税。企业债券是指由参与公路项目建设的企业发行债券,在规定的期限内由政府贴息,本金和贴息期后的利息由筹资企业偿还。通过发行债券为公路项目进行融资时,投资主体不变,公路项目的建设及管理方式也不会改变,公众也比较容易接受债券融资方式。

在很多发达国家,债券融资在公路建设投资中占据较大比重,表现最为突出的是美国和韩国。这些国家公路建设债券的发行得到了政府的大力支持,通过各种扶植政策和所得税等优惠措施,债券成为保证公路建设的主要资金来源。公路项目的收费收益一般比较稳定,在当前我国经济健康、持续增长的大背景下,公路交通量的稳定、持续增长是完全有保障的,具有良好的资信度。政府主管部门通过提供一定形式的政策支持甚至直接提供担保,使公路债券完全可以达到高级别信用等级进行发行。

5. 股票融资

股票融资是通过发行股票为公路建设项目筹集资金,高速公路股票融资指通过对高速公路资产存量重组和股份化改造,在境内外上市筹集公路建设资本金。

股票融资是项目资本金的筹集,因而不需要还本付息,可永久使用,适合公路项目融资资金量大的需求。近年来,我国资本市场不断发展壮大,为高速公路股票融资创造了良好环境,股票融资在降低公路债务资金比例、优化公路资本结构、增强公路项目抗风险能力等方面有着积极的作用。目前,我国已经有多家公路上市公司通过股票融资成功为公路项目筹集了建设资金,如深圳高速、华北高速、沪宁高速、海南高速等,公路上市公司的蓬勃发展对我国资本市场快速提供了新的投资渠道。

6. 项目融资

项目融资是近年出现的新型融资形式,具有融资规模大、融资收益高、风险分散的特点,已在我国公路建设中推广使用。我国高速公路建设项目融资方式如图4-4所示。

(1) BOT融资模式。

BOT即"建设—经营—转让",其基本含义是政府与项目发起人签订特许权转让协议,项目发起人组织成立项目法人公司并负责经营性公路项目的融资、设计、建设、运营和维护工作。在规定的特许经营期内，项目公司拥有该项目的所有权并收取费用，通过公路运营收取道路通行费获得投资收益，偿还项目债务及支付维修养护费用。在特许经营期结束后，将项目无偿转交给政府。我国广深珠高速公路、成渝高速公路等项目建设中均采用了BOT模式。

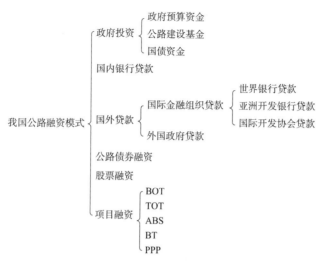

图 4-4　我国公路建设的主要融资模式

(2) TOT 融资模式。

TOT 即"移交—经营—移交"，是指经有关部门批准，由交通运输主管部门或授权项目公司通过合同形式，将经营性公路一定时期的全部或部分经营权或收费权转让给具有法人资格的经营单位经营，转让期满后，受让方再将该经营性公路无偿地、完好地交还给交通运输主管部门（转让方）。利用 TOT 进行融资在我国已经有了一些成功的实例，如成渝高速公路重庆段和陕西省西临高速公路等。

(3) ABS 融资模式。

ABS 即"资产证券化"。它是将缺乏流动性，但能够产生稳定、可预见现金流收入的资产，通过担保等信用增级手段，转换成在金融市场上可以出售和流动的证券的行为。具体来说，它是以项目资产可以带来的预期收益为保证，通过一套提高信用等级计划在资本市场发行债券来募集资金的一种项目融资方式。ABS 融资方式已在珠海高速公路建设筹资中获得成功。

(4) BT 融资模式。

BT 即"建设—移交"，是政府利用非政府资金来进行基础设施建设的一种融资模式，BT模式是 BOT 模式衍生出的新的形式，是指政府或授权单位经过法定程序，选定拟建基础设施或公用事业项目的投资人，由投资人在工程建设期内组建 BT 项目公司进行投资、融资和建设。在竣工建成后按合同将工程移交给政府，政府从项目运营中获取收益，并分期支付项目投资人建设费用的融资模式。

(5) PPP 融资模式。

广义 PPP 即公私合作模式，是公共基础设施中的一种项目融资模式。在该模式下，鼓励私营企业、民营资本与政府进行合作,参与公共基础设施的建设。

按照这个广义概念,PPP 是指政府公共部门与私营部门合作过程中,让非公共部门所掌握的资源参与提供公共产品和服务,从而实现合作各方达到比预期单独行动更为有利的结果。

与 BOT 相比,狭义 PPP 的主要特点是政府对项目中后期建设管理运营过程参与更深,企业对项目前期科研、立项等阶段参与更深。政府和企业都是全程参与,双方合作的时间更长,信息也更对称。

面对新时期我国公路建设新的发展目标,现有公路建设投融资体制及模式很难满足我国公路建设未来投资的需求。其主要原因在于中央及地方政府仍然是公路投资的主体,民间资本参与程度不高,资金缺口较大;项目资金结构不尽合理,资本金比例偏低,项目抗风险能力不足;项目投资决策仍需进一步完善,部分经营性公路项目效益不高,还贷压力过大。因此,研究国际工程投融资管理成功经验,拓宽项目资金渠道,推动公路建设项目投资多元化,化解投资风险,规范公路投融资市场管理已成为当前我国公路发展的一项紧迫任务。

第四节　公路建设市场管理

公路建设市场管理是结合公路建设行业实际和特点,以信用管理为手段,以规范公路建设从业单位和人员行为为目的,通过加强行政监管、行业自律和社会监督,建立与社会主义市场经济相适应的公路建设市场信用体系的过程。

一、公路建设市场化进程的推进

我国公路建设事业取得了举世瞩目的成就,公路交通状况得到极大改善。公路建设领域的市场化改革为我国社会主义市场经济体制建立和完善不断注入活力,为我国经济社会又好又快发展做出了重要贡献。公路建设鼓励社会资本参与,努力拓宽了交通基础设施建设筹融资渠道。"一体化管理,多元化投资"思路,加快推进了公路建设市场化进程,通过 BOT、股权转让等方式,筹集公路建设资金,为新时期公路事业科学发展起重要的助推作用。《公路法》《中华人民共和国招标投标法》《建设工程质量管理条例》和《中华人民共和国劳动合同法》的相继实施,使得政府管理职能转变加快,市场化改革深入推进。公路建设领域从政府行为规范化、经济主体自由化、生产要素市场化、竞争环境公平化四个方面进行了比较系统的改革,标志着其市场化改革已取得初步成效。

《公路建设市场管理办法》(交通部令 2004 年第 14 号,交通运输部令 2015 年第 11 号修订)提出建立市场经济社会信用体系。同时要求"交通部门建立公路建设从业单位和从业人员信用记录,作为项目招标资格审查和评标工作依据"。交通运输部发布了《关于建立公路建设市场信用体系的指导意见》《公路建设市场信用信息管理办法》和《公路施工企业信用评价规则》,确定了公路建设市场信用体系建设的总体框架,从法规和道德两个层面规范市场竞争秩序。

二、公路建设市场监督的加强

市场监管和信用体系建设的总体思路是以信用建设服务建设市场,以信用管理为市场监管的重要抓手,健全信用管理的规章制度,形成规则统一、管理规范、机制健全、功能完善的市场信用体系。要把主要精力从跑项目、上规模,转移到加强工程管理、提高建设水平上来,抓住国家宏观调控的契机,坚定不移地以公路施工标准化活动为载体,全面推行现代工程管理,实现人本化、专业化、标准化、信息化、精细化的"五化"管理要求。

(一)公路建设市场信用体系建设的必要性

1.健全社会信用体系的需要

党的二十大报告中强调"坚持和完善社会主义基本经济制度,毫不动摇巩固和发展公有制经济,毫不动摇鼓励、支持、引导非公有制经济发展,充分发挥市场在资源配置中的决定性作用,更好发挥政府作用"。这一要求进一步深化了对社会主义市场经济规律的认识,进一步坚定了社会主义市场经济改革方向,明确了加快完善社会主义市场经济体制的重点任务。所以增强全社会的信用意识,形成以道德为支撑、产权为基础、法律为保障的社会信用制度尤为重要。要健全社会信用体系,加快形成统一开放、竞争有序的现代市场体系。推进诚信建设和志愿服务制度化,强化社会责任意识、规则意识、奉献意识。深入开展道德领域突出问题专项教育和治理,加强政务诚信、商务诚信、社会诚信和司法公信建设。

2.行业建立信用体系的迫切需要

现阶段,我国公路建设市场处于发展阶段,在市场化的进程中也存在诸多问题。作为构成建设市场主体的建设单位、施工单位、公路勘察设计单位、工程咨询单位、监理咨询单位和试验检测单位等来说,诚信缺失的表现多种多样(图4-5)。如以非公开竞标的方式作为承揽公路建设项目的途径,使得工程发包中的寻租现象相当严重,出现违法分包、违规转包的现象,破坏了公路建设市场的正常秩序;还存在行业整体从业人员素质不高,年龄、学历、职称结构不合理,在执业过程中存在不顾执业质量和职业道德,非法执业、违法执业、虚假招标、出借

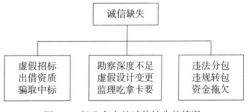

图4-5 行业存在的诚信缺失的情况

资质、骗取中标等现象;在项目建设阶段,由于监督和管理措施不到位,建设资金常被挪用、截留、挤占,导致资金拖欠;工程设计变更中将未经批准设计变更的费用变化列入决算,存在虚假设计变更的现象;监理方原本是监督的一方,其主要责任就是质量安全的坚守,但现实中存在"吃拿卡要"的现象,导致监督不严,影响工程质量。要杜绝这些问题,就迫切需要建设成熟的公路建设市场信用体系。

(二)公路建设市场信用体系建设重要政策的介绍

1.《关于建立公路建设市场信用体系的指导意见》

《关于建立公路建设市场信用体系的指导意见》(交公路发〔2006〕683号)指导思想是

按照党中央、国务院关于加快社会信用体系的总体要求,结合公路建设行业实际和特点,以信用管理为手段,以规范从业单位和从业人员行为为目的,通过加强行政监管、行业自律和社会监督,加快建立与社会主义市场经济相适应的公路建设市场信用体系。建立比较完善的公路建设市场信用体系,能够实现规范管理、信息共享及信用活动。

公路建设市场信用体系建设的总体目标是要用五年左右的时间,建立起比较完善的公路建设市场信用体系,使我国公路建设管理水平和建设市场的规范化程度迈上一个新台阶。

在规范管理方面,建立起比较完善的公路建设市场信用监管体系、征信制度、信用评价制度、发布制度和奖惩制度,使公路建设信用体系有法可依,有章可循。

在信息共享方面,加快建立全国共享的公路建设市场信用信息平台,不断提高信息管理和服务水平,基本满足信息需求者的查询和使用需求。

在信用活动方面,通过宣传教育、褒奖诚信、惩戒失信,全面提高广大从业单位和人员的信用意识,营造诚信为荣、失信为耻的公路建设市场氛围。

2.《公路建设市场信用信息管理办法》

《公路建设市场信用信息管理办法》(交公路规〔2021〕3号)是规范公路建设市场信用信息管理的基础,适用于设计、施工、监理、试验检测等公路建设市场从业单位及从业人员信用信息的征集、更新、发布、管理。该政策主要明确了信用信息的定义和信用信息管理应遵循的原则;明确了信用信息分级管理的职责、内容,提出建立部省两级信用信息管理系统的要求;明确了信用信息的组成内容,包括从业单位基本信息、表彰奖励类良好信息、不良行为信息和信用评价信息;明确了信用信息征集方式、信息真实性审核及信息更新要求;信用信息发布与管理明确了信用信息发布期限、变更及管理要求;提出了对从业人员信用信息管理的方式。其核心是建立部省两级信用信息管理平台,通过该平台发布信息,促进信息公开透明,构筑全覆盖的市场无缝隙监管体系。

(三)加强公路建设市场监督的主要途径

1.着重发挥信息平台的作用

公路建设市场应着重发挥信息平台的支撑作用,完善从业企业数据结构,严格规范从业企业信息录入工作,推动部省信息平台互联互通,截至2020年,交通运输部信息平台涵盖了3400多家企业,2700余个公路建设项目,和将近19万从业人员的相关信息,公路建设市场监管信息化工作正在不断理顺。强化"全国公路建设市场信用信息管理系统"业绩审核工作,加大对虚假业绩排查、惩处力度,确保信用信息的准确性、完整性和权威性;深化与"全国公路建设市场信用信息管理系统"互联互通水平。大力推动开发建设省级公路建设市场监管系统,加大服务公众的力度,主动与交通运输部正在开发建设的全国公路建设市场监管系统对接,真正实现全国公路建设市场监管"一张网",为部、省两级实施行业监管提供抓手,为相关标准、政策的制定提供决策支持,方便从业人员和社会公众获取相关信息。

2.强化行业监管

行业监管是政府行政管理职能的重要组成部分,在市场经济体制下,也是政府管理企业的主要方式,在政府对企业的管理中占有重要位置。公路建设行业管理的终级目标就是要使这个庞大的行业体系按照社会经济发展的要求生产,使整个行业内部以及与其他行业的生产协调平衡发展。在深入推进"放管服"改革的背景下,持续探索监管理念、监管制度和监管方式的创新,构建以信用为基础的新型市场监管体制。

3. 完善法律法规制度体系

进一步健全与完善相关法律法规制度体系,是转变政府管理职能,加强宏观经济管理,规范微观经济行为的基础,是监督公路建设市场的重要保证。完善公路建设市场对于市场准入、招投标等方面的法律法规,使得公路建设做到有法可依、有章可循。

三、公路建设从业人员的管理

公路建设从业人员人力管理是指对项目组织中的人员进行招聘、培训、组织和调配,同时对组织成员的思想、心理和行为进行恰当诱导控制和协调,充分发挥其主观能动性的过程。具体内容包括组织规划、人员招聘和团队建设。管理包括两个方面:一是人力资源的外在因素及量的方面的管理;另一方面是对人力资源内在因素、心理和行为等质的方面的管理。现代项目管理把人力资源看作企业生存与发展的一种可以再生的重要战略资源。

(一)加强公路建设行业从业人员持证上岗管理

持证上岗是指岗位由符合岗位规范、取得岗位资格证书的人员来承担岗位工作。持证上岗制度作为人力资源开发和管理的重要措施,在行业发展中具有重要作用。就公路系统从业人员现状而言,推行从业人员持证上岗管理是工作人员上岗准入必须具备的一项硬件条件,也是选择岗位、业绩考核、职称聘任的根本依据。推行从业人员持证上岗管理,是提高公路行业从业人员业务水平和实现资源优化配置的需要,是经济改革和公路建设发展的需要,也是加强职工队伍素质建设,造就一支具有良好职业道德和业务技能的队伍,促进公路行业健康发展、安全发展,协调发展的需要。

(二)加强公路建设行业从业人员的培训

加强公路建设行业从业人员培训是提高公路行业综合竞争力的重要途径,是增强行业凝聚力的重要举措。行业从业人员的知识更新有利于行业的健康发展。通过培训培育一支学习能力强、创新能力强、竞争能力强的先进公路行业从业人员队伍,推动公路建设行业市场化进程。加强从业人员的思想整治教育培训、职业道德培训和岗位技能培训,为公路行业培养复合型人才。只有涌现出大批这样的复合型专业技术人才,补充到现场指导和解决各个难题,才能促进公路建设事业如火如荼的开展。

第五节　公路工程建设项目招投标管理

随着公路建设项目投资渠道的多样化,公路建设模式也在发生着变化。为提高工程招投标管理的效益,必须遵循规范化、科学化的工作方案,以实现工程招投标管理的科学化,实现我国工程招投标资源的优化配置,提高工程招投标管理的效率。国家发改委等有关部委联合修订了公路施工、勘察设计招投标办法,相关规章制度的出台将权限下放给省级交通主管部门,实施了简政放权,实行五公开,全面披露信息、广泛接受监督,实行三记录,做到有据可循,避免人为因素干预,坚持公开、公平、公正,增加责任的导向性,推进信用评价结果和信息平台在招投标过程中的应用,规范了评标工作。

一、公路工程建设项目招投标相关要求

(一)招投标活动参与主体

招投标活动参与主体包括招标人、投标人、资格审查委员会和评标委员会、招标代理、行政监督部门。

(二)招标范围

1. 强制招标范围

公路工程建设项目的勘察、设计、施工、监理以及与工程建设有关的重要设备、材料等的采购,达到下列标准之一的必须进行招标。

(1)施工单项合同估算价在200万元人民币以上的;
(2)重要设备、材料等货物的采购,单项合同估算价在100万元人民币以上的;
(3)勘察、设计、监理等服务的采购,单项合同估算价在50万元人民币以上的;
(4)单项合同估算价低于上述规定的标准,但项目总投资额在3000万元人民币以上的。

2. 可不招标范围

《中华人民共和国招标投标法》及《中华人民共和国招标投标法实施条例》规定了七种可以不招标的情形,其中公路项目涉及的有两种可以不招标情形。

(1)涉及国家安全、国家秘密、抢险救灾等特殊情况;
(2)已通过招标方式选定的特许经营项目投资人依法能够自行建设、生产或者提供。

比如,通过招标,某个单位中标成为某经营性公路项目的投资人,在其资质许可范围内,可以直接承担该项目有关工程任务。

(三)招标方式、组织形式以及应具备的条件

1. 招标的方式

招标方式分为公开招标和邀请招标两种。公开招标指招标人以招标公告的方式邀请不特定的法人或者其他组织投标;邀请招标是指招标人以投标邀请书的方式邀请特定的法人或者其他组织投标。采用邀请招标方式时,应当向3家以上单位发出投标邀请书。

国有资金占控股或者主导地位的依法必须进行招标的项目,应当公开招标,但有下列情形之一的,可以邀请招标。

(1)技术复杂、有特殊要求或者受自然环境限制,只有少量潜在投标人可供选择;
(2)采用公开招标方式的费用占项目合同金额的比例过大。

2.招标组织形式

招标组织形式分为自行招标和委托招标两种。自行招标是指招标人具有编制招标文件和组织评标能力,可以自行办理招标事宜,任何单位和个人不得强制其委托招标代理机构办理招标事宜;委托招标是指招标人有权自行选择招标代理机构,委托其办理招标事宜,任何单位和个人不得以任何方式为招标人指定招标代理机构。

3.招标应具备的条件

(1)已履行审批手续;

(2)招标人已经确定;

(3)有相应资金或资金来源已经落实;

(4)勘察设计招标时,可行性研究报告应已批准;

(5)施工及施工监理招标时,初步设计文件应已批准。

(四)投标方式

投标方式分为独立投标和联合体投标两种。独立投标是一个法人或者其他组织单独投标;联合体投标是指两个以上法人或者其他组织可以组成一个联合体,以一个投标人的身份共同投标。招标人不得强制投标人组成联合体共同投标,不得限制投标人之间的竞争。

(五)资格审查方式

资格审查方式分为资格预审和资格后审两种。资格预审是指在投标前对潜在投标人进行的资格审查;资格后审是指在开标后对投标人进行的资格审查。

(六)招标程序

以资格预审方式为例,通常情况下,公路工程建设项目招标程序主要包含以下四个步骤。

1.招标事项准备及发布项目招标公告

(1)在履行项目审批、核准手续时,应当将招标范围、招标方式、招标组织形式报项目审批、核准部门审批、核准。依据核准的招标事项开展后续招标工作。

(2)招标人使用或参照标准招标文本,编制项目资格预审文件和招标文件。招标文件应报交通主管部门备案。

(3)招标人在指定媒体发布招标公告。

2.资格审查准备、编制投标单位须知以及投标准备

(1)招标人出售资格预审文件,潜在投标人编制资格预审申请文件,招标人接收资格预审申请文件。

(2)招标人依法组建资格审查委员会,由资格审查委员会负责资格审查。资格预审结果应报交通主管部门备案。

(3)招标人发出资格预审结果通知书和投标邀请书。

(4)招标人出售招标文件。

(5)招标人组织踏勘现场、召开投标预备会。招标人不得组织单个或者部分潜在投标人踏勘项目现场。

3. 投标、开标以及评标

(1)潜在投标人编制投标文件。

(2)招标人接收投标文件。

(3)开标。

(4)招标人依法组建评标委员会,由评标委员会负责评标。

(5)公示中标候选人。

(6)招标人确定中标人。中标结果应当向交通主管部门备案。

(7)招标人向中标人发出中标通知书。

4. 签订交易合同

招标人与中标人,按照招标文件和中标人的投标文件,订立书面合同。不得再另行订立背离合同实质性内容的其他协议。

(七)使用或参照使用的标准招标文件

为规范资格预审文件和招标文件编制行为,提高编制质量,交通运输部制定印发了勘察设计、施工、监理、投资人等4类招标标准文本,要求招标时应当使用或参照使用。

(1)交通运输部组织制定了《公路工程标准施工招标文件》(2018年版)及《公路工程标准施工招标资格预审文件》(2018年版),依法必须进行招标的二级及以上公路工程应当使用,二级以下公路项目可参照执行。

(2)交通运输部组织制定了《公路工程标准勘察设计招标文件》(2018年版)及《公路工程标准勘察设计招标资格预审文件》(2018年版),依法必须招标的公路工程勘察设计项目应当使用。

(3)交通运输部组织制定了《公路工程标准施工监理招标文件》(2018年版)及《公路工程标准施工监理招标资格预审文件》(2018年版),二级及二级以上公路、独立大桥及特大桥、独立长隧道及特长隧道的新建、改建以及养护大修工程项目,其主体工程的施工监理招标文件应当使用,附属设施工程及其他等级的公路工程项目可参照执行。

(4)2011年,交通运输部发布了《经营性公路建设项目投资人招标资格预审文件示范文本》和《经营性公路建设项目投资人招标文件示范文本》,适用于经营性公路建设项目投资人招标,推荐使用。

(八)交通主管部门的法定职责

《中华人民共和国招标投标法》和《中华人民共和国招标投标法实施条例》以及"三定"方案,赋予交通主管部门在招投标活动中的职责有以下几个方面。

(1)依法对招标投标活动实施监督,查处招标投标活动中的违法行为;

(2)组建综合评标专家库,对评标委员会成员的确定方式、评标专家的抽取和评标活动进行监督;

(3)受理投诉;

(4)对违法违规行为进行处罚并公告;

(5)联合有关部委制定招标规模标准、标准文本以及评标专家管理制度。

(九)电子招标

电子招标应该是招投标的一种发展方向,可以节约资源,提高效率,《中华人民共和国招标投标法实施条例》规定"国家鼓励利用信息网络进行电子招标投标"。推行电子招标投标是中央惩防体系规划、工程专项治理,以及《中华人民共和国招标投标法实施条例》明确要求的一项重要任务,对于提高采购透明度、节约资源和交易成本、促进政府职能转变具有非常重要的意义,特别是在利用技术手段解决弄虚作假、暗箱操作、串通投标、限制排斥潜在投标人等招标投标领域突出问题方面,有着独特优势。为推动电子招标投标长远健康发展,国家发展改革委会同国务院有关部门起草了《电子招标投标办法》及其附件《电子招标投标系统技术规范》。使得电子招标投标发挥出整合信息、提高透明度、如实记载交易过程等优势,有利于建立健全信用惩戒机制、防止暗箱操作、有效查处违法行为。

二、《公路工程建设项目招标投标管理办法》修订的主要内容

公路建设行业是最早全面开放建设市场,最先实行招标投标制度的行业之一。自2000年1月1日起《中华人民共和国招标投标法》实施以来,交通运输部先后制订颁发了一系列规范公路工程建设项目招标投标活动的部门规章和规范性文件,涵盖了公路工程施工、勘察设计、监理、设备材料招标、评标专家管理等内容,对于维护公开、公平、公正的公路建设市场竞争秩序发挥了重要作用。但是,随着我国经济社会发展,公路工程建设项目招标投标工作面临新形势和新问题,迫切需要完善相关制度,规范管理。交通运输行业主管部门针对公路建设行业有关招标投标的新问题,坚持问题导向,坚持改革创新,进一步对《公路工程建设项目招标投标管理办法》进行了修改,避免了规范性文件的效力长期处于不确定状态,完善了公路建设招标投标法规体系。交通运输部发布了《公路工程建设项目招标投标管理办法》(交通运输部令2015年第24号)(以下简称《办法》),《办法》修订的主要内容如下。

(一)明确了各级交通运输主管部门监管职责

按照国家深化行政审批制度改革的要求,明确了交通运输部和省级交通运输主管部门对于公路工程建设项目招标投标活动的监督管理职责,依法行使监督权利,全面落实监督义务;对招标工作实行备案制度,要求招标人将资格预审文件、招标文件、招标投标情况的书面报告报交通运输主管部门备案,以利于监管部门加强事中事后监管。按照简政放权、有利监管的原则,将公路工程招标备案权限下放至省级交通运输主管部门,具体备案的部门、备案程序由省级交通运输主管部门负责确定。

(二)实行"五公开"制度

为进一步提高招标投标信息的公开程度,确保公路工程建设项目招标投标活动的每一步均在阳光下运行,借鉴上市公司的信息披露制度,《办法》首次在工程建设领域提出对资格

预审文件和招标文件的关键内容、中标候选人关键信息、评标信息、投诉处理决定、不良行为信息的"五公开"要求,鼓励招标投标活动的当事人和社会公众对其中可能存在的违法违规行为进行投诉举报,全面接受社会监督,从而进一步规范招标人、投标人、评标专家等招标投标当事人的相关行为。

(1)资格预审文件和招标文件的关键内容要公开。公开内容包括项目概况、对申请人或者投标人的资格条件要求、资格审查办法、评标办法、招标人联系方式等,避免招标人以不合理的条件限制、排斥潜在投标人或者投标人,进一步规范招标人的招标行为。

(2)中标候选人在投标文件中的关键信息要公示。除中标候选人排序、名称、投标报价等常规公示信息外,中标候选人在投标文件中承诺的主要人员姓名、个人业绩、相关证书编号,中标候选人在投标文件中填报的项目业绩等也纳入公示的范围,增强投标单位之间的互相监督,进一步规范投标人的投标行为。

(3)评标信息要公示。在中标候选人公示过程中,同时公示被否决投标的投标人名称、否决依据和原因,实行资格预审的招标项目,要向未通过资格预审的申请人告知其未通过资格预审的依据和原因,进一步规范评标专家的评标行为。

(4)交通运输主管部门的投诉处理决定要公告。包括投诉的事由、调查结果、处理决定、处罚依据以及处罚意见等内容,加强交通运输主管部门依法行政的透明性。

(5)招标投标当事人的不良行为信息要公告。对于招标人、招标代理机构、投标人以及评标委员会成员等当事人在公路工程建设项目招标投标活动中出现的违法违规或者恶意投诉等行为,交通运输主管部门应当依法公告处理决定并将其作为不良行为信息记入相应当事人的信用档案。

(三)实施"三记录"制度

公路工程建设项目开标活动直接关系到投标人的投标文件能否被接收、参与评标,评标活动则直接关系到投标人能否被推荐为中标候选人,因此这两项活动尤其是评标活动成为了所有投标人关注的焦点,也是最易受到人为因素干预、引起投标人投诉的关键环节。交通运输主管部门在处理投诉的过程中发现,由于开标评标具有很强的时效性和无法重复的特点,调查取证非常困难,行业监管难度很大。

根据公路工程建设项目的招标实践来看,对评标活动的人为干预因素有可能来自招标人代表、评标专家和监管部门。因此,借鉴司法改革的经验,开标评标活动实行"三记录"制度,并在参与评标活动的人员之间建立相互监督机制。

(1)明确要求招标人要对资格审查、开标以及评标全过程录音录像,加强对招标人代表、评标专家、评标监督人员的行为约束,防止参加资格审查或评标的人员发布倾向性言论,同时使得"强化事中事后监管"制度做到有据可循。

(2)强调招标人应当对评标专家在评标活动中的职责履行情况予以记录,并在招标投标情况的书面报告中载明,这样既有利于增强评标专家"客观、公正、独立、审慎"的责任意识,又便于交通运输主管部门及时了解评标专家行为,对评标专家进行信用管理。

(3)强调评标委员会对参与评标工作其他人员的间接监督作用,如评标监督人员或者招标人代表干预正常评标活动,或者有其他不正当言行,评标委员会应当在评标报告中如实记录,以此加强对评标监督人员、招标人代表的行为约束。

(四)优化资格预审方法和评标方法

公路工程建设项目实行招标投标制度是为了选择最优的参建队伍,确保工程质量和安全,降低公路建设成本,促进市场公平竞争。由于各种外部因素的影响和制约,一些省份招标投标程序和制度设计出现了偏差,未充分考虑工程特点和技术要求,简单的以"抓阄"方式定标,没有将投标人的业务专长和建设能力作为重点考量因素,偏离了择优的基本价值导向,不利于公平竞争、良性竞争,没有充分发挥市场在资源配置中的作用。

《交通运输部关于深化公路建设管理体制改革的若干意见》也明确指出,坚持依法择优导向,遵循"公平、公正、公开、诚信和择优"原则,尊重项目建设管理法人依法选择参建单位的自主权。

《办法》在以下三个方面提高"择优"的导向性。

(1)加强信用评价结果在资格审查和评标工作中的应用,鼓励和支持招标人优先选择信用等级高的从业企业。

(2)公路工程施工招标评标新增技术评分最低标价法。

(3)明确禁止采用抽签、摇号等博彩性方式直接确定中标候选人。

(五)加大监管和处罚力度

近年来,投标人围标串标、弄虚作假现象成为我国各行业招标投标过程中最令人头痛的顽疾,不仅严重扰乱了正常的招标投标市场秩序,而且侵害了招标人和其他投标人的合法权益,甚至损害到国家和社会公众的切身利益。各级交通运输主管部门曾采取种种措施打击上述违法违规行为,但并未从根本上消除上述顽疾,部分投标人为了满足自己的利益需求仍不惜铤而走险,而且相比以往更具有隐蔽性。

同时,投标人围标串标的表现形式也趋于多元化,包括投标人之间相互串通投标、投标人与招标人串通投标、投标人与评标专家串通投标、投标人与招标代理机构串通投标等多种形式。要想从根本上杜绝围标串标、弄虚作假行为,必须要在制度设计上下猛药。

《办法》在以下四个方面采取措施。

(1)通过招标投标程序的设置削弱招标投标当事人形成利益集团的可能性。明确公路工程建设项目原则上采用资格后审方式进行招标,采用资格预审方式进行招标的,原则上采用合格制而不是有限数量制进行资格审查,采用资格后审方式进行招标的,无论采用何种评标方法,投标文件必须采用双信封形式密封,这样规定既有效避免了投标人与招标人的串通投标行为,使得招标人无法通过采用有限数量制的资格预审圈定参与投标的投标人名单,又在很大程度上防止了投标人之间的相互串通行为,使得投标人无法确定能够通过投标文件第一信封"商务文件和技术文件"的名单,无法再形成围绕"评标基准价"的利益团体。

(2)增加评标环节,对围标串标行为进行重点评审。

(3)充分利用电子化信息和社会监督手段遏制投标人的弄虚作假行为。

(4)在法律责任中增加了对投标人围标串标、弄虚作假等违法行为的处罚条款。

(六)解决了公路建设过程中违法分包、工程变更等突出问题

(1)规范招标文件中的分包条款。招标人不得在招标文件中设置对分包的歧视性条款,包括以分包的工作量规模作为否决投标的条件,对投标人符合法律法规以及招标文件规定的分包计划设定扣分条款,或者按照分包的工作量规模对投标人进行区别评分等行为。

(2)严格限制招标条件。将公路工程施工招标条件修改为施工图设计批复,有利于保证招标质量,减少后期工程变更。考虑到资格预审阶段不涉及工程量清单的编制问题,在初步设计批准后,招标人可进行资格预审,有利于项目推进。

(3)注重主要人员的选择。针对以往项目对监理提出过多、过高要求而履约率低的实际情况,考虑在招标文件中仅对主要监理人员的数量和资格条件作出要求,投标人在投标文件中仅需填报总监理工程师的信息。

(七)切实减轻企业负担

(1)《办法》规范了各类保证金的收取和退还程序,切实减轻企业负担。将规范各类保证金收取行为作为交通运输主管部门的监管内容;除法律、行政法规的规定外,招标人不得以任何名义增设或者变相增设保证金或者随意更改招标文件载明的保证金收取形式、金额以及返还时间。招标人不得在资格预审期间收取任何形式的保证金。明确了投标保证金的最高收取比例。

(2)对招标人以不合理条件限制、排斥投标人的情形进行细化,招标人不得强制要求投标人的法定代表人、企业负责人、技术负责人等特定人员亲自购买资格预审文件、招标文件或者参与开标活动,不得通过设置备案、登记、注册、设立分支机构等无法律、行政法规依据的不合理条件,限制投标人进入项目所在地进行投标。

(3)强调合同风险合理分担制度,招标人应当在招标文件中合理划分合同双方风险,不得设置将应由发包人承担的风险转嫁给施工、勘察设计、监理单位的不合理条款,确保合同双方主体地位平等。

(八)推进了电子招投标工作

《办法》要求各级交通运输主管部门应当按照国家有关规定,推进公路工程建设项目电子招标投标工作。以提高效率、降低成本、扩大招标投标活动信息公开范围和深度,接收社会公众监督。

第六节 公路建设转型发展

一、公路建设转型发展的历程演进

实现公路发展的转型升级是构建现代综合交通运输体系的重要组成部分,也是实现国

家经济发展转型升级的重要内容。

(一)"六个坚持、六个树立"公路设计建设新理念

2004年,交通部提出的"六个坚持、六个树立"公路设计建设新理念,得到了公路行业从勘察设计到建设管理各单位的广泛认同和贯彻落实,其核心是围绕科学发展观的要求,通过采用合理选用技术标准和创作设计,实现"安全至上""环境优美""节约资源""质量优良"和"系统最优"的目标(图4-6)。以四川川(主寺)九(寨沟)公路为代表的一大批公路勘察设计典型示范工程的实施,极大地提升了公路设计理念和设计水平。

图4-6 "六个坚持、六个树立"公路设计建设新理念目标

(二)"五化"现代工程管理理念

2009年,公路建设全面推行现代工程管理理念,提出发展理念人本化、项目管理专业化、工程施工标准化、管理手段信息化、日常管理精细化的"五化"管理要求。公路建设管理工作以"五化"管理为重要抓手,不断转变公路发展方式,在全国范围开展了为期三年的施工标准化活动,促进了公路建设管理水平跨上新台阶。

(三)绿色发展理念

绿色公路建设是以优化路网功能、控制资源占用、减少能源消耗、降低污染物排放、保护生态环境、推进绿色发展为核心,以理念创新、技术创新、管理创新和制度创新为驱动的新型发展理念。"十二五"以来,以绿色循环低碳公路为代表的节能减排示范项目和科技示范工程的相继实施,使公路设计新理念内容不断丰富,节地节水、节能减排、低碳环保等举措得到有效落实,公路建设管理水平再上新台阶。2014年,交通运输部提出的加快推进"综合交通、智慧交通、绿色交通、平安交通"发展的战略决策,为交通运输的科学发展指明了方向。绿色公路作为绿色交通的重要组成部分,在生态文明建设得到高度重视,资源节约、环境友好要求进一步提高的新形势下,以全面实施绿色公路建设作为推进绿色交通发展的切入点,有利于进一步转变公路发展方式,推动公路建设持续健康发展,打造交通行业生态文明建设的亮丽名片。

《交通强国建设纲要》提出到2035年,现代化综合交通体系基本形成,人民满意度明显提高,支撑国家现代化建设能力显著增强;智能、平安、绿色、共享交通发展水平明显提高,城市交通拥堵基本缓解,无障碍出行服务体系基本完善。

绿色发展理念是继承,是安全、耐久、节约、环保、便捷、舒适等多目标的结合。

(四)公路钢结构桥梁建设新理念

随着钢铁产能的提高和钢结构桥梁建设技术的进步,我国已经具备推广钢结构桥梁的物质基础和技术条件,这是推进钢结构桥梁建设、提升公路桥梁建设品质的良好契机。推进公路钢结构桥梁建设是落实绿色发展理念,实行现代工程管理人本化、专业化、标准化、信息

化、精细化的重要抓手,可以有效提升公路桥梁的建设品质,提高结构安全耐久性,降低全寿命周期成本,促进公路建设的转型升级、提质增效。

二、贯彻落实转型发展任务的举措

(一)强化公路建设转型发展的顶层设计

为了牢牢把握交通运输基础设施发展、服务水平提高和转型发展这一黄金时期,向社会提供高品质的交通基础设施和优质温馨服务,各级公路建设管理部门创新发展理念,转变发展模式,不断推动公路工程品质提档升级。

1.《交通强国纲要》将绿色发展作为重点任务之一

《交通强国建设纲要》提出的重点任务之一是绿色发展节约集约、低碳环保。强调促进资源节约集约利用,强化节能减排和污染防治,强化交通生态环境保护修复,将绿色交通廊道建设确定为绿色发展的主要任务。为推进公路建设转型发展提供了行动纲领。

2.《国家综合立体交通网规划纲要》智慧、绿色为关键词

《国家综合立体交通网规划纲要》里明确发展目标是到2035年,基本建成便捷顺畅、经济高效、绿色集约、智能先进、安全可靠的现代化高质量国家综合立体交通网,实现国际国内互联互通、全国主要城市立体畅达、县级节点有效覆盖,有力支撑"全国123出行交通圈"(都市区1h通勤、城市群2h通达、全国主要城市3h覆盖)和"全球123快货物流圈"(国内1天送达、周边国家2天送达、全球主要城市3天送达)。交通基础设施质量、智能化与绿色化水平居世界前列。到21世纪中叶,将全面建成现代化高质量国家综合立体交通网。

3.交通运输部出台了相关文件定位转型发展

交通运输部印发的《关于推进公路钢结构桥梁建设的指导意见》决定推进公路钢结构桥梁建设,进一步提升公路桥梁品质和耐久性,降低全寿命周期成本,促进公路建设转型升级、提质增效。《关于实施绿色公路建设的指导意见》中明确了绿色公路的发展思路和建设目标,提出了5大建设任务,开展5个专项行动,全面推动公路建设发展转型升级;而后为推进公路水运品质工程建设,提升公路水运工程质量,为人民群众安全便捷出行和社会物资高效畅通运输提供更加可靠的保障,交通运输部印发了《关于打造公路水运品质工程的指导意见》。交通运输部印发的关于公路转型发展的重要文件,向公路建设行业释放出提升品质、追求卓越的信号。

4.部省联动强化顶层设计

转型发展需要顶层的政策支持,也需要基层的执行力量。交通运输部印发的《关于加快推进绿色公路典型示范工程建设的通知》里指出分三批推动典型示范工程建设,涵盖了新建高速公路、改扩建高速公路、独立大桥、国省干线公路等各类工程项目,同时组织研究机构开展绿色公路建设技术政策研究。各省(区、市)公路建设主管部门按照交通运输部《关于实施绿色公路建设的指导意见》的要求,坚持实事求是、因地制宜,以省内绿色公路典型示范工程为契机,发布了实施方案,印发攻关行动计划,创造性地实施绿色公路建设,示范项目迅速落地。部省联动强化顶层设计,为推动公路建设转型升级助力。

(二)加强绿色公路建设

1. 完善绿色公路建设技术标准体系

完备的技术标准体系对于转型发展时期的公路建设至关重要,为此交通运输部公路局组织编著并出版了《绿色公路建设技术指南》,系统总结了绿色公路的理念内涵,聚焦设计和施工的相关专业领域,阐释绿色公路建设的技术方案,突出了绿色和指挥发展理念,进一步完善了绿色公路建设的技术支撑体系,为绿色公路建设提供理念指引、技术借鉴和工程示范。绿色公路与绿色服务区评估技术要求交通行业标准于2018年颁布实施,广东、云南、江西等省制定了具有地域特色的绿色公路建设技术指南与评价标准,形成了行业与地方标准协同的绿色公路建设、评价技术体系。

2. 坚持公路全寿命周期绿色发展理念

全寿命周期管理是指通过先进技术手段和管理方法,统筹项目规划、建设、运营和回收等全部环节,在确保规划合理、工程优质、生产安全、运营可靠的前提下,以全寿命周期的整体最优为目标。绿色公路建设理念与全寿命周期理论密切关联,缺一不可。在推进绿色公路建设过程中,各级交通运输行业主管部门及项目建设单位,始终坚持将绿色公路建设新理念贯穿到公路规划、建设、运营和养护全过程,在确保公路质量优良、安全耐久的前提下,统筹考虑规划设计、建设施工和养护管理全过程的资源占用、能源消耗、污染排放控制、生态保护、公路功能拓展及服务水平提升等要求,实施绿色设计、绿色施工及绿色运维,注重建管养运并重,提升了公路全寿命周期绿色发展水平。

3. 发挥绿色公路试点示范的引领和带动作用

截至2021年底,交通运输部确定了3批共33个绿色公路建设典型示范工程,项目类型涵盖了高速公路、独立大桥及普通国省干线公路,项目性质包括了新建和改扩建,目前已有10个项目建成通车试运营。湖南、广东、河南、四川等16省(区、市)开展了省级绿色公路建设试点示范工作,福建省深入推进绿色公路建设与品质工程,打造协同创建的"双创"行动。这些典型示范工程具有一定社会影响、路网功能明确、沿线区域自然环境特点突出,工程具有代表性,在绿色公路建设方面特色与亮点突出,通过以点带面,为全行业推行绿色公路建设积累了经验。

4. 加强绿色公路"四新"技术的研发与应用

交通运输行业高度重视科技创新在绿色公路建设中的驱动与支撑作用,积极研究探索新能源、新材料、新装备和新工艺,大力推广应用先进适用技术和产品,湿地保护、动物通道设置、能源高效利用及节能减排、路域生态防护与修复、公路碳汇建设及公路服务区旅游服务功能提升等新技术研发提速的同时,以废旧橡胶为代表的大宗工业固体废物和隧道洞渣等废旧材料再生循环利用技术,建筑信息模型(BIM)新技术、隧道节能照明和太阳能光伏发电等节能技术,清洁能源、装配化施工、穿越敏感水体路段的径流收集与处置技术及绿色服务区建设等大量"四新"技术得到广泛推广应用,有力支撑了绿色公路建设。

(三)推进智慧公路建设

《交通强国建设纲要》中提到,要大力发展智慧交通,推动大数据、互联网、人工智能、区块链、超级计算等新技术与交通行业深度融合。从国家及行业发展来看,交通运输部发布《推动交通运输领域新型基础设施建设的指导意见》,对智慧交通基础设施、信息基础设施、创新基础设施等三个层次进行了规划。一是打造融合高效的智慧交通基础设施;二是助力信息基础设施建设;三是完善交通行业创新基础设施。明确提出用先进信息技术深度赋能交通基础设施,全面提升精准感知、精确分析、精细管理和精心服务能力,成为加快建设交通强国的有力支撑。同时,要打造融合高效的智慧交通基础设施,大力推动"智慧公路"建设,加大高速公路电子不停车收费系统(ETC)门架应用,丰富车路协同应用场景等方面内容。智慧公路作为融合交通基础设施的重要领域,新基建将助力智慧公路发展升级。推进智慧公路建设将显著提高经济社会运行效率,特别是以5G网络为依托,在发展人工智能、数字经济等新技术新产业方面的带动效应更为明显,将为社会经济长期稳定发展提供有力支撑。

三、BIM 技术在公路建设中的应用

建筑信息模型(Building Information Modeling,BIM)是以建筑工程项目的各项相关信息数据作为模型的基础,进行建筑模型建立的技术。其核心是信息,是一个创建、收集、管理、应用信息的过程。

(一)BIM 技术的特点

BIM 技术具有可视化、协调性、模拟性、优化性和可出图性五大特点。它让设计、建造、管理统一在一个平台下工作,是建筑工程的集成管理环境,可以使建筑工程在整个进程中显著提高效率、大量减少风险。

1. 可视化

BIM 技术建立的三维模型实现了建筑构件的相互关联,该模型不仅包括几何信息,还包括构件的属性信息(材质、型号等),所以 BIM 不仅具有几何信息的可视化功能,而且可以进行构件属性的可视化;应用 BIM 技术不仅可以展示效果图,还可以在可视化状态下进行项目不同阶段不同参与方的沟通与交流,实现整个建设过程的可视化。

2. 协调性

应用 BIM 技术将工程项目的不同专业信息集成于 BIM 模型,项目各参与方可以通过 BIM 模型进行项目的全面了解,并可通过统一的 BIM 信息平台对项目存在问题进行多方的沟通协调,如道路工程师可以将纵断面、路线和曲面等信息直接传送给结构工程师,以便其在软件中利用已有的道路设计相关数据信息,设计桥梁、涵洞和其他交通结构物。由于模型具有动态关联的特性,变更时可轻松实现数据和模型更新,模型和图纸之间又智能关联,提高了图纸的一致性。

3. 模拟性

BIM 的模拟性不仅指建设项目的三维 BIM 模型,同时基于 BIM 的三维模型,配合相关软件还可对项目实施日照、能耗等建筑性能模拟;通过关联 3D 模型与进度计划形成 4D 模型进度模拟,调整施工进度。

4. 优化性

应用 BIM 技术形成的数据库包括项目的全面信息,因此 BIM 及其配套的优化工具可实现大型、复杂项目的优化,运用 BIM 技术通过对比不同的项目形象,轻松做到项目的合理优化。

5. 可出图

应用 BIM 技术实现建筑物的可视化展示,并通过相关协调、模拟进行项目优化,最后将经过完善的平面图、纵断面图、横断面图、3D 模型图、土方报告及合理改进方案等提供给业主。

(二) BIM 技术在公路建设中的应用架构

基于 BIM 管理应用平台要达到的目标是建立一个全面的三维动态可视化集成平台,满足公路工程建设项目"点多线长结构复杂且与地形地貌结合紧密"的特点,从各个角度全面诠释设计、投资、质量、进度、现场管理等工作的内容,用直观的方式快速表达工程建设的全过程。分层级、分段落,分多视角对工程的冲突检测,对建设实体实施关联分析,达到对实施进度、质量、效率、安全的全面管理,并满足不同层面的管理要求。BIM 管理平台基于现场数据,是融合 3D 模型、GIS、信息管理、手机 App 而构建的面向施工单位的应用管理平台。将项目管理过程从平面转向立体、将静态转向动态、将封闭转向协同共享,实现工程项目可视。

公路项目在建设过程中充分使用 BIM 技术,根据测量数据、电子地形图等方面的信息创建三维仿真地形曲面,设计路线的走向,创建三维仿真道路模型、横断面图、纵断面图,设计检查边坡,计算土石方工程量进行土石方调配,设计道路交叉口、场地等。在施工阶段,将施工所需的资料及工程材料所对应的数据在 BIM 平台上进行集成处理,以此为基础创建模型,为工程人员提供形象的公路模型,有助于工程人员分析施工方案并对不足之处加以改进,进而得出最佳施工方案,既节约了资金又加快了工程进度。BIM 技术使项目可视、可管、可控,进而使每个项目的进度、质量、安全、现场管理等管理目标得以实现,满足对项目过程的投资、质量、进度、现场管理,结合 BIM 可视化模型大数据分析等技术,通过信息技术手段提升管理过程的标准化,实现精细化的管理目标,将公路建设向信息化、数字化、智能化推进。

四、新基建背景下的智慧公路建设

(一)新基建的内涵

国家多次强调加快 5G 网络、数据中心等新型基础设施建设(以下简称"新基建")。2020 年,国家发展改革委员会将"新基建"定义为以新发展理念为引领,以技术创新为驱动,以信息网络为基础,面向高质量发展需要,提供数字转型、智能升级、融合创新等服务的基础设施体系。"新基建"的三个发展方向分别为信息基础设施,融合基础设施和创新基础设施。"新基建"的内涵和外延并不是一成不变的,将会随着产业和技术的发展进行更新和丰富。

(二)新基建背景下智慧公路的建设方法

在新基建的驱动下,AI、大数据、物联网、5G基建可有效地集成运用于整个公路管理体系,将发挥更强的赋能与引领作用,加速数字交通的落地,为车辆、道路、路网监测以及事件管控提供有效手段和重要保障。新基建的本质是提升交通基础设施的信息感知能力、数据分析能力、全面服务能力,在此背景下,智慧公路的建设思路应以信息感知为基础、以数据治理为手段、以开发协同为抓手、以应用服务为根本,使路网运行更安全高效、交通管理更科学智能、公共出行更便捷舒适、智慧道路更绿色经济(表4-5)。

新基建背景下智慧公路的发展思路　　　　表4-5

运用的技术手段	策略	达到的目标
5G	以信息感知为基础	路网运行更安全高效
云计算	以数据治理为手段	交通管理更科学智能
大数据	以开放协同为抓手	公众出行更便捷舒适
人工智能	以应用服务为目标	智慧高速更绿色经济

1. 以信息感知为基础

增强隧道、桥梁、附属设施等高速公路基础设施的多维感知能力,夯实数据传输通道的可靠性和稳定性,通过5G、物联网、视频AI分析等信息技术的应用,实现事件状态的动态监测、及时确认和自动报警,全面提升高速公路运行状态智能感知能力,为及时上报道路拥堵、设备故障,为高速公路交通安全和高效通行提供数据支撑。

2. 以数据治理为手段

以数字化、图形化、全景化的方式展现综合交通运输整体运行情况、运行态势与发展水平,通过多元数据的分析、挖掘、生成决策支持信息,提升对高速公路运行异常的动态甄别能力,并基于短时预测技术,科学评估管控手段的效果,为交通管理者实时监测和分析决策提供综合性、全局性、关键性的指标数据支持,帮助交通管理部门实现从"经验决策"向"数据决策"的转变。

3. 以开放协同为抓手

新时代下对于交通行业跨部门、跨层级、跨区域、跨交通方式的应急协同、应急处置、应急管控、行业服务提出了新要求。未来高速公路运营将向多业态融合、多模式协同转变,传统高速公路运营组织面临新的挑战。以面向路网效率最优为目标,开放协同为抓手,整合汇聚多部门、多系统、多层级、多区域的数据形成智慧高速大数据资源池基础上,推进业务部门之间资源互通、信息共享,促进路网协同管控。

4. 以应用服务为目标

新基建进一步加大了人车定位的覆盖范围及精度,可快速精准响应海量的个性化出行需求,通过丰富高速公路沿线资源,可提高高速公路运行动态信息的服务水平和服务质量,探索与互联网的合作模式,拓展丰富服务资源和内容。基于高精定位技术,提供主动式伴随式服务,满足出行者个性化需求,提升出行资源。

(三)智慧公路建设的主要发展方向

智慧高速应用的建设将以数据为主线,以发展需求预测及支撑技术分析为基础,依托智能系统从全局视角对交通设施、服务资源进行整体均衡配置,为新治理模式、新运营组织和新出行体验赋能,主要建设方向内容包括一体化综合监测、主动式精细管控、全天候安全通行、伴随式立体服务、全生命数字管养、全栈式车路协同。

1. 一体化综合监测:多源交通数据融合感知、分析、预测

通过制定统一的数据接入标准,实现公路沿线高点视频、高清卡口、激光雷达、气象监测、物联传感等设备的接入,深度集成机器视觉 AI 技术,对异常交通流、交通事件、道路异常状况等进行主动准确识别;融合重点车辆 GPS 数据、手机信令数据、收费站运营数据等,实现对高速公路路网运行、预警事件、重点车辆、重点区域、环境气象等一体化综合监测。同时,通过交通实时仿真及基于多源数据(天气、城市交通、事故等)影响的交通预测,实现多种场景下的交通状态发展趋势精准、科学的预判。

2. 主动式精细管控:基于数据治理的车道级、节点级、路网级交通管控

基于主动识别—短时预测—知识图谱—协同控制四大技术抓手,支撑智慧化运营管控。通过主动监测结合短时预测技术推演事件的发展态势,按照交通运行状况和特殊需求,生成车道级的交通管理和控制方案;同时,关联周边城市道路信号控制信息、车辆 GPS 数据、路网运行数据,感知全路网状态,基于交通分配模型进行路网分流诱导,合理控制匝道处的驶入驶出流量,优化周边城市道路信号配时,形成全路网协同联动,实现节点级匝道控制和网络级分流诱导,提升交通管控手段的科学有效性。

3. 全天候安全通行:基于云边协同的重点车辆、重点区域危险应对能力

针对隧道、桥梁、边坡、盲区、合流等危险路段,加强监测装置和边缘计算单元的布设,自动收集道路交通信息和天气数据,基于云边协同技术对重点车辆和重点区域运行状态进行实时风险研判。对重点车辆运行状态、运行轨迹进行实时监测,当出现频繁加减速、频繁变道、车道偏离等异常状态时进行紧急提醒。结合云端海量数据在统计上的趋势表征,对重点区域实时的交通流状态进行研判,提升事故前兆鉴别率并进行及时预警。

同时,针对冰雪天、雾霾天气等恶劣环境,通过主动消冰融雪、主动发光标志、可变限速控制等技术和管理办法,提高雾天、冰雪等恶劣天气下通行安全性。

主动消冰融雪:依托边端感知设备实时监控桥面坡路的结冰情况,出现预警信息可联动自动喷淋系统,实现快速消除冰雪,确保大下坡路段行车安全。

可变限速控制:针对异常天气信息可上报至云控平台,基于温度、湿度、路面状况、能见度等因素推荐合理的限速值,通过可变限速标志、可变情报板、车路协同装置对车辆进行车速引导。

主动发光标志:通过主动发光标志大幅提高夜间、恶劣天气、逆光等情况下的标志视认性能,打造夜光公路。

4. 伴随式立体服务:全线数据、全时服务多终端、精准化、个性化

提供互联网+位置精准信息服务,精确识别车辆所处高速公路位置点,发送出行时间、

路况信息、实时天气、道路事件等定制化信息。通过移动App、车路协同设施、广播、可变情报板等方式提供多元化的信息服务,打造一体化便捷出行体验。充分考虑服务区所在交通区位、交通流量、场地特征等因素,完善服务区服务功能设施、监控管理设施,建设服务区水平评价和感知系统,提供智能停车、餐饮休闲、功能导视、加油指引等功能服务,丰富高速公路沿线服务资源。

5. 全生命数字管养:以"建、管、养、运"为出发点,打造全寿命周期体系

以高精度矢量地图与BIM技术平台为基础,通过建设交通基础设施联网监控,覆盖道路、桥梁、隧道、边坡等重点状态采集,对道路设施的关键构件和部位布设物联传感设备,对运行状态进行实时监测与风险预判,并自动识别隧道积水、边坡塌方、桥梁位移等异常事件,实现公路基础设施日常运营、监测、管养、预警等全生命周期日常监测与应急管控。

6. 全栈式车路协同:打造开放、安全行驶环境,让聪明的车"跑"聪明的路

开展基于5G的车路协同应用示范,将实现人、车、路、环境的全面感知和协同,将5G公网信息发布与车路协同相结合,实现更大范围、更多场景、更低时延的信息服务;在车路协同系统未覆盖区域,通过5G公网发布交通事件信息、道路施工信息、服务区信息等没有超低时延需求的信息;在车路协同系统覆盖区域,通过车路协同的直连通信发布分合流预警、隧道安全预警、高架桥梁预警等有超低时延需求的信息。

以交通基础设施为代表的传统基础设施建设正在转型升级,以数字型基础设施为代表的新型基础设施建设正在蓬勃兴起,把握好科技发展新动态,抓住关键环节,大力推进交通领域"新基建",让传统基础设施适应数字经济发展而进行的数字化、智能化改造,将助力创新驱动发展战略,加快新旧动能转换,同时,也将在扩大内需、稳投资、促增长等方面发挥积极作用。

五、示范工程案例经验及成效

(一)延庆—崇礼高速公路绿色公路的探索

延崇高速公路(北京段)通过践行生态文明和交通强国战略,结合世园会和冬奥会的绿色环保要求,考虑建设前期、建设期和运营期可能对沿线生态环境产生的影响,采用生态引领、低碳集约、景观融入、服务共享、智慧创新5大理念,设计应用了25项绿色、生态环保新技术,构建了延崇高速公路生态环保技术实践体系,缓解延崇高速公路(北京段)建设对沿线声环境、水环境及重点野生动植物保护区等的影响。对带动京津冀地区绿色公路的建设、促进高速公路的绿色发展转型升级积累了宝贵的经验。

1. 生态引领

项目从生态选线、建设防冰雪路面、橡胶改性沥青路面、桥面径流收集处理、污水处理中水回用、海绵湿地景观建设6大类别实现了生态引领,如图4-7所示。

2. 低碳集约

项目建设过程中,通过集约利用土地资源,合理使用隧道弃渣,应用耐候钢桥梁、光伏设

施、超级电容路灯、地源热泵、充电桩和能耗监测统计系统等达到低碳集约的目的。

图4-7 延崇高速

3. 景观融入

结合项目区域文化特征,通过沿线景观提升、边坡生态修复、隧道洞口生态修复实现沿线景观融入,并设计地域化门户景观展示地域文化,实现景观融入的理念。

4. 服务共享

项目坚持"以人为本"的原则,通过增设预约服务、旅游信息服务、房车露营地,提升高速公路服务水平。

5. 智慧创新

项目通过基础设施数字化、路运一体车路协同、隧道智慧照明、疲劳唤醒系统、施工期环境监测和工程信息管理等内容,提升延崇高速公路全线智能化设计,隧道智慧照明如图4-8所示。

图4-8 隧道智慧照明

(二)沪杭甬智慧高速建设探索

沪杭甬高速公路作为浙江省首条高速公路,全长248km,全线流量最大路段高峰日均流量可达12万辆次,大流量趋于常态化,交通事故率逐年增多。如何运用新一代信息技术,改善道路安全、提高通行效率成为沪杭甬智慧高速公路重点关注问题。沪杭甬高速公路进行智慧化提升改造后,为浙江省营运高速公路智慧化提升改造打造一套可复制、可应用的方案,示范引领高速公路发展转型升级。

1. 先行先试,智慧引领

在沪杭甬高速248km全线范围内实施"六化"工程:一是基础设施数字化,二是出行服务精准化,三是车路感知协同化,四是客货运输绿色化,五是数据处理智能化,六是关键技术产业化。

2. 实时交通信息监测系统

(1)采用交通流检测设备。在杭甬高速柯桥至绍兴段采用固定摄像机、毫米波雷达等多传感器信息融合方式,实现交通运行状态信息实时监测。

(2)设置交通事件检测设备。在现沪杭甬高速248km主线约1km一个云台摄像机的基础上,对弯道及视线受遮挡路段进行梳理排查,适当加密摄像机,可无盲区查看道路通行情况。在杭甬高速非标准八车道路段的枢纽及互通区增设固定摄像机,协调高速交警通过录像取证,试点轻微事故快速处理。

(3)设置移动信息采集设备。沪杭甬高速公路四个管理处各选择一辆清障车安装一套3路车载摄像机,实现监控视频实时录像和按需调取。设置无人机待命站,对区域内交通事件,在相关人员车辆未到达前,实行快速反应,采用悬停技术,对拥堵后方车辆进行声光电预警,预防二次事故;及时传输现场图像,实现快速反应、无盲巡查。

3. 云控平台部署

(1)大数据平台集群建设。大数据平台集群用于数据的存储和计算,提供PB级别以上的数据分析处理能力;部署大数据开发平台,实现离线计算、实时计算以及数据交换;部署机器学习平台,实现数据算法层的构建;部署系统运维平台,维护系统正常运行。

(2)设置虚拟化应用服务器。虚拟化应用服务器用于采集、通信等应用服务系统的部署。平台除保存本项目新增数据外,还需接入各类存量系统数据,包括沪杭甬公司所辖路段的已有应用系统需交互或进行大数据分析的数据(电子档案、大桥管理系统等),第三方数据根据互换互利原则接入。

4. 伴随式信息服务系统

在现有可变信息标志基础上,新增枢纽区域可变信息标志,实现路网交通远程诱导,通过"智慧高速"应用软件,实时为用户提供伴随式信息服务。

5. 车道级交通控制系统

(1)建设基于车道控制标志的车道级交通控制,实现高速公路车道级管控,实施第四车道可变化管理。

(2)建设基于手机应用软件的车道级交通控制。可变车道路段起始和结束位置信息植入高德、百度等导航软件及"智慧高速"应用软件,利用手机应用软件,为用户提供车道级交通控制信息。

6. 服务区智能化系统

通过对长安服务区进行智慧化提升改造,提升服务区服务效率、服务能力和服务品质,降低综合能源消耗,实现"服务全程化、设施感知化、信息共享化、管理信息化、经营数字化"的建设目标。外场实施内容包括无线网络全覆盖、智能停车诱导设施、智慧路灯、智慧垃圾桶、客流、车流检测设施建设以及4G/5G的相关应用。

7. 自由流收费系统建设

根据《深化收费公路制度改革取消高速公路省界收费站实施方案》《交通运输部关于印发取消高速公路省界收费站总体技术方案的通知》(交公路函〔2019〕320号)要求,完成收费管理与计算平台、收费站车道系统、主线ETC门架系统的建设,实现主线自由流收费。

8. 基础配套系统(设施)

(1)设置设施智能运维系统。设施智能运维系统对主要运营设备运行状况进行实时监测,集中显示各类运营设备工作状况,实现重大故障自动报警。

(2)设置紧急停车带预警系统,通过语音提醒规范正确停车、驶离、避让等驾驶行为,通过语音和显示屏提醒、警示过往车辆注意避让。

(3)研发智能装备。研发球型绿化修剪机、移动作业智能警示装置、智能多功能预警车、吸铁车、运行设备"智慧用电E管理系统"等。

智慧时代,科技给我们的出行带来了翻天覆地的变化,可以期待的是,随着智慧高速公路的改造完成,未来高速公路将装上更加智慧的"大脑",出行将更安全、便捷、绿色。

第五章 公路养护管理

第一节 全国公路养护管理基本情况

随着我国公路事业突飞猛进发展,公路里程大幅度增加,有效缓解了公路交通运输的紧张状况,但也随之产生了一系列问题:公路建成后受交通量迅速增长、重型交通、严重超载、行驶渠道化及水损坏等影响,路面发生了不同程度的早期破坏,导致养护任务艰巨;公路交通量的增加和使用时间的延长必然带来路面的不断损坏,导致养护工程量越来越大。我国的公路已由以建设为主转变为建设与养护并重,并将逐步过渡到以养护为主。

一、公路养护管理内容

近年来,我国公路养护投入规模逐渐增大、路况水平逐步提高、管理水平快速提高,全国交通运输系统以贯彻新发展理念为主线,以构建现代公路养护管理体系为引领,着力改革攻坚、养护转型、管理升级、服务提质,"十三五"期间,我国公路基础设施持续优化、安全水平稳步提升、管养体系不断健全、路政执法更加规范、路网运行平稳有序、应急保障更加有力、服务能力不断增强、精神文明成果丰硕,加快实现了质量变革、效率变革、动力变革。

(一) 公路养护管理内容

1. 公路养护新理念

公路交通作为国民经济的基础性、先导性、战略性产业和服务性行业,必须更加坚持可持续发展,全面落实"公路建设是发展,公路养护管理也是发展,而且是可持续发展"的理念,以推动高质量发展为主题,以深化供给侧结构性改革为主线,以改革创新为根本动力,以满足人民日益增长的美好生活需要为根本目的,全面推行预防性养护、绿色养护、智慧养护新理念,着力推进设施数字化、养护专业化、管理现代化、运行高效化、服务优质化,全面提升公路养护管理水平,促进公路交通可持续健康发展,切实发挥公路在加快建设交通强国中的主力军、主战场、排头兵作用,为努力当好中国式现代化的开路先锋提供坚实支撑。

2. 公路养护工程分类管理

1975年,我国将养护工程按其工程性质、复杂程度、规模大小划分为小修保养、中修、大修和改建工程,2001版《公路养护工程管理办法》继承了该分类方法。但随着养护技术的不断进步,各地对养护工程性质、复杂程度、规模大小的理解出现差异,导致养护工程在实际管理中对应执行的要求也千差万别,2018年最新修订的《公路养护工程管理办法》依据养护对象和工程性质进行优化,规定公路养护工程不包括日常养护和公路改扩建工作,将公路养护工程分类调整为预防养护、修复养护、专项养护、应急养护四类,日常养护工作由各省级交通运输主管部门自行制定相关管理办法,并明确了公路改扩建执行公路建设管理的相关规定。2018版《公路养护工程管理办法》一方面解决了养护工程管理分类缺项,未涵盖预防养护和应急养护的问题,另一方面解决了养护工程分类层次不清,原大、中、小修养护工程没有明确界限的问题,进一步适应了发展需要。

3. 公路养护预算管理

2008年成品油价格税费改革后,公路养护资金逐步纳入政府财政预算管理。随着近年来财政零基预算改革的不断推进,科学规范地编制公路养护预算越来越重要,养护工程作为公路养护的重要构成,不断完善管理政策,加强政策指导。2020年,交通运输部发布了《公路养护预算编制导则》(JTG 5610—2020),对公路养护费用组成和费用计算方法等作出了规定,以更好地指导公路养护预算的编制和管理,更好地服务国民经济的发展。同时根据路况及养护管理的实际需要,参照养护定额和有关规定编制预算,在预算编制好后,通过评审小组进行技术论证和经济论证。有效评价项目前期工作的水平和质量,从源头上防范各类风险,保证项目的投资效益和资金使用效益。

(二)公路养护管理评价

交通运输部高度重视全国干线公路养护管理评价工作,20世纪80年代—90年代初,全国各地以省份为单位,以"好路率"为评定指标,组织开展了公路养护检查活动。从1997年开始,为适应公路交通事业大发展的阶段特征,交通部首次组织开展了全国干线公路养护管理检查,检查对象为国省干线公路,不包括高速公路,并于1997年—2005年组织了两次检查。从2005年也就是"十五"末开始,全国干线公路养护管理检查工作逐步固化,于每个"五年"计划即将完成时,定期组织开展,至今已经开展了2005年、2011年(因泥石流、地震等自然灾害延后了一年)、2015年三次检查。2020年,"国检"更名为"十三五"全国干线公路养护管理评价(简称"国评")。

"国评"以考察行业落实"五大发展理念"为主要目的,不再采用"养护管理、路政管理、收费、应急、技术保障"的指标体系,而是从创新、协调、绿色、开放、共享五个方面,重新评价行业治理能力现状及水平。"国评"主要范围是高速公路和普通国省道;主要内容包括综合质量效益评价、治理能力评价和公众满意度评价,3个评价指标分别占比60%、35%和5%;评分取高速公路总评分和普通国省道总评分的加权合计值,满分为1000分,其中综合质量效益评价600分,治理能力评价350分,公众满意度评价50分。同时,2020年也是自1997年首次启动全国性的公路养护管理考察以来,第一次引入公众满意度的评价,体现了"以人民为中心"的行业发展思路。

二、全国公路养护管理发展趋势

2022年4月,交通运输部发布了《"十四五"公路养护管理发展纲要》,提出"十四五"期要推进设施数字化、养护专业化、管理现代化、运行高效化和服务优质化,推动公路养护管理高质量发展。

(一)推进设施数字化

1. 推进基础数据归集

构建标准统一、信息全面、融合共享的数据体系。推进公路基础数据库升级改造,重点汇集基础地理信息、路基路面、桥梁、隧道等静态数据。继续推进高速公路视频云平台、交调系统、长大桥梁结构健康监测单桥系统及数据平台建设,不断收集完善公路基础设施及路网运行管理动态数据。结合全国自然灾害综合风险普查,健全公路承灾体灾害风险点数据库。

2. 提升养护管理数字化水平

以数字化引领公路养护管理转型升级。结合改扩建、养护工程推进高速公路数字化升级改造,逐步实现对高速公路网全要素动静态信息的数字化呈现和精细化管理,为车路协同、北斗应用、自动驾驶等提供支持。加快公路技术状况检测监测及养护装备研发,重点是公路桥隧、交安设施等自动化快速检测装备、无人化养护施工装备研发。研制推广公路养护智能化应用,重点是基于人工智能(AI)的自动化巡查、基于物联网的养护工程质量管理等应用。加强公路养护科学决策方法研究,重点研发各类设施养护评价、预测、决策等分析算法与模型,通过算法模型汇集分析数据,提高决策水平,提升公路养护管理工作效能。

3. 推进路网运行管理数字化

通过数字化提高路网运行监测管理与服务能力。推动路网运行感知网络与公路基础设施建设改造工程同步规划、同步实施,在重点运输通道和节点布局完善感知设备设施,实现对路网全天候、多要素的状态感知。推动路网运行监测管理与服务平台建设,推进ETC服务提升及拓展应用、门架系统升级应用以及路网运行状况基础数据分析应用。推动实现智能监测与预警、实时交通诱导、路网协同调度和出行服务引导等技术及场景应用,提升监管和服务效能。

(二)推进养护专业化

1. 强化养护科学决策

研究出台公路养护科学决策指导意见,加快构建涵盖技术状况检测评定、目标设定、需求分析和养护计划编制的科学决策体系。探索推广新型无损检测装备,开发推广应用经济高效自动化检测装备。农村公路基本实现路况自动化检测全覆盖。按年度开展国家公路网技术状况监测,强化各类检测监测数据的决策分析,形成数据驱动型养护科学决策工作机制。加强科学决策成果的应用,构建国家公路养护工程项目库,并实现动态管理。

2. 提高养护供给能力

总结梳理交通强国建设试点中的公路养护任务,强化系统思维,加强技术创新和管理创新,形成一批可复制、可推广的先进技术经验。持续开展公路基础设施长期性能科学观测与研究,推动构建符合我国实际的公路养护理论体系。完善公路预防养护技术体系,健全标准规范和技术指南,强化预防养护效果跟踪评价。加强养护工程的专业化设计,提升技术方案的科学性和适用性。创新公路养护组织模式,在国省干线公路大流量路段探索推广集中养护模式。加强公路养护工程的质量控制,强化质量检验评定,严格交竣工验收,确保实施效果。积极在农村公路养护领域推广以工代赈,通过设置多种形式的公益性岗位,吸收农民群众参与农村公路日常养护,带动当地农村劳动力就业增收。

3. 提升公路安全保障水平

实施公路危旧桥梁(隧道)改造行动,重点对四、五类桥梁(隧道)进行改造,统筹推进船舶碰撞公路桥梁隐患治理。实施公路安全设施和交通秩序管理精细化提升行动,全面提升高速公路安全防护能力,改造普通国省道穿城镇路段和平面交叉路口等关键节点,大力推进村道安全生命防护工程实施。全面完成自然灾害综合风险公路承灾体普查,加强普查成果应用,推进干线公路灾害防治工程,有效提升公路防灾减灾抗灾水平。

4. 规范养护市场建设

贯彻落实《公路养护作业单位资质管理办法》,深入推动公路养护作业单位资质许可实施。研究制定公路养护招投标制度,建立健全公路养护信用体系,强化养护市场准入管理和秩序监管,加快构建统一开放、规范有序的养护市场。完善养护市场供给模式,探索检测评定、设计、施工一体化的养护总承包模式,引导养护市场主体专业化、规模化健康发展。

5. 推动绿色养护发展

健全绿色养护的评价方法和评价标准,加强绿色养护技术的研发与推广。大力推动废旧路面材料、工业废弃物等再生利用,提升资源利用效率。进一步提升养护作业机械化水平,推动公路养护降本增效。发挥公路养护领域科技创新平台作用,强化关键技术攻坚,持续开展长寿命基础设施建养技术研究。

(三)推进管理现代化

1. 完善法律法规制度体系

积极推动《中华人民共和国公路法》《收费公路管理条例》修订和《农村公路条例》制订工作。按照"控规模、调结构、防风险、降成本、强监管、优服务"的总体思路,进一步调整完善收费公路政策,构建与交通强国相适应的收费公路制度体系。修(制)订《超限运输车辆行驶管理规定》《大件运输许可服务与管理办法》《路网运行管理办法》等制度文件。提升公路依法治理能力和水平。

2. 巩固拓展公路领域改革成果

进一步厘清省级交通运输主管部门与公路管理机构、交通运输综合执法机构的职责边界,建立健全适应改革需要的高效工作运行机制。完善公路交通执法、许可审批、路产保护部门协作和联动机制,实现路产路权保护、审批服务与执法监管信息开放共享、互联互通。完善农村公路治理体系,深入推进农村公路管养体制改革,全面落实县、乡、村三级"路长制",进一步夯实县级人民政府农村公路管理养护主体责任。

3. 强化桥隧安全运行管理

完善公路桥梁养护管理制度,建立健全"政府主导、行业监管、部门协同、运行单位负责"的公路桥梁管养责任体系。研究制定推进公路隧道高质量发展的指导意见,提升公路隧道设施安全耐久水平、运行监测能力、应急处置能力、车辆通行安全水平和技术装备保障水平。

加强公路桥隧区域保护执法,加大对危及桥隧安全行为的打击力度。

4. 深入推进车辆超限超载治理

完善高速公路入口治超,实现精确称重、自动识别、自动疏导。坚持和优化治超联合执法工作机制,推进治超系统与公安交管系统联网对接。加强源头治超,建立货物装载源头倒查机制和货车非法改装联动治理机制。积极探索非现场执法。加大信用治超力度。加快实施全国治超"一张网"工程,构建以"互联网+"为核心的智慧治超新模式,推动治超工作由人工执法向科技监管转变,由末端管理向源头治理转变,由以罚为主向综合治理转变。

5. 加强大件运输服务和管理

全面推行分类许可,不断完善许可系统功能,推进跨省大件运输许可"掌上办",推动许可服务走访常态化,健全完善主动服务对接机制,持续开展跨省大件运输许可"好差评",定期开展业务培训和考核。合理改造收费站超宽车道和称重检测设施,提升大件运输自动核查能力。压实大件运输生产和运输企业安全生产主体责任,加强许可审查和现场核查,强化车辆动态监管和途中检查,加强通行数据分析比对、企业信用风险分类管理,实现大件运输全过程智能审批、全环节公正监管、全链条优质服务。

(四)推进运行高效化

1. 构建路网监测体系

持续完善路网运行监测体系,推动视频、交调等监测设施与公路基础设施同步规划建设,加强既有公路监测设施建设和改造,统筹存量和增量、传统和新型监测设施,实现标准化布局与一体化应用。推进高速公路视频云联网工作,选择具备条件地区和路段开展普通国省道视频云联网试点工作,建立隧道结构安全和运行状况监测体系,研究移动式、无人化监测设施,提升监测网络整体效能。

2. 强化路网疏堵保畅

开展易拥堵收费站治理工作,完善公路阻断事件报送与调度制度,升级公路阻断信息报送系统,加强公路突发舆情监测能力建设,提高突发事件响应时效。健全跨层级、跨区域、跨部门、跨方式协调联动机制,完善鲜活农产品、防疫物资、重点生产生活物资等运输通道,优化鲜活农产品运输绿色通道查验,强化疫苗运输免费通行服务保障,进一步强化常态化疫情防控下公路网运行服务保障能力。

3. 完善应急体系建设

完善公路交通应急预案体系,深化联合预警工作机制建设,健全公路网预警预防体系,开展恶劣天气高影响路段优化提升工作。完善国家区域性公路交通应急装备物资储备中心布局并推进建设,进一步提升公路交通应急装备物资储备管理与调度水平。制定公路交通应急演练规范化要求,模拟典型突发事件,指导地方开展"行业+属地"联合的层次丰富、形式多样、科目齐全的应急演练。开展重大公路突发事件影响与应急能力评估工作,强化跨区域、跨部门的多方公路交通应急联动机制建设,重点提升巨灾场景的应急处置和交通运输保障能力。

(五)推进服务优质化

1. 优化公路交通出行服务

打造集成信息服务、客户服务、救援服务等的综合出行服务体系,研究推广预约通行、定制出行、点单式服务等公路出行服务新模式。细分用户群体,分析用户画像,为用户提供精准化、体验式、伴随式的高品质出行服务。开发应用"e路畅通"App,提升公路出行"一站式"服务体验感与公众满意度。完善高速公路车辆救援体系,安全规范高效提供车辆救援服务。

2. 健全高速公路联网收费体系

持续加强联网收费系统优化升级。优化计费规则,提升计费服务精准性,避免重复扣费、同程不同费等问题产生。便捷开具发票,缩短开票时间,更好满足用户个性化需求。加强系统运维保障,即时修复完善联网收费系统运行中发现的问题,确保系统高效稳定运行。优化ETC服务,着力解决ETC服务中的突出难点和痛点问题,进一步提升ETC服务便利化水平,提升用户使用体验。

3. 提升服务区服务体验

推动公路服务区设施提档升级,优化货车停车位供给,加强服务区污水、垃圾等污染治理,鼓励老旧服务区开展节能环保升级改造。加强服务区无障碍设施建设,完善适老化、人性化服务设施。积极配合相关部门推进公路服务区充(换)电设施、加气站、加氢站、光伏发电等新能源设施建设。大力发展"服务区经济",加强与物流、文化、旅游、乡村振兴等产业的融合。创新公路服务设施运营模式,鼓励社会力量参与公路服务区运营,推动服务区由基本保障型发展模式向"精细化、标准化、特色化、主题化、规模化、智能化"的高质量发展模式转变,进一步提升服务区服务品质和公众体验。

第二节 公路养护相关政策法规

一、公路养护管理相关法规

《中华人民共和国公路法》《公路安全保护条例》等法律法规中对公路养护的相关制度进行了规定,同时也是公路养护一些规范标准制定的根本依据。

(一)《中华人民共和国公路法》

为了加强公路的建设和管理,促进公路事业的发展,适应社会主义现代化建设和人民生活的需要,我国颁布了《中华人民共和国公路法》。《中华人民共和国公路法》规定公路部门应当加强公路养护,保证公路经常处于良好的技术状态;从事公路养护作业的单位要具备一定的资质条件。

(二)《公路安全保护条例》

2011年国务院公布《公路安全保护条例》(以下简称《条例》),公路养护是公路安全保护的重要方面,为切实加强和规范公路养护工作,《条例》主要作了三个方面的规定。

(1)规定了公路养护工作的责任主体。《条例》规定公路管理机构、公路经营企业负有做好公路养护工作的责任,保证公路自身物理状态符合有关技术标准,经常处于良好技术状态。

(2)明确了公路管理机构、公路经营企业的养护职责。《条例》对公路管理机构、公路经营企业对公路的巡查、检测、评定、养护、抢修、维修等作了明确规定。特别是针对目前群众反应比较强烈的有关单位不及时修复损毁的公路,出现事故后又互相推诿的问题,规定公路管理机构、公路经营企业应当对公路进行巡查,发现公路坍塌、坑槽、隆起等损毁的,应当及时设置警示标志,并采取措施修复。

(3)完善了公路突发事件的应急处置规定。《条例》依照《中华人民共和国突发事件应对法》,并总结近年来应对雨雪冰冻灾害、地震、泥石流等重大突发事件中抢修公路、恢复通行的成功经验,对公路突发事件的处置作了规定。

二、公路养护管理相关政策标准

为了促进我国公路养护事业的健康发展,国务院和交通运输部先后出台了一系列政策标准,主要包括综合、检测评价、养护决策、养护设计、养护施工、造价几大类,加强了科学规范化的养护管理方法。经过"十三五"期间的快速发展,我国公路养护管理和技术标准体系已基本搭建成型,支撑了公路养护的快速发展,为实现我国公路养护的全面标准化打下了坚实的基础。

(一)综合类

《公路技术状况评定标准》(JTG 5210—2018)、《公路养护工程管理办法》《公路养护工程施工招标投标管理暂行规定》《公路养护安全作业规程》(JTG H30—2015)等。

(二)检测评价类

《公路养护工程质量检验评定标准 第一册 土建工程》(JTG 5220—2020)、《公路桥梁技术状况评定标准》(JTG/T H21—2011)等。

(三)养护决策类

《公路养护工程市场准入暂行规定》《公路养护作业单位资质管理办法》《公路养护决策技术规程》(T/CECS G:M10-01—2020)等。

(四)养护设计类

《公路养护工程设计规范》(JTG 5410—2020)、《公路沥青路面养护设计规范》(JTG 5421—2018)等。

(五)养护施工类

《公路养护技术规范》(JTG H10—2009)、《公路水泥混凝土路面养护技术规范》(JTJ

073.1—2001)、《公路沥青路面养护技术规范》(JTG 5142—2019)、《公路隧道养护技术规范》(JTG H12—2015)、《公路沥青路面再生技术规范》(JTG/T 5521—2019)、《农村公路养护技术规范》(JTG/T 5190—2019)、《公路路基养护技术规范》(JTG 5150—2020)、《公路桥涵养护规范》(JTG 5120—2021)、《公路沥青路面预防养护技术规范》(JTG/T 5142-01—2021)等。

(六)造价类

《公路养护预算编制导则》(JTG 5610—2020)、《农村公路养护预算编制办法》(JTG/T 5640—2020)等。

第三节 公路养护资金

公路建设发展以高速度、高要求的形态呈现,公共需求发生深刻变化,公路养护管理事业面临前所未有的挑战。养护质量标准、技术质量标准全面提高,养护所需投入的人力、物力大幅增长,解决这些问题与公路养护费用征收来源密切相关。公路养护事业涉及面广,逐步得到各级交通运输主管部门的重视。宏观方面,交通运输部制定了《"十四五"公路养护管理事业发展纲要》,不少省级公路管理部门也制定了"十四五"公路养护事业发展规划,做到了宏观指导、规划先行;微观方面,交通运输部出台了相关养护预算、定额的编制办法,各省交通运输主管部门或者公路管理单位都配套出台了相关管理办法和定额标准,逐步开始实施养护工程定额化管理。

一、公路养护资金构成

公路养护费用是指公路投入使用之后,为维持或恢复其路面使用性能、保证行驶质量而进行的一切作业活动所支出的费用总和。

随着我国财税体制改革、公路养护管理体制改革、收费公路制度改革的不断深化和养护管理信息化发展,公路养护相关标准规范相继修订,公路养护新理念、新技术、新工艺、新设备、新材料不断涌现,交通运输部于2020年发布了《公路养护预算编制导则》,作为公路工程行业标准,自2021年1月1日起施行。《公路养护预算导则》中明确公路养护预算分为养护检查费、日常养护费、养护工程费,如图5-1所示。

二、公路养护资金来源

公路养护资金主要来源有燃油税、通行费、车购税"以奖代补"、交通专项资金、中央和地方财政投入及银行贷款等。

(一)燃油税

燃油税是费改税的产物,是为取代养路费而开征的,其实质是将原来的养路费转换成税,实行捆绑收费。由于原来的养路费一般是按吨位和运营收入两种计费方法收取,实际上是一种定额费。而对于用油大户尤其是汽车来说,燃油税通过将养路费捆绑进油价,将每辆汽车要交的养路费转换成税费,在道路等公共设施日益成为一种稀缺资源的大背景下,更多的体现了"多用多缴、少用少缴"的公平原则。

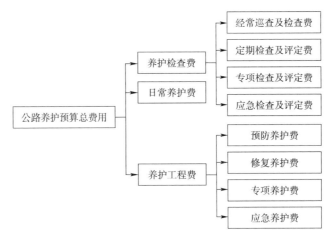

图 5-1　公路养护预算费用构成

2011 年,国家发改委、财政部、交通运输部发布的《关于进一步完善投融资政策促进普通公路持续健康发展的若干意见》(国办发〔2011〕22 号)明确地方财政、交通运输等部门可通过地方政府债券发行、中央车购税资金、成品油价格和税费改革转移支付增量资金及各类专项补助资金保证普通公路建设和养护需要。

全国乘用车市场信息联席会指出未来燃油车保有量剧烈萎缩后,国家税收的缺口仍将需要电动车税收体系的支撑。电动车的购买和使用阶段,乃至报废环节的征税是必然趋势。

(二)通行费

近年来,全国收费公路通行费持续快速增长,为公路养护与管理提供了比较稳定的资金保障。2015 年,交通运输部发布的《收费公路管理条例》修订稿中提出了使用车辆通行费养护收费公路。财政部及国家税务总局在 2016 年 8 月发布了《关于收费公路通行费增值税抵扣有关问题的通知》,对收费公路通行费增值税抵扣政策进行了明确,从而保证营业税改征增值税试点的平稳运行。

(三)中央转移支付及地方财政投入

1. 车购税"以奖代补"

2021 年,财政部、交通运输部对《车辆购置税收入补助地方资金管理暂行办法》(以下简称《办法》)进行了修订。《办法》规定车购税资金可用于普通省道、农村公路的养护工程。针对长期以来存在的"重建轻养""以建代养""只建不养"等问题,《办法》强化了政策绩效导向,采取"以奖代补"方式对普通省道、农村公路给予支持,重点考核建设任务完成情况、养护任务完成情况及地方财政投入情况,三类考核因素权重分别占 50%、30%、20%,相关设计体现了建养并重的理念,并引导地方政府加强养护管理,加大养护投入。

2. 交通专项资金

交通运输部每年从车购税中列支一定资金,专项补助农村公路、扶贫公路、陆岛公路、边境口岸公路、断头路、国道标准化美化(GBM)工程、文明样板路、危桥改造和公路网技术结构升级改造等建设支出。

3. 中央财政投入

目前,中央财政投入主要包括以工代赈和国家专项扶贫资金等渠道。这些资金渠道都是在一定时期内对于特定地区(农村贫困地区)的特殊政策,尽管对于贫困地区农村公路的发展起到了重要作用,但并不是公路发展持续、稳定的资金渠道。

4. 地方财政投入

地方财政投入是指省、市、县、乡各级政府从其地方财政收入中拨出,用于公路管养的资金,目前主要用于省道和农村公路养护。

(四)其他资金渠道

1. 银行贷款

为了促进普通公路事业的快速发展,许多地区在组织公路改扩建工程时,除依靠养路费、财政投入等渠道外,还普遍安排了相当规模的商业银行贷款,每年养护资金计划中不足部分也通过银行贷款补充。

2. 建养一体化筹措资金

建养一体化是指从建设和养护一体化角度出发,综合采用工程经济和管理等手段,以最优化的方式达到工程所需的服役性能,在建设中融入养护需求,从全寿命期的角度考虑设计方案,是工程从使用阶段的安全设计发展到全寿命期的综合决策。建养一体化创新了融资建设模式,有效地解决了建养分离,资金短缺匮乏的问题。

3. 普通公路养护奖补资金

2021年,财政部、交通运输部联合印发《政府还贷二级公路取消收费后补助资金管理暂行办法》,对中央财政安排的、用于奖励和支持地方开展普通公路养护工作的共同财政事权转移支付资金(以下简称奖补资金)使用等作出规定,明确了奖补资金的测算原则以及各类公路的奖励门槛等,进一步提升普通公路养护质量水平。各省份具体奖补资金将根据该省份普通国道、普通省道和农村公路的里程、养护成效、养护成效提升水平、财政困难系数及相关权重,按照奖补资金测算公式核定,适当向农村公路倾斜。年度奖补资金采取先预拨、后清算的方式下达。奖补资金由各省份统筹用于各类普通公路养护,不得列支管理机构运行经费和人员等相关支出,并向川藏铁路等国家重大工程配套公路养护倾斜。

4. 其他渠道

除以上几种较为主要的资金渠道外,还存在其他一些资金筹资方式,如社会捐赠、企业投资、拍卖冠名权等。

公路养护资金的使用要加强预算管理及技术经济论证,建立健全内部控制制度,从源头上防范各类风险,保证项目的投资效益和资金使用效益。

第四节 公路养护市场化改革

目前,我国公路网络已基本形成,大规模建设后必然带来繁重的养护任务,公路养护已由传统的"抢修时代"过渡到"全面养护时代"。随着大规模公路养护时代的到来,公路养护市场的发展壮大和规范有序运转,已成为未来行业持续健康发展的基础之一。

一、公路养护市场化改革意义

国内从 1995 年开始进行公路养护市场化改革探索。2003 年,交通部发布《公路养护工程市场准入暂行规定》和《公路养护工程施工招标投标管理暂行规定》,市场化改革在全国范围逐步铺开。随着公路养护市场的不断发展,各地先行先试,出台了地方养护资质管理的相关制度,大大加快了公路养护市场领域的开放速度,尤其是部分地区通过市场准入逐步引入了企业和民间投资,在促进公路养护市场规范发展方面发挥了积极作用。

(一) 激发市场主体活力,加快转变政府职能的客观需要

2011 年以来,国家出台了《中共中央国务院关于分类推进事业单位改革的指导意见》《国务院办公厅关于印发分类推进事业单位改革配套文件的通知》《中共中央关于全面深化改革若干重大问题的决定》《中央编办关于开展综合行政执法体制改革试点工作的意见》《关于推进中央与地方财政事权和支出责任划分改革的指导意见》《关于开展承担行政职能事业单位改革试点的指导意见》《关于从事生产经营活动事业单位改革的指导》《中共中央国务院关于新时代加快完善社会主义市场经济体制的意见》《关于构建更加完善的要素市场化配置体制机制的意见》等一系列关于改革的重要政策,改革力度前所未有,改革逐步进入深水区。

为构建新发展格局,必须要推进深层次改革。进一步推动管养分离、事企分离,激发各类市场主体活力,建设高标准市场体系,提高养护效率、推动技术进步。以具有竞争力的企业制度,激发企业发展创新的潜能,为构建新发展格局提供支撑。

(二) 提升公路行业治理能力和水平的现实需要

目前,在政策更加成熟、环境需求更加迫切的大背景下,需要通过加快公路养护市场化进程,创造良好的市场环境,保障养护市场良好运行,结合交通运输行业事业单位改革,高起点谋划未来养护市场准入管理,分类管理公路养护人员资格,提升养护队伍专业能力等措施,确保养护市场稳定发展。

通过落实国家推进改革的相关要求,构建有利于激发养护市场活力、规范养护市场行为的法规体系,制定有利于促进行业调整结构、提质增效、转型升级的政策措施,进一步提升行业治理能力,提高政府行政效率、增强行业监管能力,使行业宏观调控更加精准、法治建设更加全面、政务服务更加高效。

(三)形成全国统一开放公平竞争的公路养护市场的迫切需要

2016年,中共中央办公厅、国务院办公厅出台《关于从事生产经营活动事业单位改革的指导意见》,不少地方从事公路养护工作的事业单位逐步改制转企,公路养护市场化程度和养护工程效率进一步提高。经过多年的努力,我国公路养护市场培育富有成效,各地在实践中积累了丰富经验,但全国尚无统一的公路养护作业单位资质类别和条件,养护市场滞后于"放管服"改革要求,养护工程企业跨省作业需要重新申请当地资质或者进行审批备案,客观上造成地方准入壁垒,已不适应国家关于优化营商环境,促进市场自由流动。进一步推进"放管服"改革,有利于推动形成统一开放公平竞争的公路养护市场。

二、公路养护市场化改革措施

(一)管养分离,政企分离

2021年9月,交通运输部出台《公路养护作业单位资质管理办法》(交通运输部令2021年第22号)。《公路养护作业单位资质管理办法》于2022年1月1日施行,全面指导公路养护市场规范管理工作,促进市场要素合理流动,维护公共利益和养护市场秩序,保证公路养护工程质量和安全,促进公路养护高质量发展。

坚持财力和事权相匹配。一级政府对应一级事权,国道、省道、农村公路发展的责任落实到明确的政府层级。中央、省市县各级政府在公路管养中承担的任务分工应与其责任相对应,权力和责任相一致,财力和事权应相统一。公路发展不能够"财力在上,事权在下",也不能"事权在上,筹资责任在下",做到责权明确,责权统一。

推进管养分离与事企分离,剥离目前的公路管理机构所具有的行政管理职责以及养护生产职责,积极推行公路养护的市场化管理,不断提升养护的效率。直接从事养护工作的员工纳入到资产重组后能够独立经营和自负盈亏的公路养护企业之中,通过招投标形式和政府部门签订各路段的养护合同。公路养护企业与公路管理部门相互之间具有平等的合同关系,而不是行政上的隶属关系。

省级交通运输主管部门主要承担行政职能,包括行政许可、行政处罚、行政强制、行政检查、行政确认、行政裁决、其他行政权力等,同时承担包括全省国道和省道基础设施养护和运营管理等相关政策、规章制度和技术标准并监督实施,负责编制全省国道和省道养护相关资金计划并监督实施,负责管理和监督全省公路养护市场,负责监督管理公路养护工程质量安全和定额、造价控制等有关工作,负责指导、监督、协调全省国道和省道路网运行监测、抢通保通相关等相应养护职能。

市级公路管理部门无政策、标准、规范方面的相关职能,主要承担本辖区规划、计划、养护、工程、质量管理、收费服务监管、市场管理、安全应急、路网管理等行政辅助工作。

(二)统一领导,分级管理

公路养护工程管理工作实行统一领导、分级管理。交通运输部主要负责全国养护工程管理工作的指导和监督,地方各级交通运输主管部门依据省级人民政府确定的对国道和省道的管理职责,主管本行政区域内的养护工程管理工作。公路管理机构负责公路养护工程的监督管理工作,公路养护作业单位和公路经营企业主要组织实施养护过程。

(三)宏观决策与微观执行分离

宏观决策是政府的核心职能之一,包括政策法规制定、路网规划、项目审批等。微观执行是根据宏观决策所进行的组织和实施工作。公路管理部门依照"公开、公平、公正"的原则,建立市场规则,逐步培养养护作业市场,使养护作业按照市场机制有序运作,使政府管理职能得到充分体现,而养护企业要提高竞争意识,增强积极性和主动性,为养护作业带来活力,以达到降低养护成本,提高养护质量的目的。宏观决策和微观执行的分离,将促使政府的职能从微观管理向宏观管理转变,有利于精简政府职能和机构,提高政府机构的工作效率;有利于转变公路管理的事业职能,使事业单位集中精力从事公路事业管理及政府赋予的行业管理;有利于建立监督机制,增强政府决策及其实施的透明度和规范性,提高宏观决策和微观实施的质量与效率。

第五节 公路养护管理新理念

随着经济社会快速发展、公路网规模迅速扩大、公众出行需求提升,公路养护工程的内涵和外延都发生新变化。公路养护的一个主要目标就是为社会提供一个安全、舒适、快速和经济的运输通道。随着时代的发展,对于公路养护的精细化标准也趋于严格和规范,加快构建现代公路养护体系,推动预防为主、科学养护、实现公路全寿命周期最优的养护理念,推行养护决策科学化、养护管理制度化、养护工程精准化、养护生产绿色化是公路养护事业的发展方向,也是公路交通转型升级、服务交通强国的必由之路。

一、预防性养护理念

(一)预防性养护内涵

预防性养护指的是在公路还没发生损坏,或者公路出现轻微的病害时采取一定的措施进行的路面养护,将公路养护的重点放在预防方面,在公路养护的过程中充分贯彻"防"重于"治"的方针。其实质是在适当的时间,将适用的技术措施,应用在适宜的路面上。其核心思想是基于全寿命周期养护成本理念,要求采用最佳成本效益的养护措施,强调养护管理的主动性、计划性、合理性。

(二)预防性养护优势

1. 有利于保持较好路况水平

传统的改正性养护策略是等路面损坏蔓延到了必须维修的程度后才采取相应措施。进行路面改正性养护时,路面经常处于较差的服务状况。而采取预防性养护是当路面还处于良好使用状况时,就采取预防性养护措施,及时阻止路面状况的急剧下降。这种举措不仅能获得更长的道路使用寿命,而且在路面使用寿命期间,始终能维持较好的道路服务水平,由此产生良好的社会和经济效益。

2. 有利于降低全寿命周期总体费用

预防性养护是一种主动性的养护策略,它根据路面的状况有计划地采取预防措施来对道路进行养护,改变了过去在路面损坏后才采取措施的被动状况。另外,进行预防性养护的养护费用可以平摊在各年份内,养护管理部门也可以有计划地调配资金。美国亚利桑那州公路部门就公路养护费用曾做过如下比较。

(1)铺筑完沥青混凝土路面后,中间不做任何的维修与养护,通车20年后,进行路面翻修;

(2)铺筑完沥青混凝土路面后,在通车10年后,做一次修补性养护,然后再做一次沥青混凝土罩面;

(3)按预防性养护的要求,对于已铺的沥青混凝土路面,根据路面检测结果,及时、定期地做预防性养护。

对三种维修养护方式的经济分析表明,第一种方式的养护费用是第三种的163%,第二种方式为第三种方式的155%。采用预防性养护可以节约资金三分之二以上。因此,预防性养护是所有养护方式中最经济的,这也是今后公路养护工作的主要发展方向。

3. 有利于减少养护作业对交通通行的影响

改正性养护往往对路面进行翻修以恢复其使用功能,施工难度规模都较大,费时费力,对交通的影响也较大,在某些地区进出往往只有一条主要公路,采取改正性养护措施时造成的社会影响则更大。预防性养护施工则比较简单、快速,如微表处技术只用一种专用施工机械(如改性稀浆封层机),以较少的劳动力(每机配6~8人),20分钟即可修复完2000m^2以上的沥青路面,并且最短可在半小时以内开放交通,十分快速、方便,而且,由于路面始终处于良好的技术状况,减少了紧急养护的必要。

(三)预防性养护关键技术

预防性养护就是在适当的时机选择适当的路段,采取适当的技术对路面进行预防性的养护,以保证路面处于良好的使用状态。目前广泛应用的沥青路面预防性养护措施有表面涂刷沥青再生、雾封层、裂缝填封、稀浆封层、微表处、石屑封层、热拌沥青混合料薄层罩面等,它们都各有特点和适用条件。决策者要做的就是针对不同路况,结合施工条件选择最佳的养护措施。

1. 水泥混凝土路面

水泥混凝土路面具有强度高、耐久性好、日常养护工作量小等优点。然而,随着目前高速公路车辆超载现象日益严重,超载车辆给水泥混凝土路面造成了十分严重的破坏,水泥混凝土路面一旦损坏,修复非常困难,这必然会加大路面改造的难度和养护管理工作的繁重程度。因此,加强预防性养护将成为高速公路水泥混凝土路面养护管理的一项重要工作。水泥混凝土路面常见预防性养护措施有裂缝填封、金刚石研磨、传荷恢复、全深度修补、钻孔压浆处治法、刻槽等。

2. 沥青混凝土路面

沥青混凝土路面由于具有良好的力学性能、较好的耐久性和行车舒适性,是我国等级公路的主要路面形式。但是,在经受繁重的轴载负荷和密集交通量反复作用的同时,沥青路面还要常年经受气候、环境的影响,导致路面使用品质呈逐年下降趋势,因此,延缓病害发展、延长路面使用寿命、保持较好的路面使用品质、降低公路养护成本是公路沥青路面养护管理的首要和主要的任务。

目前国内沥青路面的预防性养护措施主要有四大类:一是表面封层类,包括雾封层、还原剂封层、碎石封层、稀浆封层、微表处、复合封层等。二是薄层罩面、超薄罩面类,包括 NOVACHIP(超薄磨耗层)系统罩面技术、法国 UTA 罩面技术、温拌超薄罩面技术等。三是裂缝封缝类。四是表面涂刷类。

3. 桥梁预防性养护

桥梁预防性养护即通过对桥梁进行检查,拓宽人们对于桥梁早期病害的认识空间,提前发现桥梁中存在的隐形病害或预测桥梁可能出现的病害,在桥梁构件仍处于良好状态而且出现可见性退化之前,为了控制病害的发生或延缓病害的进一步扩展,在不增加结构承载力的前提下,针对各种病害,施以正确的预防性养护措施,使桥梁的总体功能状况得到改善,桥梁的服务水平得到提升。

常见的桥梁预防性养护措施有伸缩缝更换、裂缝填封、表面空洞填充处理法、碳纤维加固技术、粘贴钢板加固技术、加大截面加固技术等。

二、绿色养护理念

(一)绿色养护内涵

绿色养护是绿色公路建设理念的重要组成部分,是在公路养护及运营的全寿命周期过程中,坚持"修旧利废、节约资源、保护环境、安全运营、提升服务"的原则,以实现控制资源占用、减少能源消耗等要求,确保公路养护与环境保护共同发展。

(二)绿色养护优势

绿色养护运用符合资源节约、节能减排的养护技术,建立低消耗、低污染、高效率的养护新模式。兼顾经济效益与社会效益,充分利用新技术、新工艺、新材料、新设备,以最少的能源消耗,获取最优的养护成效,从而推动公路养护高质量发展。

(三)绿色养护理关键技术

绿色养护充分利用"四新"技术推进公路养护的低碳环保和降本增效。绿色养护技术除包括预防性养护技术外,还包括路面再生技术、节能技术等。

1. 路面再生技术

路面的再生技术主要是对于公路养护过程中的废旧材料,通过以下方法重复利用。

(1)沥青路面热再生技术

沥青路面热再生技术是将旧路面铺层材料通过使用现场加热机和再生机进行就地加热软化,铲起路面废料,增加适当的新拌沥青混合料和再生剂进行机内热搅拌,随即摊铺、熨平、辗压,形成新的路面结构。

沥青路面热再生技术分为厂拌热再生和现场热再生技术。厂拌热再生技术是将旧沥青路面用普通铣刨机铣刨后,运回搅拌厂储存备用,通过集中破碎、筛分并分析旧料中沥青含量、沥青老化程度、碎石级配等指标,根据公路路面不同层次的质量要求,进行配合比设计,确定旧沥青混合料的添加比例,掺入一定数量的新集料、沥青和再生剂(必要时)进行拌和,成为达到规范规定的各项指标的新混合料,从而获得优良的再生沥青混凝土,最后按照与新建沥青路面完全相同的方法重新铺筑。

(2)冷再生技术

冷再生技术是指充分利用现有沥青道路旧铺层材料(面层与基层),必要时加入部分新骨料,并按比例加入一定量的添加剂(水泥、沥青结合料等),在自然环境温度下就地连续地完成材料的铣刨、破碎、拌和、摊铺及压实成型的路面改造方法。根据沥青结合料不同,冷再生技术可以分为乳化沥青冷再生技术和泡沫沥青冷再生技术。

(3)温再生技术

温再生技术就是采用专用的旧地温再生设备,对喷洒了软化再生剂的沥青路面进行软化、耙松、收集,经拌和、摊铺、碾压等工序,快速实现对表面一定深度范围内的旧沥青混凝土路面再生的技术,包括整形温再生、复拌温再生及局部修复三种方式。温拌再生技术利用掺加温拌改性剂,调整沥青黏度的方式,达到降低混合料施工温度及节能环保的目标。

2. 水泥路面"白改黑"技术

水泥路面"白改黑"技术就是水泥混凝土路面上加铺沥青混凝土面层的改造工程。要充分调查原路面的使用状况,将调查得出的基本资料数据进行统计。接着根据公路的等级要求和相关的设计规范,明确加铺何种沥青混凝土结构。目前,在路面改造工程中常用的白改黑技术有三种不同方案。

(1)首先将破损的水泥混凝土路面彻底挖除,其次对基层和地基采取处理或补强措施,最后在上面使用沥青混凝土加铺一层路面结构层,以达到白改黑的效果。

(2)在不挖除旧路面的基础上,尽量保留原有的水泥混凝土路面,在对其进行适当修补或增设补强层后在上面加铺沥青混凝土路面结构层。这种方案中的路面结构层有旧水泥混凝土板块断裂、处治、冲击压实+补强层+沥青混凝土加铺层和旧水泥混凝土路面处治+土工合成材料+沥青混凝土加铺层两种不同形式。

(3)多锤头碎石化技术。该技术的工作原理是利用多个锤头的自重,使锤头交叉起落均匀冲击路面,在牵引车的缓慢行进中,将混凝土板破碎成碎块。根据地基与面板强度来调整行车速度,从而调整锤头落距,以控制板块破碎程度。然后用Z形压路机进行压实。

3. 节能技术

随着科学技术的不断发展,新型节能技术、节能材料越来越多,通过充分利用新技术、新材料,不仅能降低公路的运营成本,还能为车辆安全运行保驾护航。如在路面安装太阳能光控凸起导向标,降低夜间事故率;在隧道内安装反光环或涂抹瓷化涂料,改善隧道内能见度差、视野不清晰的问题。

三、智慧养护理念

(一)智慧养护内涵

"智慧养护"是"智慧公路"概念的一个细分和重要组成部分,它构建在道路全寿命周期养护理论基础上,基于当前快速发展的人工智能、物联网、云计算、大数据等新一代信息技术,结合"精细管理、精准服务"理念,集成人员、业务、技术、物资、装备、数据、模型等,实现对公路养护全过程、全要素的科学化、智能化、主动式、预防性管理,是公路养护发展历史上的一次颠覆性革命。

"智慧养护"利用新一代的信息技术代替传统的养护管理模式,让智能感知、机器视觉等技术代替人的眼睛和耳朵,让5G、物联网等代替人的神经网络,并将道路上的各类信息及时、全面、准确地传输到能够自主学习、思考的人工智能大脑,辅助甚至代替公路管理者进行科学决策,从而全面提升道路的使用性能和车辆的通行质量。

(二)智慧养护优势

"智慧养护"建设可以提升公路养护资金的利用效率,通过道路的全寿命周期管理,降低公路养护成本;延长道路使用寿命,提升道路性能指标,为公众提供更加安全、可靠、舒适的行车环境;加快交通事故、特殊天气等突发事件的反应和处置速度,最大限度地降低负面事件对车辆通行的影响;提供精准化的信息服务,通过各种渠道及时、准确地发布占路、阻断、灾害等信息,为公众出行提供精准、优质的信息服务。

(三)智慧养护关键技术

智慧养护主要是利用"互联网+"公路养护技术手段,构建智慧公路养护管理系统,结合各养路站点录入的数据及道路巡查采集并上传至系统的现场巡查问题,将公路养护的各类实时状态、维修等情况展现出来,通过平台就能进行各类查询和检索,并以图、文、表的形式清晰、直观展示,为决策者提供强有力的数据分析及决策依据,实现养护管理精细化、数字化、网格化。

"互联网+"在公路养护行业主要应用在公路巡查管理、养护日常管理、内业资料管理、养护质量管理等多方面。

1. "互联网+公路巡查"管理

养护道班巡路人员携带移动终端开展道路巡查,其巡路轨迹自动生成并实时向系统上传,公路管理部门可随时掌握巡路人员行进位置、巡路轨迹等情况。

2. "互联网+养护日常"管理

公路巡查人员发现公路病害、设施毁损、应急突发等情况时,通过移动终端将有关问题现场图片、情况描述、地理位置等信息快速推送至管理平台。公路段生产管理部门通过管理平台及时、直观、详细地了解公路病害等问题的具体情况,并根据病害的性质、数量等,通过平台向各养护作业单位下达生产任务单。养护作业单位按照任务单进行维修作业,并利用移动终端上传养护作业过程的影像资料。公路段管理人员通过管理平台对公路病害等问题从发现、上报、任务派发、维修、验收、计量等各个环节进行监督考核。分局养护管理部门根据各公路段日常巡路轨迹、公路状况图片和养护作业数据等情况进行分局层面的养护计划安排及监督考核。

3.互联网+内业资料管理

将养护工作考核标准纳入系统,比如巡路日记、生产日记、工人劳动考勤记录表、生产成绩统计表等,系统自动对公路日常养护过程中输入的各类数据进行整理、汇总和统计,保证内业资料的真实性和数据准确性。

4.互联网+养护成本管理

系统自动对养护工人出勤、材料和机械设备使用等数据进行详细的统计,对养护作业人、机、料投入情况进行有效分析,为养护成本控制和养护资金合理及优化使用提供科学的数据支撑。

第六节　公路养护安全管理

公路的养护安全是公路后期运行过程中比较重要的工作内容,不仅对交通运输事业的发展有着重要的影响,还与人们的安全出行有着密不可分的关系。为深入贯彻安全生产工作的重要指示精神,及时消除各类事故隐患,防范各类安全生产事故发生,国家出台了《中华人民共和国公路法》《公路安全保护条例》《收费公路管理条例》等一系列法律法规。交通运输部贯彻"以人为本,以车为本"的道路交通服务理念,持续完善管理制度体系,制定出台了《公路养护工程管理办法》《公路水运工程安全生产监督管理办法》《公路养护安全作业规程》(JTG H30—2015)、《公路交通安全设施设计规范》(JTG D81—2017)、《公路交通安全设施施工技术规范》(JTG/T 3671—2021)、《公路桥梁养护管理工作制度》《公路长大桥隧养护管理和安全运行若干规定》《关于进一步加强公路桥梁养护管理的若干意见》等一系列文件,并开展了一系列专项行动及工程,实现了提高公路行车安全水平、降低交通事故率和重大事故发生率的目标。

一、公路安全生命防护工程

为全面提升公路安全水平,切实维护人民群众生命财产安全,2014年,国务院发布了《国务院办公厅关于实施公路安全生命防护工程的意见》,部署在全国实施公路安全生命防护工程。其目标要求为:在2015年底前,全面完成公路安全隐患的排查和治理规划的工作,健全完善严查超限超载的部门联合协作机制,并率先完成通过客运班线和接送学生车辆集中的农村公路急弯陡坡、临水临崖等重点路段约3万km的安全隐患治理。2017年底前,全面完成急弯陡坡、临水临崖等重点路段约6.5万km农村公路的安全隐患治理。2020年底前,基本完成乡道以上行政等级公路安全隐患治理,实现农村公路交通安全基础设施明显改善、安全防护水平明显提高,公路交通安全综合治理能力全面提升。交通运输部按照《国务院办公厅关于实施公路安全生命防护工程的意见》确定的目标要求,以及部"十三五"公路发展规划确定的规划目标,坚持目标导向,加强组织领导,严格按照部分解的年度目标任务,进一步加大实施力度,保障资金投入、细化工作措施、强化责任落实,保证了"十三五"目标任务顺利完成,增强了人民群众获得感、幸福感、安全感。

二、公路危旧桥梁改造行动

为进一步提升公路桥梁安全耐久水平,交通运输部自2001年起组织实施了公路危桥改造工程,"十三五"以来,各级交通运输主管部门扎实推进公路安全生命防护和危桥改造工程实施,一批安全隐患路段得到有效整治,桥梁结构安全水平不断提升,公路安全通行环境持续改善,取得明显工作成效。

"十四五"期间,交通运输部坚持目标导向与问题导向,把公路桥梁安全耐久提到更加突出的位置,部署了公路危旧桥梁改造行动,计划到2025年,基本完成2020年底存量四、五类桥梁改造;构建长大桥梁结构健康监测体系,力争三年时间完成长大桥梁结构健康监测系统全覆盖,进一步提升长大桥梁安全运行水平。

三、提升公路桥梁安全防护和连续长陡下坡路段安全通行能力专项行动

为坚决遏制交通运输事故多发频发势头,确保安全生产形势稳定,"十三五"期间,交通运输部开展提升公路桥梁安全防护和连续长陡下坡路段安全通行能力专项行动,在全国范围内开展风险排查和评估,深入辨识主要风险类型和风险致因,科学评估运营安全风险等级,采取措施,分级分类处置,达到风险可控、防范有效、运行高效的目标。

四、干线公路灾害防治工程

为提高公路的抗灾能力、通行能力和行车安全水平,"十三五"期间,交通运输部坚持"安全第一,预防为主,综合治理"的原则,开展干线公路灾害防治工程,按照轻重缓急的原则,统筹安排灾害防治工程年度实施计划,积极尝试公路灾害隐患监测和防治"四新"技术运用,开展边坡预防预警体系建设,提升公路灾害治理技术水平。

为贯彻落实国务院第一次自然灾害综合风险普查要求,"十四五"期间,交通运输部将继续开展干线公路灾害防治工程,开展自然灾害综合风险、公路承灾体普查工作,并以自然灾害综合风险、公路灾体普查结果中风险等级评估为Ⅰ级、Ⅱ级的普通干线公路灾害风险点(段)为重点。

五、国家公路网命名编号调整工作

为规范和指导国家公路网命名编号调整专项工作,统一技术要求,更好地发挥国家公路网服务人民群众便捷出行的作用,交通运输部于2017年印发了《国家公路网交通标志调整

工作技术指南》,并于2018年印发了《关于开展国家公路网命名编号调整工作的通知》(交公路发〔2018〕27号),对国家公路网命名编号调整做了全面部署。本次调整工作除完善路线编号、行驶方向、控制性地点和距离等四大信息外,提出了多路径公路指引、间接到达信息指引、双标识信息指引的方法,基本实现了既定的"四个一"目标。即构建了一个统一规范、清晰完善的公路网标识体系;形成了一套技术先进、科学智能的数字化路网管理系统;建成了一张满足社会公众出行新需求的公路信息服务立体网络;营造了一个高效便捷的公路交通出行环境。

命名编号调整后,每个城市绕线环线均有全国唯一的编号,每条国家公路均有独立名称,每个重要道路节点均有明显的标志,确保上路司机认得清、看得懂、行得通、走得对。

六、公路交通标志标线优化提升专项工作

为适应公路路网发展新需求,不断提高公路网整体运行效能。2021年,交通运输部开展公路交通标志标线优化提升专项工作,对在用和在建公路交通标志标线开展排查评估和优化提升。建立公路交通标志标线适应性评估工作机制,严格执行国家和行业标准规范中交通标志、标线有关信息内容、颜色、形状、字符、图形、尺寸等强制性要求,连续传递规范化信息。强化长效机制建设,督促落实交通标志标线建设和管理主体责任,进一步完善交通标志标线变更申请、审查、调整程序。公路交通标志标线优化提升专项工作进一步优化高速公路、新旧公路并行交汇以及交通组织复杂等路段交通标志标线信息指引,提升了公路交通安全和服务水平。

七、公路安全设施和交通秩序管理精细化提升工程

为深入贯彻落实"人民至上、生命至上"理念,促进公路交通安全形势持续稳定向好,2022年2月,交通运输部、公安部共同制定了《公路安全设施和交通秩序管理精细化提升行动方案》,提出构建"政府主导、部门联动、路警协同、多方共治"的工作格局,坚持"问题导向、系统思维、精准施策、标本兼治"的工作原则,推动公路交通安全设施从"有没有"向"好不好"转变,促进交通秩序管理从"粗放式"向"精细化"转变,力争到2025年底,实现公路"安全保障能力系统提升、安全管理水平显著提升、交通事故明显下降"的目标,为人民群众出行创造更加安全的公路交通环境。

第六章 公路路政管理

公路路政现代化管理是建设交通强国的重要组成部分,我国《交通强国建设纲要》要求路政管理必须现代化。维护好、运行好公路路政管理,关系到"现代化综合交通"战略目标的实现,更关系到我国交通治理体系与治理能力的现代化水平。

第一节 公路路政管理改革以及现行体制

一、交通运输综合行政执法改革对公路路政的影响

近年来,我国交通运输行业迅速发展,交通运输综合行政执法体系不断完善,改革开放后,交通运输行政执法包括道路运政、公路路政、航道行政、港口行政、水路运政、海事管理、工程质量监管7个执法门类,执法模式较为分散,服务途径不够全面,工作流程执行不够规范。因此,推进交通运输综合行政执法改革,形成适应经济社会发展的路政管理体系具有重要意义。

1994年,国务院印发《国务院关于禁止在公路上乱设站卡乱罚款乱收费的通知》,重庆作为改革试点省市之一,启动高速公路综合行政执法的探索和试点工作。重庆在交通部门成立高速公路综合执法大队,全面履行高速公路的道路运政、公路路政、交通安全等行政执法职能,实施交通综合行政执法。重庆高速公路综合行政执法改革在全国交通运输综合行政执法改革的推进过程中承担了"先行先试"的任务,从1994年的局部试点,到2005年在全市推开,重庆不断规范执法行为,切实改进管理手段,积攒了十余年的宝贵经验。

在重庆试点改革的同时,中央层面也在不断推动交通运输综合行政执法改革工作。2003年,交通部确定了重庆和广东作为部推进综合行政执法改革试点省份。2005年6月,重庆市交通行政执法总队挂牌成立。2007年7月,广东省交通厅综合行政执法局挂牌成立。2010年12月,福建省交通综合行政执法总队挂牌成立。在重庆、广东、福建等地开展交通运输综合行政执法改革试点的同时,北京、河南、江苏、西藏等地也在不同领域和地方对综合行政执法改革进行了探索和试点。

2018年11月27日,中共中央办公厅、国务院办公厅印发了《关于深化交通运输综合行政执法改革的指导意见》(以下简称《指导意见》),《指导意见》指出将交通运输系统内公路路政、道路运政、水路运政、航道行政、港口行政、地方海事行政、工程质量监督管理等执法门类的行政处罚以及与行政处罚相关的行政检查、行政强制等执法职能进行整合,组建交通运输综合行政执法队伍,以交通运输部门名义实行统一执法。全国陆续撤销路政、运管,很多地方先后都成立了交通运输综合执法局,取代了以前的路政局和运输管理局,改革后,综合执法经费列入同级政府财政预算,严格执行罚缴分离和收支两条线管理制度,严禁罚没收入

第六章 公路路政管理

同部门利益直接或者变相挂钩。自此,全国交通运输综合行政执法改革系统谋划、全面推进,进一步明确了执法职能、职责。

随着2022年12月27日湖北省交通运输综合行政执法局(湖北省交通运输综合行政执法总队)正式挂牌,我国省级层面交通运输综合执法改革取得阶段性成果。从省级层面看,目前交通运输综合执法改革大体可分为两大类。第一类,在省级交通运输主管部门下设直属专门综合行政执法机构,强化省级综合统筹协调和监督指导职能。北京、天津、内蒙古、上海、重庆、四川、山西、西藏组建省级综合行政执法总队;河北、吉林、黑龙江、江苏、安徽、江西、山东、湖北、广西、贵州、云南、青海、宁夏、新疆组建省级行政执法(监督)局,由独立执法机构承担相应执法职能。第二类则是将省级承担的交通运输行政执法职责,交由省交通运输厅内设机构承担,不再保留省级执法队伍。其中,福建、河南、广东、海南、甘肃在省交通运输厅内设行政执法(监督)局(处);辽宁、湖南、陕西、浙江、新疆生产建设兵团则将综合执法职能划归到现有厅(局)机关内设处室,负责指导、监督全省交通运输系统内执法工作。交通运输综合行政执法改革推进情况见表6-1。

交通运输综合行政执法改革推进情况 表6-1

序号	地区	机构名称	机构职能
1	北京	北京市交通运输综合执法总队	(1)整合了交通运输系统内公路路政、道路运政、水路运政、航道行政、港口行政、地方海事行政、工程质量监督管理等执法门类的行政处罚以及与行政处罚相关的行政检查、行政强制等执法职能; (2)在原有执法机构基础上,新增了负责路政执法、大兴国际机场执法、城市公共汽电车执法、行业网络执法、道路工程质量监督执法的内设机构
2	天津	天津市交通运输综合行政执法总队	整合了公路路政、道路运政、城市客运管理、交通工程质量监督管理、轨道交通运营监督管理等方面的执法职责
3	河北	河北省交通运输综合执法监督局(河北省高速公路路政执法总队)	(1)统筹协调和监督指导全省交通运输系统公路路政、道路运政、水路运政、航道行政、港口行政、地方海事行政、工程质量安全监督管理7个执法门类的行政处罚以及与行政处罚相关的行政检查、行政强制工作; (2)参与拟订交通运输综合行政执法相关政策和标准; (3)以省交通运输厅名义查处交通运输领域重大案件、承担省管高速公路领域交通运输综合行政执法事项以及法律法规规定应当由省级承担的交通运输综合行政执法事项; (4)组织协调跨区域交通运输综合行政执法工作,按程序调用市、县交通运输综合行政执法队伍人员力量; (5)指导全省交通运输综合行政执法队伍建设和信息化建设有关工作等; (6)完成河北省交通运输厅交办的其他任务

续上表

序号	地区	机构名称	机构职能
4	山西	山西省交通运输综合行政执法局（山西省高速公路综合行政执法总队）	承担公路路政、道路运政、城市客运管理、交通工程质量和安全监督管理、地方海事行政、水路交通管理、民航机场管理等执法职能
5	内蒙古	内蒙古自治区交通运输综合行政执法总队	(1)宣传贯彻国家和自治区公路路政法律、法规、规章和相关政策，参与拟订自治区公路路政事业发展规划、政策、标准； (2)承担自治区高速公路和自治区本级权限内的一级公路的路政执法工作，依法保护路产，维护路权； (3)承担管辖公路路政执法队伍管理工作，研究制定管辖公路路政执法工作的业务规范和管理制度，组织实施培训、考核、执法等工作； (4)对管辖公路两侧建筑控制区、公路安全保护区进行监督管理，查处各类违反路政管理法律、法规、规章等违法行为； (5)承担管辖公路超限治理工作，依法查处违法超限运输行为； (6)承担收集、利用管辖公路路况信息、车辆通行视频监控、通信等大数据信息，分析统计公路路况、路产损坏等工作； (7)开展非现场路政执法和移动执法，协调指挥调度处理管辖公路突发应急事件等工作； (8)承担管辖公路收费方面的行政处罚以及相关行政检查等工作； (9)承担管辖公路路政执法工作方面的信访、投诉举报等工作
6	辽宁	在辽宁省交通运输厅行政审批处加挂执法监督处牌子，不设省级执法机构	承担公路路政、道路运政、水路运政、航道行政、港口行政、地方海事行政、工程质量监督、船舶检验监督、渔业船舶检验监督等执法职能
7	吉林	吉林省交通运输综合行政执法局	(1)全省交通运输领域重大案件的查处和跨区域执法的组织协调工作； (2)负责公路路政、道路运政、水路运政、航道行政、港口行政、地方海事行政、交通工程质量监督管理等法律法规明确由省级承担的行政执法工作； (3)负责全省通航河道航道行政执法工作； (4)负责全省高速公路的路政运政执法、运行管理及运营服务监督和执法、应急指挥等工作； (5)监督指导全省交通运输综合行政执法体系建设和执法工作

续上表

序号	地区	机构名称	机构职能
8	黑龙江	黑龙江省交通运输综合行政执法局	(1)负责全省交通运输领域重大案件的查处和跨区域执法的组织实施工作； (2)全省省管高速公路(含一级公路)的路政、运政执法及高速公路养护、运营情况的监督工作； (3)中俄界河水路运政执法、港口行政执法工作和全省通航河流航道行政执法工作； (4)省管公路、水路工程质量与安全监督管理行政执法工作； (5)法律法规明确规定由省级交通运输部门承担的综合行政执法职责
9	上海	上海市交通委员会执法总队	(1)主要承担本市公路路政(包括市属城市道路路政)、道路运政、水路运政、航道行政、港口行政、地方海事行政等交通业态的行政处罚以及与行政处罚相关的行政检查、行政强制等执法职责； (2)承担本市交通运输领域内重大、跨区域等案件查处工作，加强对郊区各区交通委执法大队的业务指导，并承担徐汇区、长宁区、普陀区、静安区、虹口区、杨浦区、黄浦区等中心城区交通运输行政执法职责及其他法定职责
10	江苏	江苏省交通运输综合行政执法监督局	(1)贯彻执行国家和省有关交通运输的方针政策、法律法规，负责交通运输行业行政执法监督工作； (2)承担省级道路、水上、工程质量和交通建设的执法监督检查、行政处罚和行政强制工作； (3)组织查处重大违法案件，承担急难重及跨区域的执法任务的组织协调、推进落实工作； (4)负责交通运输行业安全生产执法监督工作； (5)承担交通运输行业应急处置工作； (6)完成省交通运输厅交办的其他工作
11	浙江	在浙江省交通运输厅机关处室加挂执法指导处牌子，不设省级执法机构	重点强化统筹协调和监督指导职责，主要负责监督指导、重大案件查处和跨区域执法的组织协调工作
12	安徽	安徽省交通运输综合执法监督局	(1)主要负责实施法律法规明确由省级承担的交通运输行政处罚及与行政处罚相关的行政强制、行政检查等工作； (2)负责全省高速公路路网管理及收费公路的联网收费管理工作； (3)承担全省交通运输信息化相关工作和厅机关信息化建设工作

续上表

序号	地区	机构名称	机构职能
13	福建	福建省交通运输厅交通综合执法监督局	(1)负责全省综合行政执法的监督指导、大案要案督办、重大案件查处以及跨区域执法的组织协调等工作； (2)指导执法队伍建设，组织、指导公路、水路交通行业执法监督检查，指导、监督全省公路路政管理工作
14	江西	江西省交通运输综合行政执法监督管理局	承担全省交通运输行政执法监督指导工作，负责省级公路路政、道路运政、水路运政、航道行政、港口行政、地方海事(船舶检验)、交通建设工程质量安全监督管理、渔船检验和监督管理等执法工作职责
15	山东	山东省交通运输厅执法局	(1)贯彻执行国家和省有关交通运输工作法律法规、方针政策、规章制度及标准规范，拟定有关交通运输综合行政执法地方性法规、政府规章草案、政策、制度和标准，并监督实施； (2)指导监督全省交通运输综合行政执法队伍建设工作； (3)指导监督全省交通运输公路路政、道路运政、水路运政、航道行政、港口行政和地方海事行政、工程质量管理等执法门类的行政处罚以及与行政处罚相关的行政检查、行政强制工作； (4)受委托以省交通运输厅名义，承担法律法规明确要求由省级承担的行政处罚，以及与行政处罚相关的行政检查、行政强制职责； (5)受省交通运输厅委托，指导全省交通运输行业社会治安综合治理工作，按分工做好行业内社会稳定工作； (6)受委托以省交通运输厅名义，负责交通运输执法重大案件查处和跨区域执法的组织协调工作； (7)指导全省交通运输行业违法超限运输治理工作等
16	河南	河南省交通运输厅行政执法局(执法总队)	(1)拟订行政执法相关政策、制度和技术标准并监督实施； (2)负责全省公路路政管理以及超限运输治理工作； (3)负责道路运输管理中的货运源头治超工作； (4)依法依实实行行政处罚、行政强制、监督检查； (5)负责重大案件查处和跨区域执法的组织协调工作； (6)统筹协调和监督指导全省交通运输业综合行政执法工作； (7)按程序调用市县交通运输综合行政执法队伍人员力量； (8)参与实施交通管制

续上表

序号	地区	机构名称	机构职能
17	湖北	湖北省交通运输综合行政执法局（湖北省交通运输综合行政执法总队）	（1）负责集中行使法律法规明确由省级承担的交通运输行政处罚以及与行政处罚相关的行政检查、行政强制等工作； （2）承担交通运输综合行政执法重大案件查处和跨区域执法的组织协调工作； （3）承担全省高速公路路政执法的统一管理； （4）指导全省交通运输综合行政执法队伍、装备及信息化建设，负责由省级承担的执法信息化建设管理等工作
18	湖南	综合执法管理职责由法制处行使	（1）负责指导监督全省交通运输综合行政执法和队伍建设； （2）负责交通运输综合行政执法资格管理工作； （3）负责重大案件查处和跨区域执法的组织协调，按程序调用市县交通运输综合行政执法队伍人员力量
19	广东	广东省交通综合执法监督处	（1）承担本级的道路运政、水路运政、公路（含高速公路）路政、航道行政、港口行政、工程质量监督管理和省管铁路建设运营等方面的行政处罚以及行政处罚相关的行政检查、行政强制等执法职能； （2）组织、指导全省交通综合行政执法机构智能执法建设和管理工作； （3）组织查处重大违法案件，协调跨区域的交通行政执法工作
20	广西	广西壮族自治区交通运输综合行政执法局	（1）拟定交通运输综合执法工作标准和规范并监督实施； （2）负责交通运输领域重大案件查处和跨区域执法的组织协调工作，行使法律法规明确要求由自治区本级承担的执法职责； （3）负责高速公路和自治区事权的港口、航道安全生产和应急监督管理工作； （4）组织实施交通运输综合执法规范化建设，开展执法检查和稽查； （5）指导市县交通运输综合执法队伍建设和业务工作
21	海南	海南省交通运输厅交通运输行政执法局	（1）负责指导、监督全省交通运输系统内公路路政、道路运政、水路运政、航道行政、港口行政、工程质量监督管理等执法工作，查处交通运输领域重大案件和跨市县区域案件； （2）负责推进全省交通运输综合行政执法体系建设，制定执法标准规范等

续上表

序号	地区	机构名称	机构职能
22	重庆	重庆市交通运输综合行政执法总队	(1)承担全市交通运输领域综合行政执法工作的组织、指导、协调和监督工作； (2)参与拟订交通运输综合行政执法管理制度、执法标准规范，并监督实施； (3)承担公路路政、道路运政、水路运政、地方航道行政、港口行政、地方海事行政的执法职能； (4)组织、协调公路超限运输治理的执法工作； (5)承担全市高速公路的路政、运政和交通安全执法职能(限制人身自由的行政处罚权除外)； (6)承担公路、水运和地方铁路等交通建设工程质量和安全生产监督管理的执法职能； (7)承担轨道交通运营管理的执法职能； (8)承担交通运输综合行政执法信息化建设工作等
23	四川	四川省交通运输综合行政执法总队 (四川省交通运输厅高速公路管理局)	(1)参与起草交通运输综合执法的地方性法规、规章和政策措施并组织实施； (2)负责交通运输领域重大案件查处和跨区域执法的组织协调，承担省级执法事项； (3)负责全省高速公路交通运输综合执法和监督管理工作，承担全省高速公路运行管理、运营服务监管、安全监管、应急处置等工作； (4)参与交通运输执法信息化建设、装备管理、业务培训等工作
24	贵州	贵州省交通运输综合行政执法监督局	负责全省交通公路路政、道路运政、水路运政、航道行政、地方海事行政、公路水运工程质量监督、安全生产、交通建设市场行为的违法行为行政处罚以及与行政处罚相关的行政检查、行政强制等执法工作指导、协调、监督全省交通运输综合行政执法工作等
25	云南	云南省交通运输综合行政执法局	负责省级权限范围内公路、道路、水上、交通工程质量、交通工程造价和交通建设的行政处罚及与行政处罚有关的行政检查、行政强制等行政执法
26	西藏	西藏自治区交通运输综合行政执法总队	(1)主要负责全区高速公路及高等级公路路政管理执法、超限运输治理，参与超限检测站规划建设工作，承担全区高速公路及高等级公路执法信息化建设和管理工作； (2)参与拟订全区交通运输行业安全生产有关政策技术标准和规范，参与拟订全区重点公路(水运)工程质量安全有关制度和办法； (3)承担全区重点公路(水运)工程质量安全监督工作，以及全区高速公路及高等级公路道路运输安全监督工作； (4)参与重大安全生产事故调查，并负责口岸国际道路运输行政执法等工作

续上表

序号	地区	机构名称	机构职能
27	陕西	在厅政策法规处加挂牌子(为厅内设机构),保留省高速公路路政执法总队	(1)负责全省综合交通运输发展重大问题和重大政策研究,组织开展行业有关宏观政策研究工作; (2)管理和保护公路路产,治理公路超限运输,管理公路建筑控制区等
28	甘肃	甘肃省交通运输厅综合行政执法监督局(设立省高速公路路政执法总队)	(1)贯彻执行国家和省有关交通运输的方针政策、法律法规,负责交通运输行业行政执法监督工作; (2)承担省级道路、水上、工程质量和交通建设的执法监督检查、行政处罚和行政强制工作; (3)组织查处重大违法案件,承担急难险重及跨区域的执法任务的组织协调、推进落实工作; (4)负责交通运输行业安全生产执法监督工作。承担交通运输行业应急处置工作
29	青海	青海省交通运输综合行政执法监督局	(1)负责交通运输综合行政执法的监督、指导、协调和跨区域重大案件查处工作; (2)受理交通运输综合行政执法机构和执法人员行为的投诉、举报,依据相关规定进行处理; (3)研究拟订全省交通运输综合行政执法监督相关制度和管理办法; (4)负责交通运输综合行政执法监督系统应用工作; (5)负责法律法规明确由省级承办的行政执法事项
30	宁夏	宁夏回族自治区交通运输综合执法监督局	承担宁夏交通运输系统公路路政、道路运政、水路运政、航道行政、地方海事行政、交通运输工程工程质量监督、交通运输安全生产监督管理7门类执法职能
31	新疆	新疆维吾尔自治区交通运输综合行政执法局	承担交通运输行政执法统筹协调、重大案件查处、跨区域执法的组织和国省干线公路、专用公路路政管理、工程质量监督管理等执法职能
32	新疆生产建设兵团	将综合执法职能划归至局政策法规处	指导监督交通运输综合行政执法和队伍建设有关工作,协调信用体系建设

二、公路路政管理内涵

根据《路政管理规定》(交通运输部令2016年第81号),路政管理是指县级以上人民政府交通主管部门或者其设置的公路管理机构,为维护公路管理者、经营者、使用者的合法权益,根据《中华人民共和国公路法》及其他有关法律、法规和规章的规定,实施保护公路、公路用地及公路附属设施的行政管理。

三、公路路政管理机构和职责

(一)公路路政管理机构

路政管理机构的一般模式是省设路政管理总队、地(市)设路政管理支队、县设路政管理大队。为适应高速公路路政管理需要,目前,许多地区都设立了高速公路路政管理专门机构。

(二)公路路政管理职责

交通运输部颁布的《路政管理规定》规定县级以上地方人民政府交通主管部门或者其设置的公路管理机构的路政管理职责如下。

(1)宣传、贯彻执行公路管理的法律、法规和规章;
(2)保护路产;
(3)实施路政巡查;
(4)管理公路两侧建筑控制区;
(5)维持公路养护作业现场秩序;
(6)参与公路工程交工、竣工验收;
(7)依法查处各种违反路政管理法律、法规、规章的案件;
(8)法律、法规规定的其他职责。

但随着综合执法改革的推进,路政管理的第七项职责也应随之改变,调整为"依法制止各种违反路政管理法律、法规、规章的行为,及时向交通综合执法机构抄送所发现的违法案件"。

第二节 公路路政管理相关政策法规

一、相关法规

(一)《中华人民共和国公路法》

《中华人民共和国公路法》第五章路政管理中第四十三条规定:各级地方人民政府应当采取措施,加强对公路的保护。县级以上地方人民政府交通主管部门应当认真履行职责,依法做好公路保护工作,并努力采用科学的管理方法和先进的技术手段,提高公路管理水平,逐步完善公路服务设施,保障公路的完好、安全和畅通。

(二)《公路安全保护条例》

《公路安全保护条例》全文包括公路路线、公路通行、公路养护和法律责任等内容。国务院交通运输主管部门主管全国公路保护工作。县级以上地方人民政府交通运输主管部门主管本行政区域的公路保护工作;但是,县级以上地方人民政府交通运输主管部门对国道、省道的保护职责,由省、自治区、直辖市人民政府确定。公路管理机构依照本条例的规定具体负责公路保护的监督管理工作。

(三)《路政管理规定》

为加强公路管理,提高路政管理水平,保障公路的完好、安全和畅通,根据《中华人民共和国公路法》(以下简称《公路法》)及其他有关法律、行政法规,制定《路政管理规定》。《路政管理规定》适用于中华人民共和国境内的国道、省道、县道、乡道的路政管理。本规定全文包括路政管理许可、路政案件管辖、行政处罚、公路赔偿和补偿、行政强制措施、监督检查、人员与装备和内务管理等内容。路政管理工作应当遵循"统一管理、分级负责、依法行政"的原则。

(四)《超限运输车辆行驶公路管理规定》

《超限运输车辆行驶公路管理规定》是为加强超限运输车辆行驶公路管理,保障公路设施和人民生命财产安全,根据《公路法》《公路安全保护条例》等法律、行政法规制定。由交通运输部于2016年8月19日发布,自2016年9月21日起施行。本规定全文包括大件运输许可管理、违法超限运输管理和法律责任等内容。

(五)《公路超限检测站管理办法》

为加强和规范公路超限检测站管理,保障车辆超限治理工作依法有效进行,2011年6月24日,交通运输部发布《公路超限检测站管理办法》(中华人民共和国交通运输部令2011年第7号),经交通运输部第6次部务会议于2011年6月10日通过,自2011年8月1日起施行。公路超限检测站的管理应当遵循统一领导、分级负责、规范运行、依法监管的原则。交通运输部主管全国公路超限检测站的监督管理工作。省、自治区、直辖市人民政府交通运输主管部门主管本行政区域内公路超限检测站的监督管理工作,并负责公路超限检测站的规划、验收等工作。市、县级人民政府交通运输主管部门根据《公路法》《公路安全保护条例》等法律、法规、规章的规定主管本行政区域内公路超限检测站的监督管理工作。公路超限检测站的建设、运行等具体监督管理工作,由公路管理机构负责。

(六)《交通运输行政执法程序规定》

《交通运输行政执法程序规定》(交通运输部令2019年第9号)旨在规范交通运输行政执法行为,促进严格规范公正文明执法和保护公民、法人和其他组织的合法权益,由交通运输部制定、公布,自2019年6月1日起施行。2021年6月23日,第15次交通运输部务会议通过《交通运输部关于修改〈交通运输行政执法程序规定〉的决定》(中华人民共和国交通运输部令2021年第6号),自2021年7月15日起施行。交通运输行政执法部门

(以下简称执法部门)及其执法人员实施交通运输行政执法行为,适用本规定。前款所称交通运输行政执法,包括公路、水路执法部门及其执法人员依法实施的行政检查、行政强制、行政处罚等执法行为。执法部门应当全面推行行政执法公示制度、执法全过程记录制度、重大执法决定法制审核制度,加强执法信息化建设,推进执法信息共享,提高执法效率和规范化水平。

二、相关政策

(一)《关于深化交通运输综合行政执法改革的指导意见》

2018年11月,中共中央办公厅、国务院办公厅印发了《关于深化交通运输综合行政执法改革的指导意见》,对交通运输综合执法改革作了全面部署。《关于深化交通运输综合行政执法改革的指导意见》将执法职能进行了优化整合,明确了层级布局和职责,将执法重心进行下移,健全了协作联动机制,并对执法保障机制以及人员转岗安置提出了相关要求。

(二)《交通运输部办公厅关于界定严重违法失信超限超载运输行为和相关责任主体有关事项的通知》

为依法依规运用信用约束手段治理公路违法超限超载现象,进一步提升公路超限超载治理成效,2017年02月07日,交通运输部办公厅发布《交通运输部办公厅关于界定严重违法失信超限超载运输行为和相关责任主体有关事项的通知》(交办公路〔2017〕8号)。有关事项包括严格界定严重违法失信超限超载运输行为和相关责任主体,切实加强严重失信行为信息统计汇总及认真做好信息公布与结果应用。

(三)《关于治理车辆超限超载联合执法常态化制度化工作的实施意见(试行)》

2017年11月14日,交通运输部会同公安部联合印发了《关于治理车辆超限超载联合执法常态化制度化工作的实施意见(试行)》(以下简称《实施意见》)。《实施意见》从系统部署角度出发,设计了联合执法的总体架构。《实施意见》主要包括指导思想、工作原则、联合执法工作机制、联合执法纪律要求、保障措施等五个方面内容,通过创新工作机制,规范执法流程,强化科技监管,提高执法效能,全面规范路警联合执法工作机制,减少和杜绝多头执法、重复处罚,促进严格规范公正文明执法,切实增强人民群众安全感、获得感和幸福感。

(四)《关于进一步规范高速公路入口治超工作的通知》

为进一步规范高速公路入口治超工作,优化营商环境,更好地保护人民群众生命财产安全,2019年3月,交通运输部印发《关于进一步规范高速公路入口治超工作的通知》(交办公路〔2019〕29号)。有关事项主要包括规范入口称重检测方式、规范检测设施(设备)建设安装、强化检测设施(设备)运维管理、提升超限超载精准识别能力、规范入口车道发卡管理、加强违规放行车辆责任倒查、加强治超联动管理、加强信用治超建设、强化治超数据分析及应用。

(五)《全国治超联网管理信息系统省级工程建设指南》

2018年6月15日,交通运输部印发了《全国治超联网管理信息系统省级工程建设指南》(交办公路〔2018〕77号),明确了省级治超工程的建设思路及总体框架,提出治超联网管理信息系统建设,进一步规范治超管理工作,实现跨区域、跨部门治超信息交换共享和业务协同,形成属地化管理情况下全国治超监管和服务"一盘棋",加强超限运输监管和服务,减少违法超限运输行为,保护公路基础设施和人民生命财产安全,推进治超领域的治理体系和治理能力现代化。

第三节 公路路政管理措施与创新手段

为加强公路路政管理,提高路政管理能力和服务水平,保障公路的完好、安全和畅通,各地应结合当地路政工作实际,实施切实可行的公路路政管理措施,并应在实践过程中依据当地路政管理发展现状和特点采取相应的创新手段进行管理,只有切实的落实路政管理工作,才可以保证公路交通的良好。

一、公路路政管理措施

(一)加快公路路政信息化建设

公路路政信息化建设属于政务信息化建设的一种,政务信息化建设最本质的内涵是运用计算机网络技术打破政府机关组织界限,改变传统的经过层层关卡的书面审核的工作方式,使公众从不同渠道获得政府的信息及服务,使政府机关之间、政府与社会各界之间通过网络进行沟通,同时向公众提供各种不同的服务选择。公路路政信息化建设要以顶层设计与基层需求互相兼顾,齐头并进的方式进行建设,路政外勤工作人员采用移动端设备工作,内勤工作人员采用PC端设备工作,所有基层人员采集的数据在后台根据顶层设计的要求进行汇总和统计分析,最后服务于内部工作统筹和外部社会服务,最终实现信息化建设的设计目的。

作为路政管理部门,路政的职能正从管理型向管理服务型进行转变,承担着保护路产、维护路权、维持秩序、保障权益的职能,其本身开展电子政务建设,有助于实现政府管理的现代化。一方面,路政部门可以通过信息化建设获得等高效办公设备和新技术的工具支持,使执法部门能够更快速的进行调整和转变;另一方面,信息化建设以互联网为工具,为路政部门职能的转变架设了桥梁,建立起政府之间、政府与公众之间的信息流通平台,既可以使路政管理部门和执法部门快速的了解公众的心声、意见和建议,进而为社会提供更高效的公共服务,也能够让大众监督更加行之有效、公开透明,这对于提高服务质量、预防公路"三乱"有着至关重要的作用。

公路路政信息化建设以严格管理、规范服务为宗旨,以信息、数据资源的开发利用为主线,以信息化设备和技术为支撑,以管理体制规范化、数据规范标准化为保障。信息化建设通过明确组织结构和整合应用数据,将从省级路政总队到地方路政中队各个节点集成一个统一的政务平台上,向社会公众提供一站式"在线服务",这样既能够提升公路路政部门的管理效能,又可以为社会公众提供优质服务,同时还可以保证执法部门执法的公正公平。路政管理部门和执法部门还可以通过网络,提供24小时应急救援、行政许可办理、民事赔偿报销资料等服务项目,在过去需要回到办公驻地才能办理的事情,可以在政务平台中轻松完成。

近年来,许多省份在路政管理信息化实现手段上进行了探索,开发了日常信息采集上报系统,一般路政管理系统包含以下管理模块。

(1)路产管理子系统。路产管理子系统分为公路状况、公路用地和公路附属设施三个子模块。公路状况子模块旨在收集三种信息:高速公路的宏观概况,如线路名称、起止桩号、车道特征等;高速公路的微观信息,如路基情况、路面情况和主要构造物;高速公路沿线环境,如过村路段、沿线村庄、公路定位控制点等。公路用地子模块旨在确认公路用地的范围、公路用地内的设施以及未授权用地位置。只有明确了公路用地相关信息,才能为后期处理公路用地和公路建筑控制区内违法行为打下基础。公路附属设施子模块是录入信息最多的子模块,因为除道路本身外,只要是保障高速公路正常运行的各种设施均属于公路附属设施,这也是日常最易损坏的路产,只有将公路附属设施的信息详尽地录入系统,才是做好了路产统计的工作。

(2)执法子系统。执法子系统分为法律法规、赔补标准、案由对策、公文管理、路政许可、公路赔(补)偿程序六个子模块。执法人员可以通过法律法规模块查询到行业相关的所有法律条文,遇到案件发生时,在案由对策模块查询案件处理标准,再根据案件类型启用公路赔(补)偿程序或者路政许可程序。如果当事人对赔(补)的金额有疑义,可以通过赔补标准模块进行执法标准公示。日常工作中使用公文管理模块上传或下达文件。

(3)路政巡查子系统。路政巡查子系统旨在记录上传公路巡查日志,公路巡查日志是对路政人员每天公路巡查记录的体现。在公路巡查日志中包括巡查人员信息、巡查日期、巡查车号、巡查里程、巡查事件记录等信息,可以根据这些信息一目了然地了解巡查人员的日常工作开展情况。

(4)人员管理子系统。人员管理子系统包括人员状况、人员培训、人员考核、监督检查四个模块。该系统主要负责高速公路路政人员基本情况的调查统计,将人员考核进行量化,以便于为监督检查提供依据。

(5)装备管理子系统。装备管理子系统对高速公路路政系统的交通工具、通信工具、办案工具等进行统筹管理,为路政装备的计划决策、统计分析和预(核)算装备投资提供直接依据。

(6)统计分析子系统。统计分析子系统由情况表、统计表、指标分析、高级查询四个子模块功能组成。主要功能就是通过内置的表格逻辑汇总录入的信息,根据预置公式做出相应的统计分析,总结过去工作,并为今后的工作带来一定的启示作用。

(二)营造便民路政政务环境

1. 全面推进路政政务公开

营造便利环境,提升政务服务水平,推进政务服务标准化,科学优化审批流程,切实压缩审批时间,确保落实"最多跑一次"便民服务机制,实现申请人办理路政许可只需到路政大队审批大厅一次的服务承诺。

进一步完善交通行业政府信息公开相关制度,按照国家、省、市工作部署,推进政府信息公开和行业办事公开工作。充分利用在线访谈、行风热线、新闻发布会、媒体吹风会、依申请公开等解读回应渠道和12345、12328、民心网、民意网等诉求平台作用,及时回应行业热点问题,为群众提供通俗易懂、快捷实用的政府信息。推进"互联网+政务公开"工作,进一步规范政务服务事项管理,推进网上办理。及时通过网站和微信公众号等新媒体方式,满足群众多元化需求,营造便利环境。

2. 强化路政许可审批管理服务

申请人到路政大队审批大厅咨询办理路政许可,工作人员应遵循热情主动,文明办事,服务规范,及时高效的原则,提供必要的帮助,协助指导申请人完成注册、登录、申请、资料扫描上传等工作。各单位负责审批工作人员应熟练掌握路政许可网上审批相关业务知识,实时跟踪网上许可审批环节,了解审批过程中各环节进展情况,及时审核,处理许可申请并进行回复,保证承诺时限内办结许可审批事项,做到创新监管。

严格落实一次性告知,首问负责,限时办结等服务制度,严格执行"最多跑一次"便民服务机制,对于重大投资等重点项目,开通审批绿色通道,落实专人跟踪服务,努力打造办事效率高,服务质量优的路政政务环境。"最多跑一次"制度落实情况和涉及许可的举报投诉、行政复议、行政诉讼等情况纳入省局"双千分"考核内容。

(三)推进路警联合执法常态化制度化

路警联合指路政管理部门、公安局交警大队联合,路警联合执法可以在很大程度上严厉打击超限超载不法运输行为,为执法工作创造良好的环境。各地各级路政管理和公安交管部门要积极采取"肩并肩"和"前后协同"的路警联合执法模式,坚持定点联合执法与流动联合执法相结合,日常监管与重点整治相结合,本地区管控与跨区域协同会战相结合,建立路警联合执法联席会议制度,路警联合共同执法;确定路警联合执法工作方案、计划、措施、要求及方式方法;建立路警联合执法督查检查与考核工作机制及相关制度规定。

规范和完善路警联合执法档案及相关资料,坚持运用证据资料、执法文书、照片、执法记录仪、视频监控等载体和方式,对路面治超执法工作(包括检查查验及引导车辆、告知当事人权利及义务、询问调查取证、监督实施卸载分装、称重检测及复检、填写相关记录及制作送达执法文书、与公安交管部门联合执法办案等)实行全过程记录,并全部纳入路面治超执法业务档案,认真归档,妥善保管,以备存查。

二、公路路政管理创新手段

(一)寓管理于服务之中

路政管理的目的是保障公路的完好畅通,为社会提供完好、舒适、畅通的公路交通条件,寓管理于服务之中,设法处地为社会提供优质服务。这需要管理者树立为被管理者服务的思想,管理思想能否紧跟形势,决定着路政管理的效率高低,路政管理大队要在管理思想工作中打破以往一味管理的工作思维,加强服务意识。在路段发生堵车时,路政管理人员可以及时与交警取得联系,在交警未到现场时,路政管理人员可临时成立服务队,义务疏导交通,确保车辆的安全通行,减少不必要的路产损失;在路遇肇事车辆时,路政管理人员可最先救助受伤司乘人员,之后在处理事案时,当事人也愿意服从管理交纳公路损失赔偿费;各地要落实"一站式办理"的便民服务目标,实现公路大件运输许可业务网上办理,方便群众,提高效率,进而提升地区经济活力;路况巡查时,可以利用无人机灵活机动的优势,在易拥堵路段或监控盲区实时查看路面状况,以便及时发现险情进行报送处理,第一时间进行疏导和管理,保障路面畅通安全;对道路中发现的道路标牌缺失、损坏以及需要增设新标识的,存在通行安全隐患、陡坡、急转弯、人流密集的集市、学校、医院等路段,要增设必要的交通标志牌等,道路交通标志标牌要更加清晰、规范,为百姓安全出行提供服务。

(二)加强路政宣传力度

加强宣传力度是搞好路政管理的前提,路政宣传工作能为路政管理营造良好的执法氛围,能促进路政管理工作的顺利开展。可以通过制定爱路护路的村规民约、设置咨询台、悬挂宣传标语、放置宣传展板、制作宣传片、发放宣传画册等多种生动鲜活、互动体验的形式向群众解读依法护路新理念,公众更加直观地认识、了解公路,进而激发公众爱路护路热情;可以定期开展"四走进"(走进校园、走进社区、走进企业、走进机关)系列宣传活动,充分利用农村集市广泛宣传《公路法》《公路安全保护条例》《农村公路养护管理办法》等法律法规,以及宣传重要的指示批示、保通保畅的政策、便民服务的举措和安全生产的要求等,提高群众爱路护路意识,实现全民爱路、养路、护路;可以充分利用电视、广播、互联网、新媒体等深入宣传农村公路路长制的重要意义和典型经验,营造社会全员爱路护路的良好氛围,提高路长制管理工作的社会关注度、参与度。

(三)强化管理部门间协作

路政管理牵涉到许多管理部门,四通八达的公路把多个管理部门紧紧联系在一起,路政管理机构管路产路权,公安交警部门管交通事故,土地管理部门管公路两侧的土地使用,城乡建设部门管建房审批,工商部门管集市贸易和摆摊营业,各个管理部门都有自己的一套法规规章。因此必须加强横向联系和部门协作,创新协作环境,达到路政管理的创新与突破。路段路政管理人员可以经常和当地交警大队等部门保持联系,让其在处理交通肇事车辆或给予肇事车辆保险赔偿时若发现有损坏公路路产的,及时通知路政部门,从而使路政管理人员及时对损坏路产路权的行为进行制止。

第四节　公路超限超载运输管理

车辆超限超载违法运输不仅损坏公路基础设施,引发大量的道路交通事故,而且直接导致道路运输市场的恶性竞争和车辆生产使用秩序的混乱。开展治理车辆超限超载工作,是加强安全生产、促进道路运输事业健康发展的重要措施,也是整顿和规范市场经济秩序的重要内容。

一、超限运输与超载运输

超限运输是指超过公路建筑限界规定的长度、宽度、高度的限界或总负载超过公路、公路构造物限载标准的车辆在公路上行驶的行为。《超限运输车辆行驶公路管理规定》(交通运输部令2016年第62号)统一了超限认定标准,一是在重量超限认定上,经与公安部、工信部等部门协商一致,按照近期修订的《汽车、挂车及汽车列车外廓尺寸、轴荷及质量限值》(GB 1589—2016)确定的最大质量限值作为超限认定标准。二是在外廓尺寸超限认定上,继续沿用了车辆高度4m的标准,车辆长度调整为18.1m,车辆宽度调整为2.55m。并在此基础上,对超过宽度和长度标准,但符合《汽车、挂车及汽车列车外廓尺寸、轴荷及质量限值》规定,且车货总质量未超过限定标准的冷藏车、汽车列车、安装空气悬架的车辆以及专用作业车,不认定为超限运输车辆,使之与车辆生产标准保持一致。

车辆超载与超限有时会被混淆,这是两个既有区别又有联系的概念。超载是指车辆运载的货物质量超过行驶证的核定载质量,而车辆超限是指车辆的轴载质量、车货总质量或装载总尺寸超过国家规定的限值。车辆超载时不一定超限,例如解放CA1091型载货车,其核定载质量5吨,若载货到6吨,这时它的前轴载为2.569吨(单轴每侧单轮胎,限制轴载6吨),后轴载为7.876吨(单轴每侧单轮胎,限制轴载10吨),该车超载但未超限。车辆超限时也不一定超载。例如大力SH3603自卸车,自重27.8吨,额定载重31.8吨,总重59.6吨(限制车货总质量为40吨),当它满载时,前轴载20.3吨(单轴每侧单轮胎,限制轴载6吨),后轴载39.3吨(双轴每侧双轮胎,限制轴载18吨)。它虽未超载,但轴载和总质量都远远超限。车辆超载与超限主要区别如下。

(一)法律依据

超载一词来源于《中华人民共和国道路交通安全法》,超限一词来源于《公路法》。

(二)技术参数

超载运输是指汽车在装载时,货物超过汽车的核定载质量;超限是指车货总重加轴载重超过了公路的限值,或承载能力,是根据公路的设计技术标准来确定的。

(三)客体物

超载既有货物超载,也有客运超载;超限只存在货物运输中,客运中没有超限的规定。

(四)执法主体

根据《中华人民共和国道路交通安全法》规定,超载的执法主体是公安机关;根据《公路法》规定,超限的执法主体是交通主管部门或公路管理机构。另据有关法律要求,在没有综合执法授权的前提下,公安机关和交通主管部门或公路管理机构只能各自执法。

(五)法律责任

超载运输可处以罚款、警告和吊扣驾驶证,因此超载只承担行政法上的法律责任;超限运输除了罚款外,造成公路损害的还应当依法承担民事责任,因此超限需承担行政法和民事法律上的双重法律责任。

二、超限超载运输的危害

由于公路运输市场准入门槛低,城市失业待业人员以及农村剩余劳动力愿意在低技术、低成本的货运市场进行择业。前几年,公路运输市场缺乏必要的退出机制,运输市场的集约化程度低,经营主体难以形成规模化经营,单车承包、挂靠居多,造成市场"压价—超限超载—运力过剩—再超限超载"的恶性循环,同时,执法人员有限,力度不够到位,使得靠违法违规经营获利成为可能。另外,由于铁路运力饱和,对于像煤炭、矿石等低附加值货物改为较高成本公路运输,超限超载就成为了企业追求利益最大化的途径之一。超限超载运输这个运输市场的"毒瘤",不仅严重扰乱了运输市场正常秩序,也对国家和人民的生命财产安全造成极大威胁。

(一)破坏公路基础设施

在轮胎数一定的条件下,车辆对公路的损坏程度随车辆载重呈幂函数增长,美国学者及各州公路工作者协会试验研究表明,汽车轴载质量与公路路面之间的关系满足四次方法则:就是当车辆的轴荷增大至原来的2倍,公路路面的损坏将增大到原来的16倍左右,公路的使用寿命将减少三分之二。据东南大学《超载超限运输对公路使用性能影响的研究》,在超限运输条件下,设计年限为10—15年的沥青路面,只能正常连续使用1—3年就将受到严重损坏;而对设计年限为20—30年的水泥路面,则经过1—9年的超负荷使用后就到达设计末的状态,严重影响车辆快速安全行驶,需要彻底翻修。公路超限运输严重破坏了公路设施,增加了公路维修费用,缩短了公路使用寿命。

(二)威胁人民群众生命财产安全

超限运输诱发了大量的道路交通事故。超限车辆由于长期处于超负荷运转状态,车辆制动、操作等安全性能较低,极易发生爆胎、制动失灵、钢板弹簧折断、半轴断裂等险情,同时超限运输驾驶员为了躲避检查,经常夜间行驶、疲劳驾驶,精力难以集中,这些都会给交通安全带来严重隐患,严重危及人民生命和财产安全。据统计,50%群体性群死群伤道路交通安全事故与货车有关,其中70%以上与超限有关。车辆超限运输给人民生命财产造成了巨大的损失。

(三) 影响公路通行效率

严重超限车辆一般车速都很低,有的不足40km/h,且超限车体积大,长时间占用车道,影响后车通行,常常造成交通阻塞,使公路的使用效率大大降低。特别是高速公路,高速公路对货车的设计速度一般在70km/h以上,而严重超限车辆一般只能行驶30~40km/h,有的更低,造成高速公路低速行驶的尴尬局面,对百姓的日常出行也造成一定的影响。

(四) 造成污染环境

超限车辆大大超出货物配载标准,在起步、爬坡时,由于动力不足,司机往往是把加速踏板踩到底,导致燃烧不充分,行驶时排放的超标尾气、巨大噪声及振动严重污染了环境。另外,超限车辆通常是"冒尖无遮盖"运输,运输过程中产生的抛洒、扬尘,给公路行车环境带来了不利影响。

(五) 扰乱运输市场秩序

不完善的运输市场竞争机制导致运价降低,而运价下滑又刺激了车辆超限超载,靠超限超载来弥补损失,从而形成越超限超载运价越低,运价越低越超限超载的恶性循环。甚至在一定时期内,由于公路运价过低,使原先由铁路或水路运输的货物也转而通过公路运输,加剧内部竞争,扰乱了运输市场秩序。

(六) 影响汽车工业发展

为了追求利润的最大化,一些货运经营者在购置车辆时,往往选择马力大、装载多的货车。而一些汽车制造业和改装企业为了打开销路,迎合购车者的逐利心理,随意生产、改装大吨位、车轴小的重型车,伪造型号和技术数据,甚至对同一车型任意提供产品合格证等手段,以谋取不正当的经济利益,严重妨碍了车辆的更新换代和车辆结构调整,阻碍了货物运输向大型化、轻量化和专业化方向发展。

(七) 损害政府公信力

超限超载运输严重影响公路通行效率,给群众正常出行带来不便。此外,也会导致公路出现早期破坏,例如翻浆、拥包、辙槽、路面损毁等现象,会让群众误以为是政府及其相关部门对质量监管不到位,从而影响了政府形象。而超限运输不断加剧或超载问题得不到有效治理,长此以往,人民群众对政府的信任度将会大大下降。

三、治理超限超载运输的历程

20世纪80年代我国主要是计划经济,物资有限,公路超限超载现象并不多见。20世纪90年代是一道分水岭,我国的计划经济逐步向市场经济转轨,快速发展的经济和大规模的基础设施建设需要密集的交通运输加以保障。然而货运市场虽然开放,但管理制度却未同步跟进。并且当时我国的综合运输发展缓慢,运输结构不尽合理,一些地区大量的煤炭、矿石等高密度、低附加值物资主要依靠公路来运输。在这种情况下,公路货运车辆超限超载问题日渐突出,我国治理超限超载运输随之经历了四个主要阶段。

第一阶段:1988年—1999年,这一阶段的突出特点是治超有法可依。1987年通过《中华人民共和国公路管理条例》,规范了公路建设、养护、管理的相关内容,1997年7月3日通过的《公路法》,确立了治超工作的法律依据。

第二阶段:2000年—2004年5月,这一阶段的突出特点是单独治理。2000年,交通部颁布《超限运输车辆行驶公路管理规定》(中华人民共和国交通部2000年第2号令),明确了超限超载标准、审批程序。交通部门开展治理超限运输工作,但力量单薄,制度不完善,迅速反弹,公路"三乱"蔓延。

第三阶段:2004年6月—2016年8月,开始集中治超,联合整治。2004年,七部委联合印发《关于在全国开展车辆超限超载治理工作的实施方案的通知》,成立了全国治超工作领导小组。2005年,计重收费政策出台。2011年,《公路安全保护条例》出台。

第四阶段:2016年9月至今,这一阶段的主要任务是新一轮的集中治超,以期达到长效治理的目标。有关部门先后修订了《汽车、挂车及汽车列车外廓尺寸、轴荷及质量限值》(GB 1589—2016),颁布了《超限运输车辆行驶公路管理规定》(交通运输部令2016年第62号部令),印发了《关于进一步做好货车非法改装和超限超载治理工作的意见》(交公路发〔2016〕124号)。在这一阶段,高速公路、普通国省干线公路、农村公路三大路网监控网络初步形成;超限超载认定标准实现统一;路面联合执法工作机制基本形成;高速公路入口称重检测初见成效;信用治超稳步推进;非现场执法模式正在积极探索。

四、治理超限超载运输的内容

治超工作不能简单地理解为就只有路面执法这一项内容,实际上治超内容涵盖八个环节,如图6-1所示,分别由工信、公安、交通、市场监管多部门协作完成、全链条治超监管、多业务联动管理。工信部门主要负责监管车辆的生产、改装,公安部门负责车辆注册登记、年检年审、路面执法和车辆报废,交通部门负责车辆市场准入、货物装载、综合检测、路面执法,市场监管部门主要负责生产、改装企业的合法经营、年审年检企业的资质管理。

交通部门的治超的八大业务有源头治超、大件许可,称为事前管理;高速公路治超、定点治超、流动治超、非现场执法。称为事中管理;一超四罚、信用治超,称为事后管理(图6-2)。

这八大核心业务,涵盖高速公路、普通干线、农村公路、货运源头等多个领域,涉及法律、行政、经济、技术、信用等多种手段。

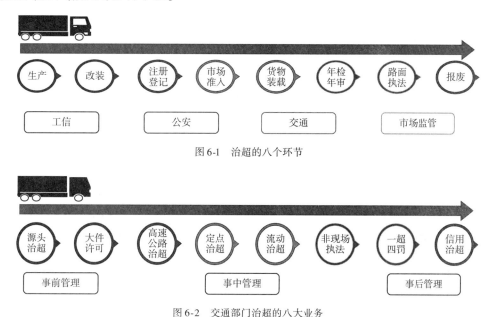

图 6-1 治超的八个环节

图 6-2 交通部门治超的八大业务

五、超限运输管理规定

对超限运输车辆行驶公路的管理分为两个层次:一是对于运输特大件或不可解体货物的超限运输车辆,属于特许超限运输,要求车主应按规定办理申请与审批手续,公路管理机构为承运人勘选路线,加固桥涵,提供服务,确保安全通行;二是对非法追求经济利益的恶意超限运输车辆,要严格禁止。公路管理机构要对其依法查处,严格制止,力求将这种现象减少到最少。相关规定依据《超限运输车辆行驶公路管理规定》(交通运输部令 2016 年第 62 号)和《关于修改〈超限运输车辆行驶公路管理规定〉的决定》(交通运输部令 2021 年第 12 号)。

(一)对特许超限运输车辆行驶公路的管理

大件运输车辆应当依法办理有关许可手续,采取有效措施后,按照指定的时间、路线、速度行驶公路。未经许可,不得擅自行驶公路。

1. 大件运输申请

申请人在向公路管理机构提出超限运输申请时,应提供货物名称、质量和证件、外廓尺寸及必要的总体轮廓图,运输车辆的厂牌型号、自载质量、轴载质量、轴距、轮数、轮胎单位压力、载货时总的外廓尺寸,货物运输的起讫点,拟经过的路线和运输时间,车辆行驶证等有关资料。

对申请人提出的通行路线,公路管理机构还应实地查勘。不能满足超限运输车辆通行要求的公路和桥梁,必须经过改造和加固后,才能允许超限车辆通行。对于申请人自行采取加固、改造措施的,要求公路管理机构要对其加固、改造方案进行审查,加强现场检查并组织验收。对于申请人不能采取有效加固、改造措施的,可以通过签订协议的方式,由公路管理机构制定相应的加固、改造方案,并组织实施。同时要求采取的加固、改造措施应当满足公路设施安全需要,并提出具体原则。

2.大件运输许可审批

1)跨省大件运输

(1)对大件运输许可实行等级管理,按照高4.2m、宽3m、长20m和高4.5m、宽3.75m、长28m及总质量100吨的标准将大件运输许可分为三种情形,并在申请材料、程序要求、办理时限上予以区别对待,进一步提高了许可效率。

(2)规定了受理时间,申请跨省大件运输的,由起运地省级公路管理机构受理,并由其在2日内向沿线各省级公路管理机构转送申请资料。

(3)规定了办理时间,沿线各省级公路管理机构应根据运输物品的情形分别在2日、5日或者15日内作出许可决定,统一受理和集中办理的时间分别不超过5日、10日或者20日。

(4)涉及上、下游省份路线或者行驶时间调整的,由起运地省级公路管理机构组织协调处理。

(5)沿线各省级公路管理机构同意申请的,由起运地省级公路管理机构发放超限运输车辆通行证。

2)地(市、县)区域内的大件运输

由地(市、县)级公路管理机构受理申请并负责审批。

对同一大件运输车辆多次通行固定路线,装载方式、装载物品相同,且不需要采取加固、改造措施的,申请人可以根据运输计划向公路管理机构申请办理行驶期限不超过6个月的超限运输车辆通行证。

3.大件运输的许可收费

《超限运输车辆行驶公路管理规定》对《公路法》明确的收费范围作了细化。

(1)需要采取加固、改造等防护措施的,所需费用由申请人承担,相关收费标准应当公开、透明。

(2)需要采取护送措施的,由申请人自行采取;不能自行采取的,可委托公路管理机构实施,收费标准由省级交通运输部门会同财政、物价部门制定。此外,对经批准的大件运输车辆,途径实行计重收费的收费公路时,对其按照基本费率标准收取车辆通行费。

(二)对违法超限运输车辆行驶公路的管理

1.货运源头管理

1)货运源头单位、货运企业和驾驶人的义务

(1)货运源头单位应当安装符合标准的称重检测设备,对出站(场)货运车辆进行称重检测,签发货物装载单,确保出站(场)货运车辆合法装载。

(2)货运源头单位、货运企业应当加强对货运车辆驾驶人的教育和管理,督促其合法运

输,不得指使、强令货运车辆驾驶人违法超限运输。

（3）货运车辆驾驶人不得驾驶违法超限运输车辆,途中应随车携带货运源头单位签发的货物装载单。

2）货运源头的监管主体和职责

道路运输管理机构应当通过巡查、技术监控等方式加强对货运源头单位的监督检查,督促其落实车辆合法装载的责任,制止不符合国家有关载运标准的车辆出场(站)。

2. 加强路面执法

（1）规定公路管理机构应当采取固定检测、流动检测、技术监控等方式,对货运车辆进行超限检测。采取固定检测的,应在省政府批准的治超站进行。

（2）规定公路管理机构可以利用移动检测设备,开展流动检测。经流动检测认定的违法超限运输车辆,应当就近引导至公路超限检测站进行处理;流动检测点远离公路超限检测站的,应就近引导至地方交通运输部门指定并公示的路政执法站所、停车场、卸载场等具有停放车辆及卸载条件的地点或者场所进行处理。

（3）规定公路管理机构应当根据保护公路的需要,在货物运输主通道、重要桥梁入口处等普通公路以及开放式高速公路的重要路段和节点,设置车辆检测等技术监控设备,依法查处违法超限运输行为。

（4）规定公路管理机构应当使用经依法定期检定合格的称重检测设备;未定期检定或者检定不合格的,其检测数据不得作为卸载或者处罚的依据。

3. 收费公路入口管理

收费高速公路入口应当按照规定设置检测设备,对货运车辆进行检测,不得放行违法超限运输车辆驶入高速公路。其他收费公路实行计重收费的,利用检测设备发现违法超限运输车辆时,有权拒绝其通行。收费公路经营管理者应当将违法超限运输车辆及时报告公路管理机构或者公安机关交通管理部门依法处理。

4. 行政处罚的证据使用

2012年修改后的《民事诉讼法》和2015年修改后的《行政诉讼法》都增加了电子数据作为证据种类。《超限运输车辆行驶公路管理规定》据此要求公路管理机构可以根据保护公路需要,设置超限运输车辆动态检测等技术监控设备;违法行为地或车籍所在地的公路管理机构可以根据这些技术监控设备记录资料,对违法超限运输车辆的所有人依法予以处罚。利用这种"非现场执法"形式获取的证据来执法,大大提高了执法效率。此外,还确立了计重数据等资料的法律地位,规定公路管理机构有权查阅和调取公路收费站车辆称重数据、照片、视频监控等有关资料。

5. 违法信息登记抄报和处理反馈制度

（1）要求公路管理机构、道路运输管理机构建立联动执法工作机制,加强对违法超限运输的货运车辆、车辆驾驶人、货运企业、货运源头单位的责任追究。

（2）公路管理机构在违法超限运输案件处理完毕后7日内,应当将与案件相关的信息和资料抄告车籍所在地道路运输管理机构。

（3）对1年内违法超限运输超过3次的货运车辆和驾驶人,以及违法超限运输的货运车辆超过本单位货运车辆总数10%的道路运输企业,由道路运输管理机构依法处理,并将结果向公路管理机构反馈。

6.治超处罚自由裁量权

对于尺寸超限以及重量超限的违法行为,根据违法行为性质、情节和危害程度,明确了处罚自由裁量权。其中,尺寸超限的,按照超限程度分别处200元以下、200元以上1000元以下、1000元以上3000元以下的罚款;重量超限的,明确了每超1000kg罚款500元的标准。

第七章 公路网运行监测与管理

随着我国公路建设的发展，人民群众的需求也从当初的"走得了"发展到"走得好"。加快建设交通强国是新时代全体交通人为之奋斗的新使命。《交通强国建设纲要》明确提出交通"安全、便捷、高效、绿色、经济"的发展目标和"加强基础设施运行监测检测"的工作要求。因此，加强路网实时监测，提高路网整体运行效率，提升出行质量和安全保障，是更好满足人民群众多元化、高品质出行的必然要求。

第一节 公路网运行监测与管理概述

一、公路网运行监测与管理基本概念

（一）公路网运行监测与管理的内涵

公路网运行监测与管理是利用现代信息技术，实现对公路网基础设施、交通运行状态、公路交通环境基本状况、异常情况和潜在趋势等开展监测预测、研判分析、评价总结的基础上，在一定条件下提供必要的出行服务与应急保障，确保公路网的安全、稳定与可靠运行。因此，公路网运行监测与管理概念集合了职能部门工作、管理对象的内涵以及公路服务的本质，可从以下三个角度诠释其定义。

1. 职能定位

公路网运行监测与管理是各级路网运行管理单位的重要职责。依据法规或由政府授权建立相关部门例如，简称为路网中心等，在日常情况下，根据路网的运行监测信息，针对路网的实际状况，采取合理措施，对公路网大范围联网运行开展监测预警、应急指挥、调度处置、出行服务（包括收费等服务）的统筹运行管理，从而提高公路运行效率，避免或延缓突发事件的发生，实现公路网实时路况监测、事件报警、应急处置等功能。

2. 管理内涵

公路是贯穿城乡一体化的重要载体，公路网同样是承载"人、车、货、信息"的重要载体，汇集了海量的交通行为要素、运行环境情况、出行信息资源，是公路网运行管理的重点领域。按照管理内涵，公路网运行监测与管理包括公路基础信息管理、公路视频监控、公路养护业务监管、治超业务监管、公路突发事件的应急处理，最终实现路网的运行整体效益最优化、运行效率最大化、不安全因素最小化和服务质量最佳化目标。

3. 服务本质

公路网运行监测与管理实现的途径是利用大数据进行决策，从而及时做出调配或指令。

在深刻理解公众出行需求的基础上，面向出行过程并将其整合在统一的服务体系与平台中，使用收集的网络状态、消费者出行模式和整个运输系统的偏好数据，通过校准供需来优化运营商的网络，对大数据进行充分的利用的决策，可达到调配最优资源、满足出行需求目的，以改善出行选择、节省时间、降低成本的形式为出行者带来真正的便利和更好的服务体验，提供灵活、高效、以人为本的公路出行服务。

（二）公路网运行监测与管理的意义

公路网运行的核心要素主要包括"人、车、路、环境、信息"，在实现公路网运行监测与管理业务、平台、数据充分联网基础上，发挥全路网运行"一张网"的中枢功能，以有效解决跨区域、跨部门、跨领域等壁垒问题，并对公路养护、路政、运营、经营、安全等工作起到支撑作用，最终满足路网使用者（人、车、货）的全方位、立体化服务需求。其中，信息流作为公路网运行监测与管理的载体，是实现公路网运行核心要素目标要求的关键，如图7-1所示。

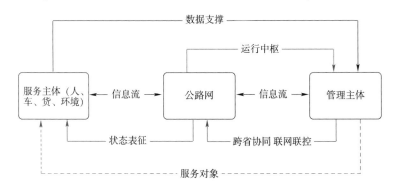

图 7-1　公路网运行监测与管理内涵示意

实现公路网运行整体效益最优化、运行效率最大化、不安全因素最小化和服务质量最佳化是公路网运行监测与管理的目标，其意义主要体现在以下四个方面。

1. 提升道路运行一体化监测水平

近年来，我国高速公路和干线公路网的网络化运行已具有典型的层次性、统一性、均衡性等特点，高速公路是经济社会发展和人员物资流动的大动脉，高速公路特大桥梁与长大隧道基本实现监测全覆盖。普通公路自动化监测设施已经覆盖长大桥隧、危险路段、治超站点等重要区域。虽然公路网运行监测体系建设取得了一定进展，但这些监测技术大部分应用于养护、执法等具体业务，与全方位融合数据，用以一体化支撑全域全时段路网运行的"可视、可测、可控、可服务"监测要求有较大距离。建立"一张网"全网统筹实时的监测体系成熟后，将会实现全国大范围路网监测预警、指挥调度、出行服务、应急处置的联网运行。

2. 推进全方位多方式出行信息服务系统

各类交通运输方式多以"中枢指挥系统"作为运输方式的核心环节，统筹调度交通运输设施装备与运行要素。随着对公路交通出行更为密切的监测、应急与服务业务重心的提升，作为统筹公路"一张网"运行的核心业务，公路网运行监测与管理的"中枢"地位也将越发凸显。构建全方位多方式的全国路网出行信息服务系统，提升面向公众的信息服务能力。打破区域限制,通过移动互联网实现全路网的出行信息发布,实现基于个体需求的实时出行信息的推送式服务;依托全国道路客运联网售票、民航机场的空铁联运、综合客运枢纽的公铁联运、城市候机楼的空巴联运等数据,完善出行费用—距离(时间)模型。

3. 实现公路网跨区域跨行业协同运行

确保承载对象安全、便捷、舒适,并实现公路网与"人、车、环境"之间的和谐有序和高效协同,是公路网运行监测与管理的本质属性。公路行业应急处置对及时响应、全程监督、安全处置等要求较为迫切,因此对跨区域跨行业协同管理信息化要求较高。在应急实时处置方面,搭建一体化跨区域跨行业的公路交通运输应急协同管理系统,充分利用各种监测技术,用于支撑行业管理部门实时查看势态进展并给出匹配预案与处置对策建议;在应急预案方面,把应急事件中所有涉及到的人员、调度、领导指令、各部门接到的指示时间、视频监控的信息、互联网的信息、应急资源信息保存,并在事后对整个应急方案进行评估和预案优化;在应急信息交互方面,加强移动客户端应用,充分协调公安、医疗以及其他非政府组织的力量进行协助,使信息能够在政府、群众、非政府组织中实现共享、快速流通,以达到共同处置的效果。

4. 体现公路网综合决策支持作用

立足于全国公路路网运行监测管理应用的需求,基于路网数据资源中心,支撑路网规划、建设、管理、养护、运营等的决策。利用路面数据、桥梁数据和交通流量数据等,开展路面、桥梁管理和评价,研究对比技术性能指标,科学分析路面、桥梁技术状况衰变规律,实现桥梁隧道病害预警;另外通过养护数据对全国公路网养护供需关系进行分析,统筹全国公路养护业务及市场发展趋势,支持对所有养护施工单位的信用评价,弥补目前行业信用管理中养护企业信用管理的缺失;支持对路网运行数据和交通流量数据等进行关联统计分析,提供全方位、智能化的监测感知、研判分析、指挥调度、决策支持与信息传递功能。

二、公路网运行监测与管理内容

公路网运行监测与管理业务体系是以"监测为核心、应急为重心、服务为龙头"为原则进行建设的,部省两级路网管理机构主要业务包括公路网运行状态监测、公路网运行状态评定、公路突发事件应急处置与协调,以及公路交通出行服务等。

(一)公路网运行状态监测

公路技术状况监测业务是履行交通运输部对国家干线路网运行监测及协调职能,加强行业监管、提升路网安全水平的重要方式。通过定期组织对全国干线公路及重点桥隧开展技术状况监测与评定,逐步建立公路网技术状况监测绩效评价及信用管理体系。加大路网运行实时监测力度,准确掌握路段天气、路网运行、收费站及重点路段车辆通行情况,及时调度拥堵缓行收费站及路段,准确核实、动态跟进、因地制宜、分类治堵,有效改善收费站拥堵缓行情况。

(二)公路网运行状态评定

公路网运行评价是将各路段状态颗粒化,以不同层级和不同颗粒度指标对路网运行状态进行刻画,在对路网结构和功能相互作用关系及作用效果分析的基础上,构建反映时空维度的评价指标层级架构。根据干线公路网整体或局部实时运行状况和一定周期内运行可靠性及服务水平需求,选定公路网运行状态评价指标。指标包括基础指标和综合指标两大类,基础指标用于表征公路监测点、路段运行状态的指标,主要包括平均交通量、平均行程速度、货车流量占比、气象环境等级、公路阻断状态、公路技术状况等级等。可根据路网特征计算区域路网基础监测指标。综合评价指标用于表征公路网整体运行状态的指标,主要包括公路网运行指数、路网中断率、路网拥挤度、常发阻断事件路段、拥堵时长占比等。

(三)公路突发事件应急处置与协调

公路突发事件应急处置与协调是公路网运行监测与管理的重要职责之一,交通运输主管部门通过健全公路交通突发事件应急预案与跨部门应急协同联动机制,加强对应急保障能力建设的指导和监督,高效组织实施公路网应急处置、协调与指挥工作。各级路网运行管理单位、公路运营管理单位应当按照应急预案要求,加强应急物资储备、队伍建设、应急演练、业务培训及通信保障等工作,依据职责做好应急准备、应急响应与处置、应急总结与评估等工作,提升公路突发事件应急处置能力。

(四)公路交通出行服务

通过联动各部门信息资源,共同研判路段或路网的安全形势和保畅压力,从而为公众提供出行服务,向公众动态更新推送各收费站、服务区、重要路段及主要时间节点的道路实况、管制信息、气象预警、温馨提示等,并提供咨询求助和报警救援等服务。以出行信息、共享服务、服务设施管理、服务能力升级等形式丰富服务内容、细化服务举措、提高服务质量。并鼓励引入社会力量开展市场化、个性化出行服务工作,持续提升国家公路网通行效率和服务水平。

三、管理机构职责与定位

2013年11月26日,经国务院和中央编办批准,《中央编办关于交通运输部有关职责和机构编制调整的通知》正式印发,继2009年"负责高速公路重点干线路网运行监测和协调"核心职能被纳入交通运输部"三定"后,国家公路网运行监测和应急处置协调工作被进一步强化。

(一)部级路网运行管理机构

部级路网运行管理机构主要承担全国路网监测、应急处置和出行服务三项核心职能,具体包括承担全国公路网路况监测、全国公路网建设及运营成本分析与评估有关工作,承担全国开展公路网运行监测与管理有关工作;积极开展与民航、铁路、水运、道路运输等行业相关单位,以及气象、卫生、公安、应急等有关部门进行数据共享交换与业务协同联动。部级路网管理机构的职责定位与具体职责如图7-2所示。

第七章 公路网运行监测与管理

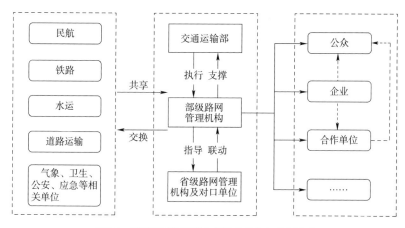

图 7-2 部级路网管理机构的职责定位与具体职责

（二）省级路网管理机构

省级路网管理机构在省域范围内开展路网运行监测和出行服务，在省域及跨省范围内实施应急处置，为服务升级、路域安全发挥了重要作用。目前已正式组建的省级路网管理机构主要职责与所在省（自治区、直辖市）公路管理体制相适应，不同地区省级路网管理机构业务范围、定位目标等不尽相同。省级路网管理机构核心职责主要有以下五类。

(1)省域公路网运行监测与信息汇总、分析和处理。
(2)重大突发事件路网指挥调度与应急响应。
(3)升级公路网运行管理与服务系统建设和运维。
(4)基于互联网站、客服电话、微博、微信等公益性出行信息发布服务。
(5)开展跨部门协调联动与业务协调。

省级路网管理机构职能建设在制度机制建设、系统平台建设、路网监测、应急处置与出行服务等具体业务方面，特别是在规范化、标准化的业务体系建设方面取得了一定成绩。例如，江苏、江西部分地区基本形成了省、市、县三级路网运行管理机构体系，业务体系建设初步实现了省域内纵向贯通与横向协同。

四、制度与机制要求

（一）建设制度

公路网运行监测与管理制度建设需建立在能够指导监测、应急、服务、监督等业务流程、指令执行与系统应用之上，公路网运行监测与管理机制则需要确保各个环节和接口的有效衔接与传导联动。全国各级公路网运行管理制度建设进一步加强，交通运输部修订印发《公路交通阻断信息报送制度》《公路交通突发事件应急预案》等，启动《公路网运行监测技术规范》《公路出行信息服务技术规范》《公路交通应急处置技术规范》制修订工作。"十二五"期间，交通运输部明确提出"建立更加全面、高效的交通运输运行监测网络"目标。2012 年 7

月,交通运输部成立部级路网运行管理机构,用于承担全国公路网监测、突发事件预警及应急处置,公路出行信息服务等职能。

(二)健全机制

建立健全制度机制是当前公路网运行监测与管理工作的"牛鼻子",各级公路网运行管理机构应围绕公路网运行监测、应急处置、出行服务、业务监督等核心业务,结合管理与服务实际需要,着力完善制度规定、标准规范和业务机制。

1. 多方联动机制

目前跨部门、跨区域等重点领域协调联动机制逐渐建立完善。交通运输部积极与公安、交通、气象、国土、地震、民政等部门开展跨行业合作,建立信息资源共享机制。2013年,交通运输部与公安部、中国气象局联合印发了《关于加强恶劣天气公路交通应急管理工作的通知》,2021年12月,交通运输部与公安部、气象局、国家铁路局、国家邮政局联合制定的《"十四五"交通气象保障规划》正式出台。在大区域协调联动方面,部分地区因地制宜建立了省际路网运行协调联动机制,例如,晋冀蒙陕运煤通道协调联动机制,鄂赣皖高速公路区域应急联动运行机制,泛长三角地区路网信息共享机制,华北五省(市)界收费站联动保畅机制,"七省一市"构建高速公路"一张网"管理体系等。在跨部门业务协同方面,安徽"路警联合"的管理模式已深入到高速公路片区一级;甘肃则在全省范围探索开展公路养护、建设、路政等部门共同参与的路网运行联动业务。

2. 预防预警机制

开展公路网预防与预警机制。目前,各级交通运输主管部门在日常工作中开展预警预防工作,重点做好对气象、国土等部门的预警信息以及公路交通突发事件相关信息的搜集、接收、整理和风险分析工作,完善预测预警联动机制,建立完善预测预警及出行信息发布系统。针对各种可能对公路交通运行产生影响的情况,按照相关程序转发或者联合发布预警信息,做好预防与应对准备工作,并及时向公众发布出行服务信息和提示信息。

第二节 公路网运行监测与预警

一、运行监测内容

(一)监测对象与内容

路网运行监测包括桥隧、服务区、收费站、治超站和特殊路段等对象。公路网运行监测,是通过交通传感、高分遥感、机器视觉、无人机等一体化监测方式,实现对公路网基础设施、运行状况的监测,实现对全路常态和非常态下的"可视、可测、可控",具体监测如下。

(1)公路网基础设施监测。对路面、路基、边坡、桥梁隧道等土建基础设施进行健康监测和隐患排查,对收费、通信、监控等信息基础设施运行等方面的监测。内容包括公路基础设施的技术状况,以及受自然灾害、交通事故等事件影响或损毁情况。

(2)公路网运行状况监测。融合各种有效感知手段,包括激光雷达、摄像头、气象站、LED 标志牌等路侧必要信息源,综合感知与采集交通流信息(车流量、平均车速等)、路网态势、通行效率、交通气象、重点营运车辆,以及道路异常信息、道路路面状况、道路几何状况等信息;重要桥隧、互通立交、收费站、服务区、治超站及重要平交道口等节点;急弯陡坡、水临崖、长大下坡、团雾结冰等高风险路段;大流量、易拥堵、事故多发路段、重点城市、交通枢纽及热门景区周边重要路段,区域间或省际重要运输通道等;结合施工(养护、改扩建、临时性抢修)、自然灾害(地质灾害、地震灾害、气象灾害)、事故灾难、重大社会活动、社会安全事件等因素对公路网运行的影响进行监测。内容包括公路断面交通量及车辆速度、轴载、标志及车型组成等交通运行参数,公路阻断、管控、拥堵等运行状态信息,以及公路网运行监测视频图像情况;各类公路突发事件及应急处置情况;公路养护施工、气象环境情况以及可能影响公路网运行等其他情况。

(二)运行监测指标

公路交通运行状态监测需对以上对象的交通运行状态进行实时监测。监测指标包括交通总流量、客车流量、货车流量、货车占比、速度等,具体可按照交通运行指标、路网环境指标、公路交通突发(阻断)事件信息指标划分类别。

(1)交通运行指标。包括断面交通量、车辆类别、行驶方向地点速度、时间平均速度,收费站交通量(车辆出入收费站时间、出入收费站地点、车辆出入收费站行驶里程、车型)、突发事件信息(视频)等。

(2)路网环境监测指标。包括能见度、路面状态(路面是否有冰雪、是否潮湿、是否干燥)、风速、风向、降水量、大气温度、相对湿度、路面温度等。

(3)公路交通突发(阻断)事件信息指标。包括卫星云图、降水实况、中短期天气预报、暴雨、暴雪、雾霾、寒潮、大风、沙尘暴、高温等天气落区图,地质灾害的范围、区域和时间以及地质灾害的类型(泥石流、滑坡、塌方等)等。

二、运行监测方式与流程

(一)主要运行监测方式

公路网运行监测以公路机电系统资源为基础,通过构建综合管理平台来实现基础设施状况、交通运行状态、气象环境实时监测预警和突发事件应急响应处置,为公路网日常协调和应急处置提供信息和系统支撑。一般来说,监测方式以自动化监测为主,以人工监测为辅。

1. 自动化监测

自动化监测是指利用公路网管理平台、运行监测与应急处置平台等自建业务系统进行监测管理和应急处置,其实施效果与基础设施数字化和网联化程度、监测数据的集中共享和治理程度、业务流程设计和实现程度、平台架构和技术先进水平等密切相关。大型国有高速公路经营管理单位所辖线路较长、基础设施建设标准较高,通常比较注重信息化建设,信息化系统在日常管理、运营收费、应急救援等业务方面得到应用,催生出准全天候通行保障、车道级流量管控等创新成果。

2. 人工监测

人工监测主要依托路段监控中心、管养机构、执法单位等进行。值班人员按规定频次和顺序查看所辖路段和桥隧的视频监控画面,记录并核实异常情况和突发事件,跟进现场处置全过程,必要时开展协调调度。发现重大突发事件时,按应急预案规定开展处置和信息报送。

高速公路信息化程度较高、视频监控覆盖全面、养护管理职责明晰到位,而且与路政执法、公安交警等信息共享和业务协同在基层单位具有普遍性,在交通拥堵和突发事件快速响应处置上有天然优势,人工监测在监测管理中将只发挥辅助作用;普通国省干线受线网规模庞大、设施资源、人员经费、技术力量等因素限制,对基础设施和交通运行的异常情况反映相对滞后,监测管理往往以人工监测为主。农村公路运行监测主要采用人工监测,目前也在积极尝试自动化监测,如检测采用智能道路检测车,装备先进传感器系统并同步车载设备等方式辅助人工监测。

(二)监测预警工作流程

部省级路网运行管理机构利用公路网运行信息,开展公路网运行态势评估、突发事件预测预警等工作,科学制定灾害性天气、地质灾害等公路网运行预报预警内容和级别,并提供全国干线公路网运行趋势预报和特定区域公路网运行中短期预测预警服务。

以部省两级路网管理机构开展公路网运行监测与预警工作为例,按照监测内容与对象要求开展实时监测工作,从路段基层、相关部门获取公路网运行监测数据,并根据监测情况与事件级别进行上报,必要时由部领导、相关司局及其他部委通过研判分析,确认是否进入预警或应急响应程序,采取相关防御或应急响应措施。公路运行监测与预警工作流程如图7-3所示。

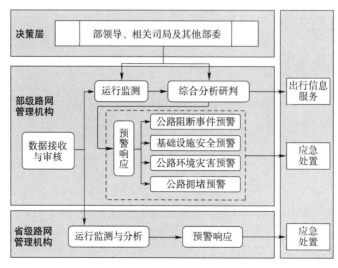

图7-3 公路运行监测与预警流程图

三、运行状态研判与分析

(一)交通事件监测分析

依托公路网运行监测及应急事件数据等业务数据,针对公路网运行监测预警、应急事件管理等具体业务中的某个专题进行分析,对路网中的异常事件进行监测报警,包括拥堵路段、拥堵收费站、交通管制、交通事故、道路施工、气象环境等,及时发布报警信息,提醒业务人员重点关注,同时对异常事件生命周期内路网各项运行指标及环境变化情况进行实时监测,提供桥梁、隧道、服务区、收费站、监控视频、里程桩号及交通气象等公路业务专题数据图层的查询功能,为业务人员的事件态势研判和综合处置提供辅助决策依据。

(二)重大主题活动研判与分析

依托公路网运行监测数据,针对重大活动保障、重要通道运输保障及节假日路网运行等不同的应用进行重要活动、重要路段、重要时段等相关主题分析,对交通量、运行状态、路段热力、货运流量与分布进行研判,为车辆疏散、运力投放、协调调度、预案制订、出行信息服务提供辅助支持。重大主题活动研判与分析已成为路网管理机构的常规工作,包括每年元旦、春节、端午节、中秋节、国庆节等节假日的路网运行分析研判,暑期、汛期及各类重大活动期间路网运行保障分析等。

(三)仿真模拟专项分析

依托公路网运行监测数据进行路网运行仿真与预测、综合可视化展示等专项分析,包括公路网运行状态预测模拟、公路网运行历史状态回溯、突发事件趋势仿真、可视化综合分析展示等。

四、预警发布流程与内容

(一)预警信息来源

需要监测的突发事件信息包括可能诱发突发事件的自然灾害,可能发生的事故灾难,可能造成人民群众生命财产损失的社会安全事件,可能影响公众健康和生命安全的公共卫生事件。信息的来源较为广泛,既包括基层交通运输部门和单位上报的信息,也包括气象、海洋、地震、国土等政府相关部门的天气、海况、地质灾害信息预报,同时还有国家网络和信息安全管理部门、专业机构发布的突发事件和预警信息,网络、电视、广播、报刊等新闻媒体报道的信息,以及其他国家及国际组织的信息通报。

(二)预警信息发布流程

根据《公路交通突发事件应急预案》的规定,部级路网管理机构接到可能引发重大公路交通突发事件的相关信息后,及时核实有关情况,确需发布预警信息的,报请交通运输部公路局,转发预警信息或与气象部门联合发布重大公路气象预警,提示地方交通运输主管部门做好相应防范和准备工作。

省级交通运输主管部门接到预警信息后应当加强应急监测,及时向部级路网管理机构报送路网运行信息,并研究确定应对方案。地方各级交通运输主管部门或公路管理机构,可根据所在区域有关部门发布的预警信息及其对公路交通的影响情况,转发或联合发布预警信息。预警信息发布程序可结合当地实际确定。

(三)预警主要内容

监测预警对可能发生的各种突发事件以及事件发生的全过程可能衍生的问题实施监测预警,提前做好各项针对性应急准备,最大限度地减少致灾因子造成的损失。影响国家干线公路的自然灾害有气象灾害(台风、冰雹、暴雨、暴雪、结冰、凝冻、大雾等)、地质灾害(山体滑坡、泥石流等)、地震灾害等;人为事故主要有干线公路上机动车驾驶人员疲劳驾驶、超载、超速等引起的交通事故;基础设施损害发生在高危桥梁、隧道、路段等。因此,预警主要内容包括公路网运行气象环境预警、公路网基础设施安全状态预警、公路网交通运行状态预警等。

(1)公路网运行气象环境预警。根据恶劣天气的种类、等级,以及可能对公路网运行造成的影响,一般将气象预警事件划分为四个预警等级,即特别重大公路气象预警、重大公路气象预警、较大公路气象预警、一般公路气象预警,并分别对应红、橙、黄、蓝四种颜色等级。

(2)公路网运行基础设施(桥梁、隧道)安全状态预警。根据《公路桥梁技术状况评定标准》(JTG/T H21—2011)等有关标准规范,或采用模糊综合评价、层次分析法等方法测算桥梁通行安全状况,将安全预警分为四个等级。根据《公路隧道养护技术规范》(JTG H12—2015)等有关标准规范的要求,设定每个预警指标容许值,在通过监测单项监测指标数值超过容许值并确定无误后,立即采取应对措施。

(3)公路网交通运行状态预警。各级交通运输主管部门关注重点是通勤高峰、周末节假日、恶劣天气多发期等重要时段。完善的交通信息感知体系和强大的数据处理能力可以实现分钟级甚至秒级的实时拥堵预警响应。配合道路等级和拥堵时长筛选、预警主动提醒、历史查询等功能可以实现不同系统、不同要求的精细化管理,可以进一步分析拥堵特征和易发拥堵路段,为安全隐患路段排查整治等政务决策提供支持。

(四)预警响应措施

各级路网运行管理单位、公路运营管理单位根据预警对象类别、等级情况并结合当地公路特征落实响应措施。加强预警事件跟踪监测与信息报告,公路网运行监测预警信息流转、传输、及跨部门共享、沟通渠道畅通,开展预警预防信息发布工作;针对不同情况制订并实施预防方案与措施,按照"零报告"要求及时报告有关落实情况;根据公路网运行状况和事件变化情况及时调整工作部署,做好现场预警预防具体工作,直至预警解除或转入应急响应阶段工作;及时开展预防措施实施监督及总结评估;对涉及跨区域预警预防的,相邻省份应当协同做好预防方案实施工作,避免路网严重拥堵、人员和车辆长期滞留等情况发生,由部级路网管理机构统筹开展协调跨区域预警预防方案实施工作。

第三节 公路突发事件应急处置

一、公路应急组织管理体系

(一)应急预案体系

根据《公路交通突发事件应急预案》的规定,公路交通突发事件应急预案按照"依法应对、预防为主、统一领导、分级负责、规范有序、协调联动"的工作原则开展,预案体系分为以下四个层面。

(1)国家公路交通突发事件应急预案。交通运输部应对公路交通突发事件和指导地方公路交通突发事件应急预案编制的规范性文件,由交通运输部公布实施。

(2)地方公路交通突发事件应急预案。省、市、县级交通运输主管部门按照交通运输部制定的公路交通突发事件应急预案,在本级人民政府的领导和上级交通运输主管部门的指导下,为及时应对本行政区域内发生的公路交通突发事件而制定的应急预案,由地方交通运输主管部门公布实施。

(3)公路交通企事业单位突发事件预案。公路管理机构、公路交通企业等根据国家及地方公路交通突发事件应急预案的要求,结合自身实际,为及时应对可能发生的各类突发事件而制定的应急预案,由各公路交通企事业单位实施。

(4)应急预案操作手册。各级交通运输主管部门、公路交通企事业单位可根据有关应急预案要求,制定与应急预案相配套的工作程序文件。

(二)应急管理体制

公路交通应急组织体系由国家、省、市和县四级组成。交通运输部负责全国公路交通突发事件应急处置工作的协调、指导和监督。县级以上各级交通运输主管部门按照职责分工负责本辖区内交通运输突发事件应急管理工作。根据《公路交通突发事件应急预案》的规定,按照国家应急组织机构和地方应急组织机构开展应急管理工作。

1. 国家应急组织机构

国家应急组织机构包括应急领导小组和应急工作组。

1)应急领导小组

交通运输部在启动公路交通突发事件应急响应时,同步成立交通运输部应对××事件应急工作领导小组(以下简称领导小组)。领导小组是公路交通突发事件的指挥机构,由交通运输部部长或者经部长授权的分管部领导任组长,分管部领导、部总师或者公路局及办公厅、应急办主要负责人任副组长,交通运输部相关司局及路网运行管理机构负责人为成员。

领导小组主要职责为负责组织协调公路交通突发事件的应急处置工作,发布指挥调度命令,并督促检查执行情况;根据国务院要求或者根据应急处置需要,成立现场工作组,并派往突发事件现场开展应急处置工作;根据需要,会同国务院有关部门,制定应对突发事件的联合行动方案,并监督实施;当突发事件由国务院统一指挥时,领导小组按照国务院的指令,执行相应的应急行动;决定公路交通突发事件应急响应终止;其他相关重大事项。

2) 应急工作组

领导小组下设综合协调组、抢通保通组、运输保障组、新闻宣传组、通信保障组、后勤保障组等应急工作组。应急工作组由部相关司局和单位组成,在领导小组统一领导下具体承担应急处置工作,并在终止应急响应时宣布取消。应急工作组组成人员由各应急工作组组长根据应急工作需要提出,报领导小组批准。视情成立专家组、现场工作组和灾情评估组,在领导小组统一协调下开展工作。

(1) 综合协调组。由部应急办或办公厅负责人任组长,视情由部相关司局和单位人员组成。负责起草领导小组工作会议纪要、明传电报、重要报告、综合类文件,向中办信息综合室、国务院总值班室和相关部门报送信息,协助领导小组落实党中央和国务院领导同志以及部领导的有关要求,承办领导小组交办的其他工作。

(2) 抢通保通组。由部公路局负责人任组长,视情由部相关司局和单位人员组成。负责组织协调公路抢修保通、跨省应急通行保障工作,组织协调跨省应急队伍调度和应急装备物资调配,拟定跨省公路绕行方案并组织实施,协调武警交通部队和社会力量参与公路抢通工作,拟定抢险救灾资金补助方案。

(3) 运输保障组。由部运输服务司负责人任组长,视情由部相关司局和单位人员组成。负责组织协调人员、物资的应急运输保障工作,协调与其他运输方式的联运工作,拟定应急运输征用补偿资金补助方案。

(4) 新闻宣传组。由部政策研究室负责人任组长,视情由部相关司局和单位人员组成。负责突发事件的新闻宣传工作。

(5) 通信保障组。由部通信信息中心负责人任组长,部通信信息中心相关处室负责人任成员。负责应急处置过程中网络、视频、通信等保障工作。

(6) 后勤保障组。由部机关服务中心负责人任组长,部机关服务中心相关处室人员任成员。负责应急响应期间24小时后勤服务保障工作;承办领导小组交办的其他工作。

3) 专家组

专家组由领导小组在专家库中选择与事件处置有关的专家组成。负责对应急准备以及应急行动方案提供专业咨询和建议,根据需要参加公路交通突发事件的应急处置工作。

4) 现场工作组

现场工作组由部公路局带队,相关司局和单位人员组成。现场工作组按照统一部署,在突发事件现场指导开展应急处置工作,并及时向领导小组报告现场有关情况。必要时,现场工作组可由部领导带队。

5) 灾情评估组

灾情评估组由部总师任组长,根据需要由部相关司局和单位人员组成。负责组织灾后调查工作,指导拟定公路灾后恢复重建方案,对突发事件情况、应急处置措施、取得成效、存在的主要问题等进行总结和评估。

6) 日常机构

部级路网管理机构是国家公路交通应急日常机构,在交通运输部领导下开展工作。日常状态时,主要承担国家高速公路网、重要干线公路及特大桥梁、长大隧道的运行监测及有关信息的接收、分析、处理和发布,承担全国公路网运行监测、应急处置技术支持等相关政策、规章制度、标准规范的研究、起草工作,承担全国公路网运行监测、重大突发事件预警与应急处置等信息平台的管理和维护,组织公路交通应急培训,参与组织部省联合应急演练,承担应急咨询专家库的建设与管理,承担国家区域性公路交通应急装备物资储备运行管理有关工作等。

应急状态时,在领导小组统一领导下,主要承担全国公路网运行统筹调度、跨省公路绕行、应急抢修保通等事项的组织与协调的有关业务支撑工作,承担与地方公路交通相关机构的联络和全国公路交通突发事件应急信息的内部报送等。

2. 地方应急组织机构

地方交通运输主管部门负责本行政区域内相应级别公路交通突发事件应急处置工作的组织、协调、指导和监督。

省、市、县级交通运输主管部门可参照国家应急组织机构组建模式,根据本地区实际情况成立应急组织机构,明确相关职责。

(三) 应急管理法制

我国交通运输突发应急管理法制体系包括国家层面的法律法规、规范性文件与交通运输部门规章、规范性文件。其中国家层面的应急管理法律法规与规范性文件包括《中华人民共和国突发事件应对法》《中华人民共和国公路法》《公路安全保护条例》《中华人民共和国道路运输条例》《国家突发公共事件总体应急预案》《交通强国建设纲要》等。交通运输部门规章、规范性文件主要包括《关于加强交通运输应急管理体系和能力建设的指导意见》《公路交通突发事件应急预案》《公路安全设施和交通秩序管理精细化提升行动方案》《公路长大桥隧养护管理和安全运行若干规定》等,对公路应急处置方案及日常管理做出明确规定和要求。

二、公路突发事件级别与响应

(一) 突发事件定义

公路交通突发事件是指由于自然灾害、事故等原因引发,造成或者可能造成公路交通运行中断,需要及时进行抢修保通、恢复通行能力的,以及由于重要物资、人员运输特殊要求,需要提供公路应急通行保障的紧急事件。

(二) 突发事件分级

公路交通突发事件按照性质类型、严重程度、可控性和影响范围等因素,分为四个等级:

Ⅰ级(特别重大)、Ⅱ级(重大)、Ⅲ级(较大)和Ⅳ级(一般)。

1. Ⅰ级事件

事态非常复杂,已经或可能造成特别重大人员伤亡、特别重大财产损失,需交通运输部组织协调系统内多方面力量和资源进行应急处置的公路交通突发事件。

2. Ⅱ级事件

事态复杂,已经或可能造成重大人员伤亡、重大财产损失,需省级交通运输主管部门组织协调系统内多方面力量和资源进行应急处置的公路交通突发事件。

3. Ⅲ级事件

事态较为复杂,已经或可能造成较大人员伤亡、较大财产损失,需市级交通运输主管部门组织协调系统内多方面力量和资源进行应急处置的公路交通突发事件。

4. Ⅳ级事件

事态比较简单,已经或可能造成人员伤亡、财产损失,需县级交通运输主管部门组织协调系统内多方面力量和资源进行应急处置的公路交通突发事件。

自然灾害等对公路交通的影响尚不明确,而国家专项应急预案或相关主管部门已明确事件等级标准的,可参照执行。

省级交通运输主管部门可以结合本地区实际情况,对Ⅱ级、Ⅲ级和Ⅳ级公路交通突发事件分级情形进行细化补充。

(三)突发事件应急响应分级

公路交通突发事件应急响应分为部、省、市、县四级部门响应。交通运输部应急响应分Ⅰ级和Ⅱ级,省、市、县级部门应急响应一般可分为Ⅰ级、Ⅱ级、Ⅲ级和Ⅳ级四个等级。

1. Ⅰ级公路交通突发事件分级响应

发生Ⅰ级公路交通突发事件时,由交通运输部启动并实施Ⅰ级应急响应,相关省、市、县级交通运输主管部门分别启动并实施本级部门Ⅰ级应急响应。

2. Ⅱ级公路交通突发事件分级响应

发生Ⅱ级公路交通突发事件时,由省级交通运输主管部门启动并实施省级部门应急响应,相关市、县级交通运输主管部门分别启动并实施本级部门应急响应且响应级别不应低于省级部门应急响应级别。

3. Ⅲ级公路交通突发事件分级响应

发生Ⅲ级公路交通突发事件时,由市级交通运输主管部门启动并实施市级部门应急响应,相关县级交通运输主管部门启动并实施县级部门应急响应且响应级别不应低于市级部门应急响应级别。

4. Ⅳ级公路交通突发事件分级响应

发生Ⅳ级公路交通突发事件时,由县级交通运输主管部门启动并实施县级部门应急响应。

5. 专项响应

发生Ⅱ、Ⅲ、Ⅳ级公路交通突发事件时,按照国务院部署,或者根据省级交通运输主管部门请求,或者根据对省、市、县级部门应急响应工作的重点跟踪,交通运输部可视情况启动Ⅱ级应急响应,指导、支持地方交通运输主管部门开展应急处置工作。

指导、支持措施主要包括:

(1)派出现场工作组或者有关专业技术人员给予指导。

(2)协调事发地周边省份交通运输主管部门、武警交通部队给予支持。

(3)调用国家区域性公路交通应急装备物资储备给予支持。

(4)在资金等方面给予支持。

(四)突发事件应急响应启动程序

1. 交通运输部应急响应启动程序

(1)部级路网管理机构接到突发事件信息报告后,及时核实有关情况,报部公路局、应急办。

(2)由部公路局商应急办提出启动Ⅰ、Ⅱ级应急响应建议。

(3)拟启动Ⅰ级应急响应的,经分管部领导同意,报请部长核准后启动,同步成立领导小组,各应急工作组、部级路网管理机构等按照职责开展应急工作,并将启动Ⅰ级应急响应有关信息按规定报中办信息综合室、国务院总值班室,抄送应急协作部门,通知相关省级交通运输主管部门。

(4)拟启动Ⅱ级应急响应的,经分管部领导同意后启动,同步成立领导小组,并按照需要成立相应应急工作组。领导小组组成人员报部长核准。

(5)Ⅱ级应急响应启动后,发现事态扩大并符合Ⅰ级应急响应条件的,按照前款规定及时启动Ⅰ级应急响应。

(6)应急响应启动后,应及时向社会公布。

2. 省、市、县级部门应急响应启动程序

省、市、县级交通运输主管部门根据本地区实际情况,制定本级部门应急响应等级、响应措施及启动程序。省级交通运输主管部门启动Ⅲ级及以上公路交通突发事件应急响应的,应报部级路网管理机构。

(五)突发事件响应终止程序

1. 交通运输部应急响应终止程序

(1)部级路网管理机构根据掌握的事件信息,并向事发地省级交通运输主管部门核实公路交通基本恢复运行或者公路交通突发事件得到控制后,报领导小组。

(2)由抢通保通组商综合协调组提出终止Ⅰ、Ⅱ级应急响应建议和后续处理意见。

(3)拟终止Ⅰ级应急响应的,经领导小组组长同意后终止,或者降低为Ⅱ级应急响应,转入相应等级的应急响应工作程序,同步调整领导小组及下设工作组。

(4)拟终止Ⅱ级应急响应的,经领导小组组长同意后终止。

(5)终止应急响应或降低响应等级的有关信息,按规定报中办信息综合室、国务院总值班室,抄送应急协作部门,通知相关省级交通运输主管部门。

2. 省、市、县级部门应急响应终止程序

省、市、县级交通运输主管部门根据本地区实际情况,制定本级部门应急响应终止程序。

(六)突发事件应急总结

事发地交通运输主管部门应当按照有关要求,及时开展灾后总结评估工作,准确统计公路基础设施损毁情况,客观评估应急处置工作成效,深入总结存在问题和下一步改进措施,并按规定向本级人民政府和上级交通运输主管部门上报总结评估材料。交通运输部应急响应终止后,部公路局及时组织参与单位开展总结评估工作,并报部领导。

三、公路突发事件应急响应措施

(一)信息报告与处理

交通运输部按有关规定向中办信息综合室、国务院总值班室及时报送突发事件信息。

交通运输部和应急协作部门建立部际信息快速通报与联动响应机制,明确各相关部门的应急日常管理机构名称和联络方式,确定不同类别预警与应急信息的通报部门,建立信息快速沟通渠道,规定各类信息的通报与反馈时限,形成较为完善的突发事件信息快速沟通机制。

交通运输部和省级交通运输主管部门建立完善部省公路交通应急信息报送与联动机制,部级路网管理机构汇总上报的公路交通突发事件信息,及时向可能受影响的省(区、市)发布。

交通运输部应急响应启动后,事件所涉及省份的相关机构应将应急处置工作进展情况及时报部级路网管理机构,并按照"零报告"制度,形成定时情况简报,直到应急响应终止。具体报送程序、报送方式按照《交通运输突发事件信息报告和处理办法》《交通运输部公路交通阻断信息报送制度》等相关规定执行。部级路网管理机构应及时将进展信息汇总形成每日公路交通突发事件情况简报,上报领导小组。省、市、县级部门应急响应的信息报送与处理,参照交通运输部应急响应执行。信息报告内容包括事件的类型、发生时间、地点、发生原因、影响范围和程度、发展势态、受损情况、已采取的应急处置措施和成效、联系人及联系方式等。

省级交通运输主管部门制定本地信息报送内容要求与处理流程。

(二)应急响应主要措施

在公路交通突发事件响应期间,各级路网运行管理机构应做好以下工作。

(1)实行全日制值班值守工作,定期报告并分析应急信息,开展研判会商,发布信息。

(2)参与制定应急处置工作方案并实施,承担公路网统筹调度、通行资源调配、绕行分流抢修保通、通行保障等应急响应工作的组织与协调,并跟踪落实。

(3)会同有关单位保障突发事件现场与指挥决策部门的通信信息传输及跟踪落实。

(4)涉及关闭省际公路的,相邻省份的省级路网运行管理单位应当联合公路运营管理单位、交通运输执法及公安交管等部门共同制定疏导方案,确定分流路线,落实相关响应措施,并通报部级路网管理机构。必要时有关省份可向部级申请统筹协调跨区域应急响应工作。

(5)发生特别重大公路交通突发事件,以及省级交通运输主管部门请求由交通运输部指导、支持处置的公路交通突发事件或者其他紧急事件时,按照应急预案启动应急响应,视情紧急调拨国家区域性公路交通应急物资,并在应急资金、物资装备、应急队伍、区域联动等方面给予协调和支持。

在公路交通突发事件响应期间,各级交通运输主管部门、公路运营管理单位应当做好以下工作。

(1)对受损、阻塞的公路基础设施进行抢修、抢通,保障公路基本通行条件。
(2)设置警示警告标志,采取措施防止危险源或危险区域发生次生、衍生灾害。
(3)实行全日制应急值守工作,开展巡查监测,及时报告应急处置进展情况。
(4)保障应急救援车辆通过收费站专用通道的畅通。
(5)落实相关部门关于控制、减轻消除突发事件危害和响应措施的有关要求。
(6)需要跨省份应急处置的,相关省级交通运输主管部门应当做好支持配合工作。

四、应急能力建设

(一)应急队伍保障

各级交通运输主管部门按照"统一指挥、分级负责,平急结合、协调运转"的原则建立公路交通突发事件应急队伍。

1. 国家公路交通应急队伍

武警交通部队纳入国家应急救援力量体系,作为国家公路交通应急抢险救援、抢通保通队伍,兵力调动使用按照有关规定执行。

2. 地方公路交通应急队伍

地方交通运输主管部门应当根据路网规模、结构和易发突发事件特点,负责本地应急抢险救援、抢通保通队伍的组建和日常管理。应急队伍可以专兼结合,充分吸收社会力量参与。

3. 社会力量动员与参与

地方交通运输主管部门根据本地区实际情况和突发事件特点,制定社会动员方案,明确动员的范围、组织程序、决策程序。在公路交通自有应急力量不能满足应急处置需求时,向本级人民政府提出请求,动员社会力量或协调其他专业应急力量参与应急处置工作。

(二)装备物资保障

1. 公路交通应急装备物资储备原则

建立实物储备与商业储备相结合、生产能力储备与技术储备相结合、政府采购与政府补贴相结合的应急装备物资储备方式,统筹考虑交通战备物资储备情况,强化应急装备物资储备能力。

2. 公路交通应急装备物资储备体系

公路交通应急装备物资储备体系由国家、省、市三级公路交通应急装备物资储备中心（点）构成。

3. 应急装备物资管理

公路交通应急装备物资储备中心（点）应当建立完善的各项应急物资管理规章制度，制定采购、储存、更新、调拨、回收各个工作环节的程序和规范，加强装备物资储备过程中的监管，防止储备装备物资被盗用、挪用、流失和失效，对各类物资及时予以补充和更新。

当本级应急装备物资储备在数量、种类及时间、地理条件等受限制的情况下，需要调用上一级应急装备物资储备中心（点）装备物资储备时，由上一级交通运输主管部门下达调用指令；需要调用国家区域性公路交通应急装备物资储备中心装备物资储备时，由交通运输部下达调用指令。

（三）通信保障

在充分整合现有交通通信信息资源的基础上，加快建立和完善"统一管理、多网联动、快速响应、处理有效"的公路交通应急通信系统，确保公路交通突发事件应对工作的通信畅通。

（四）技术保障

1. 科技支撑

各级交通运输主管部门应当建立健全公路交通突发事件技术支撑体系，加强突发事件管理技术的开发和储备，重点加强智能化的应急指挥通信、预测预警、辅助决策、特种应急抢险等技术装备的应用，建立突发事件预警、分析、评估、决策支持系统，提高防范和处置公路交通突发事件的决策水平。

2. 应急数据库

公路交通应急抢险保通和应急运输保障队伍，以及装备物资的数据资料定期更新，并建立包括专家咨询、知识储备、应急预案、应急队伍与装备物资资源等数据库。

公路数据库、农村公路数据库、交通移动应急通信指挥平台数据库、交通量调查数据库等交通运输各业务数据库应当为公路交通突发事件处置工作提供数据支持。在交通运输部启动防御响应或应急响应后，相关数据库维护管理单位应当为应急处置工作提供必要的技术支撑，并安排专职应急值班人员。

（五）资金保障

公路交通应急保障所需的各项经费，应当按照事权、财权划分原则，分级负担，并按规定程序列入各级交通运输主管部门年度预算。

鼓励自然人、法人或者其他组织按照有关法律法规的规定进行捐赠和援助。

各级交通运输主管部门应当建立有效的监管和评估体系，对公路交通突发事件应急保障资金的使用及效果进行监管和评估。

(六)应急演练

交通运输部会同有关单位制定部省联合应急演练计划并组织开展实地演练与模拟演练相结合的多形式应急演练活动。

地方交通运输主管部门要结合所辖区域实际,有计划、有重点地组织应急演练。地方公路交通突发事件应急演练至少每年进行一次,突发事件易发地应当经常组织开展应急演练。应急演练结束后,演练组织单位应当及时组织演练评估。鼓励委托第三方进行演练评估。

(七)应急培训

各级交通运输主管部门应当将应急教育培训纳入日常管理工作,应急保障相关人员至少每 2 年接受一次培训,并依据培训记录,对应急人员实行动态管理。

(八)责任与奖惩

完善征用补偿机制,对公路交通突发事件应对工作中做出突出贡献的先进集体和个人要及时地给予宣传、表彰和奖励。对迟报、谎报、瞒报和漏报重要信息或者应急管理工作有其他失职、渎职行为的,按照有关规定处理。

第四节 公路交通出行服务

一、出行信息服务方式

(一)传统出行信息服务

自 2005 年起,交通运输部先后实施了"公路公众出行信息服务系统"示范工程建设,启动了包括公众出行信息服务系统在内的"省级公路信息资源整合和服务工程"试点推广工作,目前已基本形成了出行信息服务网站、热线电话、短信和路侧可变情报板等多种方式相结合的传统出行信息服务体系,主要提供路径规划、交通阻断、计划性施工、道路拥堵、收费标准等信息服务。而后交通运输部又启动了"省域道路客运联网售票系统"建设,截至 2022 年 11 月,全国 31 个省(区、市)和新疆生产建设兵团均已建成省域道路客运联网售票系统,全国二级及以上汽车客运站联网售票覆盖率超 99%,23 个省份实现了部省联网。

(二)新媒体个性化出行服务

随着公众对出行信息服务需求的日益旺盛,以及移动互联网和智能手机的普及,各种"互联网+"出行信息服务产品迅速涌现,出行信息服务市场蓬勃发展。由互联网企业、汽车厂商等提供的出行信息服务产品,如高德、百度等提供的地图导航及实时路况服务,滴滴等提供的网约车、共享单车服务,携程、美团等提供的机票、火车票、汽车票预订服务,EVCARD、Gofun 等提供的共享汽车服务,掌上公交、车来了等提供的实时公交查询服务以及停车代驾、汽车"后服务"等信息服务产品都属于新媒体服务,且定制出行、点单式出行、出行即服务(Mobility as a Service,MaaS)等个性化服务发展趋势强劲,往往更能够吸引出行者使用。

(三)智慧公路全路域出行服务

智慧公路建设是基于综合出行公众对各信息服务的重要度,为出行公众提供连续性告知、强时序导航、个性化定制的综合信息服务,提供全新的精准化、个性化出行体验,提供基于位置的伴随式路况交通信息服务、气象信息服务、应急事件信息服务和交通事件管控信息服务等。具体包括提供全域路段车辆平均速度、当前拥堵程度,以及基于目的地位置的短期路况预测信息;提供当下的全域路段天气情况,例如雨雪情况、温度情况等,提供基于目标位置的未来短期气象预测信息;根据应急事件发生类型、地点、规模判断影响路域范围,提供车道级精准的事件信息等服务。

二、服务设施管理

(一)高速公路服务区

1. 高速公路服务区概述

高速公路服务区是指布设在高速公路两侧,为车辆、司乘人员和旅客提供服务的设施,是高速公路的重要组成部分。一般意义上,高速公路服务区较为封闭,其建设的主要目的是为了满足公路的功能配套需求,高速公路服务区在高速公路运营体系中具有不可替代的作用。

1)高速公路服务区的特点

高速公路服务区的特点为服务对象的单一性和流动性、服务要求的多样性、服务效益的不稳定性、地理位置的特殊性等。

(1)服务对象的单一性和流动性。高速公路作为一个封闭的整体,对外开放性不大,因此高速公路服务区的服务对象也比较单一,一般是司乘人员。高速公路是为司乘人员提供高速交通的载体,仅局限于交通运输,服务区只是司乘人员的临时休息地,司乘人员的流通性较大。

(2)服务要求的多样性。高速公路具有公共服务性质,由于司乘人员的需求层次存在客观差异,客观上要求高速公路服务区要在服务上满足不同人群的需求,增加服务多样性。

(3)服务效益的不稳定性。高速公路由于其自身特性、所处位置以及客流情况不同,使得服务区服务内容相差较大,客流量呈现周期性波动和不稳定发展趋势,造成服务效益的不稳定。

(4)地理位置的特殊性。高速公路服务区是高速公路的重要组成部分和附属设施,且全封闭运营,高速公路上的司乘人员与外界暂时空间隔离。一般情况下,服务区是修建在远离市区的地方,从而决定了高速公路服务区地理位置的特殊性。

2)高速公路服务区功能划分

按照高速公路服务区需求划分,可将服务区功能划分为基本功能和拓展功能两类。

基本功能指传统意义上的服务区通常为高速公路上的车辆提供停车、加油、维修等服务,为司乘人员提供餐饮、休息、购物、如厕等基本服务。服务区是高速公路正常运营的有力保障。

拓展功能指为满足新形势下多样化的消费需求,在保证服务区基本功能服务质量的前提下,因地制宜开发服务区拓展功能发展,有助于高速公路服务区提质增效。运用拓展功能主要包括消费功能、运输服务以及其他功能。高速公路服务区功能划分见表7-1。

高速公路服务区功能划分 表7-1

服务功能	服务对象	服务设施
基本功能	车辆	停车站、加油站、维修站、充电桩等
	司乘人员	餐厅、休息室、商店、厕所等
拓展功能	消费	休闲娱乐、特色餐厅、特产超市、会议室、酒店等
	运输服务	物流、客运站、农产品集散等
	其他功能	广告开发、展览陈列等

3)高速公路服务区等级划分

按照服务区功能完善程度和建设规模,高速公路服务区可划分成一类服务区、二类服务区和三类服务区。各类服务区的功能和规模设置情况如下。

(1)一类服务区:服务功能最为完善,除了具备停车场、加油站、维修站、餐厅、休息室、商店、厕所等服务设施之外,还需要提供临时医疗救助设施。此类服务区规模最大,停车位数量充足,各类建筑设施规模体量大,建设改造期间需结合实际条件,结合服务区的建设进行响应功能拓展并逐渐完善。

(2)二类服务区:服务功能相对完善,相对于一类服务区,二类服务区除了不具备临时医疗救助设施之外,停车场、加油站、维修站、餐厅、休息室、商店、厕所等服务设施均具备。此类服务区规模较大,停车位数量较为充足,各类服务设施规模适中,同样地,二类服务区也需要在发展过程中不断进行功能拓展的尝试。

(3)三类服务区:仅具备临时停车、休息、如厕的功能。其主要作用是一类服务区和二类服务区的补充。此类服务区占地面积最小。

2.高速公路服务区管理

目前,高速公路服务区服务建设管理是以推动高速公路服务区基本服务提质增效、拓展延伸服务、创新服务模式为目的,以人民为中心打造的,全国各地区根据国家政策要求,固根基、强弱项、补短板,从服务区设施建设及改造、探索"服务区+"新模式、推进智慧服务区和绿色服务区建设、提升服务区管理新模式等方面取得较大成效。

1)全面深化服务区设施建设改造

(1)全面深化"厕所革命"。各地在高速公路服务区公共卫生间设施建设与改造工作方面取得较大成效,正在因地制宜推动服务区卫生设施建设改造。在建设过程中,对标高速公路服务区高峰需求,合理增设厕位总量,改善公众如厕体验,着重解决了各省域内客流量排名前50%的高速公路中公众"如厕难"和"卫生差"问题。

(2)完善老年人残疾人和母婴出行服务。优化弱势群体出行设施体系是高速公路服务区的重点改造工作,服务区设置无障碍服务设施,建立无障碍设施安全检查制度,并定期排查无障碍通道和设施安全情况;加强母婴设施建设和维护,优化母婴设施指示和引导,提供人性化便利服务。

(3)加强服务区公共场所管理。高速公路服务区根据车流、客流分布情况,进一步优化了公共场所布局,合理调整、增设交通标志标线;适当增加了人行横道线,规范引导行人顾客安全有序通行;定期开展公共场所卫生监督和安全检查,确保高速公路服务区公共场所设施安全便捷,消除安全隐患。

2)探索开展"服务区+"行动

按照高速公路沿线经济和文化建设,探索开展"服务区+"行动。在保障基本服务功能的基础上,探索服务区与旅游、物流、文化、商业、新能源等产业的融合发展,推进"服务区+旅游""服务区+商业""服务区+特色产业"等建设。鼓励有条件的服务区结合当地资源情况,科学增设产品展销、票务、问询、导游、休息娱乐、房车营地、汽车维修等服务功能,丰富服务区旅游经营业态,推进品牌化、专业化、连锁化经营管理,促进消费升级,服务地方经济发展。

3)推进智慧和绿色服务区建设

(1)推进智慧服务区建设。智慧服务区正在推进促进融智能停车、能源补给、救援维护于一体的现代综合服务设施建设,实现信息统计、运营管理、监督检查等的在线化、常态化和智能化。依托信息化手段,开展服务质量满意度评价工作,畅通公众反馈渠道,完善服务监督机制和评价体系。对服务区运营监管分析、服务区应急决策分析、公众出行服务分析功能进行优化,提高了数据平台在公路智慧服务区中的应用价值。

(2)推进绿色服务区建设。绿色服务区建设以加强太阳能、风能等可再生能源及节能电器在服务区的推广应用为重点,另外,服务区正在着力推进服务区充电和加气设施建设,以更好地满足新能源汽车补给需求;积极引进先进技术和污水处理设施,加强污水处理和回收利用,提升水资源循环利用率,推广使用节水卫生器具;完善服务区垃圾分类管理体系,持续提升分类管理能力,有效节约资源,减少环境污染。

4)提升行业综合管理能力

(1)开展高速公路服务区分类管理。基于服务区用地面积、车流量、驶入率等,高速公路运营管理公司积极开展服务区分类管理研究,明确分类办法,完善分类层级,确定服务功能与标准。根据分类办法,对现有服务区进行类别划分,对照服务功能与标准,采取针对性措施,促进服务质量全面提升。

(2)加强服务质量日常监督与等级评定。推动建立"服务区日查、公司巡查、行业抽查、公众监督、政府监管"五位一体的服务质量监管体系,加强服务质量日常监管。依托电子巡更、满意度评价、视频联网系统等形式,完善服务质量在线监管手段,结合明察暗访、第三方评价等其他方式。

(二)普通国省干线公路服务区

1.普通国省干线公路服务区概述

2016年开始,全国着力推进普通国省干线公路服务区建设和运营管理工作,以更好地满足社会公众出行的需求。普通国省干线公路服务区为干线公路上行驶的司乘人员提供短暂休息场所,为司乘人员以及公路管理的人员提供必要物资和生活生产服务,具有社会公益性和营利性。

1)普通国省干线公路的特点

与高速公路服务区相比,普通国省干线公路服务具备以下特征。

(1)路网位置开放。高速公路作为公路网的主骨架,出入口受严格控制,路段中全线封闭。国省干线公路作为毛细脉络连接高速公路和城市,服务区因所处位置较为开放,与周边社会资源直接联系,渗透性更强。

(2)功能需求多样。普通国省干线公路服务区因所处地区经济差异,承担不同的功能定位。经济发达地区国省干线的通道功能和集散功能被弱化,而在欠发达地区,国省干线公路仍承担着重要通道、客货运输和城市集散功能。因此国省干线公路服务区功能不一,需根据所处地区位置和发展实际,满足用户的个性化、多元化的使用需求。

(3)与周边用地功能互补。部分国省干线公路的专用功能较为凸显,景区、物流产业园区、矿区及工业园区等地区周边的普通国省干线公路交通流量相对更大,其服务区根据所处位置的功能特点,提供基础功能且赋予相适宜的设计和涵义。

2)普通国省干线公路服务区功能划分

服务区的主要功能是向司乘人员及车辆提供餐饮、休息、车辆维修等基本服务。一般认为,完善的国省干线公路服务区应具备以下三方面的功能。

(1)为车服务的功能配置,例如停车场、加油站、充电设施、汽车维修、加水等功能。

(2)为人服务的功能配置,例如公共厕所、餐饮、购物、休息场所、信息通信、医疗、救护等功能。

(3)附属服务的功能配置,例如管理用房、设备用房、员工休息室等功能。

3)普通国省干线公路服务区类别划分

目前,国内对普通国省干线公路服务区的划分,主要是依据国省干线的功能特征。按照服务功能可将现有普通国省干线公路服务区划分为地方性服务类、景区服务类、物流服务类、干线服务类等类别。

(1)地方服务类。建设于承担县乡一级的交通集散和通达功能,国省干线被段落化、网格化,每段道路服务于相应的县域及周边乡镇。

(2)景区服务类。建设于作为景区的连接线,着重选择建设在自然景观、路域景观、人文景观、旅游景区、种植园等风景优美的区域,具备停车和观景功能,游客数量较多,且受季节性影响明显。

(3)物流服务类。建设于作为矿区及工业园区、物流产业园区连接线,物流运输车辆明显较多,且根据连接产业的不同,运输车辆的荷载,密度及干净程度也有明显区别。

(4)干线服务类。建设在欠发达地区,国省干线仍然承担着重要通道、运输和主要城市的集散功能。且由于发展不够充分,路网稀疏,道路沿线村镇较少,呈现出一定程度的封闭性。

2.普通国省干线公路服务区管理

加强普通国省干线公路服务区建设与运营管理,推动公路交通服务全面提质增效升级,是现阶段优化普通国省干线公路服务区水平的落脚点。普通国省干线公路服务区管理主要考虑以下三方面。

1)加快推进服务区设施建设改造

(1)加快推进普通国省干线公路服务设施建设改造。依据《普通国省干线公路服务设施建设实施暂行技术要求》(交办公路函〔2017〕978),各管辖单位按照"建得宜、养得起、管得到、用得好"的原则,优先利用现有公路管理和服务设施、公路边角用地等社会资源进行了建设改造,合理控制单个服务区建设规模,层层压实责任,强化要素保障,科学统筹推进。

(2)探索共建共享服务设施。有些普通国省干线公路服务区具有与高速公路服务区衔接的条件,因此,利用该优势衔接高速公路服务区齐全完备的设施,建立试点普通国省干线公路服务设施与高速公路服务区共建共享,形成资源集约、开放共享的服务设施网络,有效提高了普通国省干线公路服务区的服务水平。

2)提升行业综合管理能力

(1)加强普通国省干线公路服务设施运营管理。按照交通运输部印发的《关于加强普通国省干线公路服务设施运营管理和服务保障工作的通知》,各省加强已开通服务设施运营管理和服务保障工作指导。建立健全管理制度、服务和考核标准,鼓励引入社会资本,合理设置增值服务,开展跨区域经营,采取合资、承包等多种方式,实施规范化管理。充分利用网络、媒体等多种手段,加大宣传推广力度,在上游路段合理设置指引标志,便于司乘人员做好相关准备。

(2)强化安全生产管理。建立健全安全管理制度和安全生产隐患排查治理联动机制,进一步加强对公共场区、停车场、加油站、食品卫生、饮用水等重点领域的安全防范。加强反恐防范工作。按照突发事件应急体系建设的要求,制定完善应急预案,强化应急处置管理,提高应对处置突发事件能力。

(3)加强专业人才队伍建设。开展服务区专业人才能力建设研究,完善服务区管理工作机制,加大培训力度,加强人才培养,组织开展专业技能竞赛。推进专家智库建设,关注和维护员工合法权益,吸引更多专业人才投身公路服务区建设。

(三)农村公路服务驿站

1.农村公路服务驿站概述

农村公路驿站是以农村公路服务为主要功能的交通基础设施。实现"多站合一、一站多能"的农村公路服务驿站和港湾,不仅提高了农村公路应急救援能力,而且也强化了农村公路网的"快进慢游"功能。农村公路驿站具有汇集社会人流、物流、信息流和聚集人气的价值,其特征可总结如下。

（1）流量较大。农村公路的正常运行关系着农民的出行,更关系着农村的发展,对于农民致富、农村发展至关重要。农村公路驿站作为高速公路、普通国省干线连接农村公路后的服务站点,定位面向广大乡村群众提供自由进出的休闲场所,在功能设置上体现"亲民、实用"的特点服务当地群众;结合"美丽农村路"建设将旅游区串点成线、连线成网,强化了路网的服务能力。

（2）融合度较高。农村公路驿站通过设置休息场所,引导周边人群驻足、休憩。在面积不大的空间内融合了临时停靠点、停车区、便民服务点等,为环卫工人、快递员、普通百姓提供临时歇息等融合服务,最大程度地提高农村公路服务水平和服务效能,最大程度兼顾特色优势,贴近民情民生,连接公路、带动资源、聚起人气,保证农村公路驿站成为乡村振兴、惠农、助农的重要载体。

2. 农村公路服务驿站管理

1）选址要求

农村公路服务驿站可以根据"因地制宜、充分利用、近而不进、利于管理"的原则,结合新建工程或其他工程,充分考虑土地利用、沿线设施、沿线资源进行选址建设。其中"近而不进"是指驿站距离村庄近但不进村,利于养护、便于交通。通过农村公路服务驿站建设,既能以其得天独厚的地理优势对周边村庄、环境起到添景的作用,又能充分利用废弃地、边角地盘活土地资源整合农村资源还能借力用力,整合农村资源。

2）服务要求

农村公路驿站在保障停车、休息、如厕、观景基础功能的同时,能够吸引电商进驻最佳,可采取"驿站+电商+土特产小市场"模式,对于旅游产业发展较好的乡镇,规划建设"旅游驿站+电商+农产品市场"。农村公路驿站结合当地实际,提供周边地区旅游导览图、本地特产导购、城市广告宣传、国家政策宣贯等特色服务,有条件的还可提供免费书屋、WiFi连接、应急医药包、手机充电器、车载打气泵等人性化物品设备。

3）文化要求

农村公路驿站可以结合本地历史人文、传统文化,将公路驿站作为窗口的重要宣传阵地,充分展示本地特色。同时可通过微型展览馆、图片展板、宣传画册等形式在公路驿站中搭建公路文化展示平台展示内容,如公路路容路貌历史变迁、桥梁隧道图片展览、造桥铺路技术（机械工具）迭代更新、公路养护四新技术展示、最美行业行风路德文化宣传等。

4）管养要求

各地可根据实际情况,探索农村公路驿站管养模式,如浙江省台州市探索无偿模式、让利模式、合作模式、市场模式等。

无偿模式指定期联系组织党建团体青年志愿者、慈善公益组织、中小学生实践团体等参与服务站宣传、保洁、管养等活动,创建红色驿站、志愿者驿站等。

让利模式指将服务站以低价或免费提供给商户经营,服务站建造者让出租赁利益,服务站经营使用者接棒管养权,通过"权利"交换,获得服务站的完善管理。

合作模式指通过与沿线加油站、公路站、养护站、运输服务站等合作共建模式统筹融合,便于养护管理。

市场模式指引入市场机制,实施市场化运作模式,互惠共赢,通过将服务站依托与周边民宿、农家乐、摄影室(基地)旅游中转站等"以站养站",起到良性循环。

三、服务能力升级

(一)强化路网疏堵保畅

1. 重大节假日小型客车免费通行

为缓解重大节假日公路收费站交通拥堵和方便公众出行,根据《重大节假日免收小型客车通行费实施方案》要求规定,我国节假日免费通行的时间范围为春节、清明节、劳动节、国庆节等四个国家法定节假日,以及当年国务院办公厅文件确定的上述法定节假日连休日。免费时段从节假日第一天00:00开始,节假日最后一天24:00结束(普通公路以车辆通过收费站收费车道的时间为准,高速公路以车辆驶离出口收费车道的时间为准)。免费通行的车辆范围为行驶收费公路的7座以下(含7座)载客车辆,包括允许在普通收费公路行驶的摩托车。收费公路重大节假日免费政策的出台,降低了公众节假日出行成本,对刺激消费、拉动内需起到了积极作用。

2. 落实鲜活农产品运输"绿色通道"

为提高鲜活农产品的公路运输效率,减少运输途中的损耗,更好地解决群众"菜篮子"供应问题,鲜活农产品运输车辆驶出高速公路出口收费站后,在指定位置申请查验,查验合格后可以享受鲜活农产品运输"绿色通道"政策。2022年2月,《关于进一步提升鲜活农产品运输"绿色通道"政策服务水平的通知》(交公路发〔2019〕99号)印发,继续大力推进鲜活农产品运输"绿色通道"建设,全面落实整车合法装载运输鲜活农产品车辆免收通行费政策,每年免收鲜活农产品运输车辆通行费300多亿元。

对于流量大易拥堵的收费站,交通运输部指导各地通过优化查验流程、合理配置查验地点和人员、完善相关系统功能、探索信用查验等措施,进一步提高了绿通车辆通行和管理效率。

鲜活农产品运输车辆通过安装ETC车载装置,在高速公路出、入口使用ETC专用通道实现不停车快捷通行。

鲜活农产品运输车辆驶出高速公路出口收费站后,在指定位置申请查验。

建立全国统一的鲜活农产品运输"绿色通道"预约服务制度。鲜活农产品运输车辆通过网络或客服电话系统提前预约通行。

建立鲜活农产品运输信用体系。对一年内混装不符合规定品种(或物品)超过3次或者经查验属于假冒的鲜活农产品运输车辆,记入"黑名单",在一年内不得享受任何车辆通行费减免政策,并将有关失信记录纳入全国信用信息共享平台,并对外公开;对信用记录良好的车辆,逐步降低查验频次。

(二)优化大件运输审批流程

1. 简化优化审批程序

我国超限运输车辆通行管理工作逐步步入正规化、规范化轨道,2017年跨省大件运输并联许可系统上线,提前实现了国务院确定的"一地办证、全线通行"全国联网目标,优化大件运输审批流程是交通运输部推动的重点工作。2022年3月,交通运输部组织召开大件运输管理服务工作视频会议上强调,各地要提升管理服务支撑能力,深入开展常态化大走访活动,建立完善"一对一"联络服务机制,优化许可系统功能,推进跨省大件运输许可"掌上办",加强路况信息发布,为企业申请提供便利。目前,各级交通运输主管部门聚焦重大项目大件运输的"瓶颈"问题,在办理大件运输审批事项中,通过不断简化、优化服务流程,推行全程网办,切实做到让群众"不跑腿",为群众提供更高效、更便捷的服务。目前,起运地省级归口管理部门应当组织协调沿线各省级归口管理部门联合审批,并在相应工作日内作出行政许可决定,必要时可由交通运输部统一组织协调处理。其中Ⅱ类大件运输需在10个工作日内,Ⅲ类大件运输需在20个工作日内,审批时间大大缩短。

(1) 坚持"一网通办",开启"绿色通道"。实行网上办、提速办和定制办,切实做到大件许可网上限时办结,通过落实"容缺受理""告知承诺"等方式尽可能缩短办理时间。缩短审批时间,提高审批时效。

(2) 全程保障服务,疏解"堵点难点"。推进执法监管与服务保障融合互促,通过数据监管与共享,执法人员在现场勘查环节即核查掌握了具体信息,无须再进行事中检查,更好地保障通行。

(3) 强化工作保障,确保优质服务常态化。充分掌握路况信息,提升桥隧等重点交通设施的通行能力,引导大件运输安全便捷出行;修订服务规范、办理流程,形成助推产业、利企便民的长效机制。

2. 提供安全有效的监管保障

为办好交通运输贴近民生实事,进一步提升企业使用体验,2022年11月,交通运输部跨省大件运输并联许可"掌上办"正式在国家政务服务平台上架应用,且能够在国家政务服务平台App、支付宝和微信端小程序三端应用。具备许可申请、进度查询、变更管理等功能,实现跨省系统由"室内办"转为"随时随地办",促进了跨省大件运输许可服务便利化,更好地服务经济社会高质量发展。目前已有部分省份建立全省统一的大件运输监管系统,对大件运输车辆运行状态实施人工智能监控,以构建全过程、全方位、多层级的联合治超管控体系。通过大件运输系统全国全省联网,省大件监管系统可以实现大件运输企业、车辆、驾驶人员资质登记注册核验,大件运输车辆电子围栏及线路偏移报警设置,推送偏离许可路线、超速、疲劳驾驶等动态监控报警等功能,为大件运输审批程序提供有力保障。

(1) 企业申报更方便。填报中增加了路况信息查询、行驶路线规划等辅助填报功能,避免信息反复填报、路线反复修改等问题;增加了车辆变更申请和延期申请等功能,可在原申请的基础上快速审批,解决了大件运输承运人提前申报、延期运输和车辆故障等实际运输中存在的困难。

(2) 系统判别更智能。在申请前实现了对大件运输车辆拟通行时间的自动校验,避免同一时间跨度内同车多证问题;在申请中实现了对大件运输车辆轴距信息的系统校验和轴荷分布的智能推荐,自动判别大件运输申请类型,提示三类大件补充提交车货总体轮廓图和护送方案,并对办理多次通行证的申请自动提示补充提交运输计划材料,解决了系统智能化程度不高的问题。

（3）并联许可更规范。统一了申请材料和审批标准，优化了审批流程，取消了沿线省份终止许可的功能，从源头上杜绝了材料要求不一致、政策执行不统一和随意终止许可等问题，并增加了提示功能，方便许可部门及时办理。

另外，应加强大件运输经费预算、安全测评、制度规则等方面的管理力度。如经费方面，由省级交通运输主管部门安排大件系统升级改造及运维所需经费，并列入本级部门财政预算；安全方面，省级平台应当按照不低于信息安全等级保护第二级的有关要求进行建设和整改，并通过安全测评和备案；制度方面，应根据本办法制订完善本地区的系统运行管理办法及配套管理规则。

第八章　收费公路管理

第一节　我国收费公路的发展历程

公路收取费用是通过对公路使用者直接收取车辆通行费来补偿公路建设及维护投资的一种公路基础设施成本回收方式。为了加强对收费公路的管理，规范公路收费行为，维护收费公路的经营管理者和使用者的合法权益，促进公路事业的发展，2004年8月18日，国务院第61次常务会议通过了《收费公路管理条例》。该条例对收费公路有明确界定："收费公路，是指符合公路法和本条例规定，经批准依法收取车辆通行费的公路（含桥梁和隧道）"。

在《2021年全国收费公路统计公报》中，高速公路收费里程为16.12万公里，占收费公路总里程的85.9%。本节主要对高速公路的收费情况进行概述。

一、发展历程

高速公路作为一种现代化的交通方式，具有通行能力大、快捷舒适、服务水平高等突出优点。所以，高速公路不仅是交通运输现代化的重要标志，同时也是一个国家现代化的重要标志。

改革开放之初，我国经济社会快速发展，但受政府财力不足等因素制约，公路建设发展十分缓慢。改革开放以来，伴随着国家综合国力的全面提升，我国高速公路建设也经历了历史性和跨越式发展。改革开放初期到1988年，是我国高速公路的起步阶段。为切实改变交通严重滞后局面，1984年国务院第54次常务会议作出"贷款修路，收费还贷"的决定。这一政策打破了单纯依靠财政发展公路的体制束缚，极大调动了地方政府和社会资本积极性，形成了"国家投资、地方筹资、社会融资、利用外资"的投融资新模式，大大加快了公路建设，特别是高速公路发展的步伐。

1988年10月，沪嘉高速公路建成通车。1989年我国召开了第一次高等级公路建设现场会，提出了今后建设高等级公路的10条政策措施，成为长期指导我国高速公路建设的政策依据。1992年，我国"五纵七横"国道主干线规划出台，为我国高速公路持续、快速、健康发展提供了指导和保障。1993年，又制定了交通运输上新台阶的目标，召开了全国公路建设会议，明确了高速公路建设重点。这些重要会议明确了高速公路建设的政策依据、技术标准、投融资方式等，为我国高速公路的大规模建设提供了重要保障，我国高速公路也开始进入快速发展时期。

1990年9月，沈阳至大连高速公路建成通车，开创了我国建设长距离高速公路的先河，为20世纪90年代大规模的高速公路建设积累了经验。1993年，京津塘高速公路建成通车，这是我国第一条经国务院批准利用世界银行贷款进行国际公开招标建成的高速公路。在高速公路发展的第一个10年中，我国相继建成了沈大、京津塘、成渝、济青等一批具有历史象征意义的高速公路。

1998年，国家实施了积极的财政政策，提出要加快包括高速公路在内的基础设施建设步伐。同年，全国加快公路建设工作会议召开，对加快高速公路建设做出了新的部署，明确了加快高速公路建设的新的目标、任务和措施，高速公路建设进入跨越式发展阶段。

1999年，全国高速公路总里程突破1万km。2000年，全国高速公路总里程达到1.6万km，居世界第三位。京沈、京沪高速公路建成通车，在我国华北、东北、华东之间形成了快速、安全的公路运输通道。2001年，建成"西南动脉"之称的西南公路出海通道——重庆至湛江高速公路。同年我国高速公路总里程跃位居世界第二位。2002年底，我国高速公路通车总里程一举突破2.5万km，2004年、2005年和2007年分别突破3万km、4万km和5万km。

1998—2007年的十年，我国高速公路年均通车里程超过4900km，是前十年年均通车里程的10倍多。

2008年底，为了缓解国际金融危机的影响，中央确定了扩大内需促进经济增长的政策措施，交通运输基础设施建设要加快进行。交通运输部随即决定首先要加快建设国家高速公路网等重点工程，对符合规划的高速公路项目，沿海港口进出港航道和输港通道项目，以及内河国家高等级航道项目，积极争取国家政策支持，促进交通运输大建设、大发展。

2009年，中国高速公路新开工项目里程首度达到1万km，使得2010年的最后4个月里，中国高速公路通车里程猛增近6000km，这一年的高速公路通车里程达到9186km，创下22年里的最高纪录。

经过多年努力，截至2022年末，我国高速公路里程达17.73万km，稳居世界第一。可以确定的说，高速公路在支撑经济发展、推动社会进步、保障国家安全、促进可持续发展方面发挥了重要作用。

二、管理模式与基本分类

(一) 管理模式

经过几十年探索，我国收费公路形成收费还贷与收费经营两类管理模式。

(1) 收费还贷公路。是指由交通主管部门利用贷款或集资建成的公路，属于行政事业型组织形式。公路主管部门或其所属机构是项目收费的行为主体，按照行政事业收费性质纳入财政管理体系，收支两条线，收费用途是偿还贷款和集资，不以赢利为目的。

政府还贷公路的收费标准由省、自治区、直辖市人民政府交通主管部门会同同级价格主管部门、财政部门审核后，报本级人民政府审查批准。

(2) 收费经营公路。是指由国内外经济组织依法受让收费公路收费权的公路或由其依法投资建成的公路，属于企业型组织形式。国内外经济组织是项目收费的行为主体，按照企业经营性质纳入工商管理体系，收费用途是收回投资并取得合理回报，以营利为目的。经营性公路由依法成立的公路企业法人建设、经营和管理。

经营性公路的收费标准由省、自治区、直辖市人民政府交通主管部门会同同级价格主管部门审核后,报本级人民政府审查批准。

(二)基本分类

1. 按车辆通行费征收主体性质分类

收费公路可以划分为两类。政府还贷公路的收费主体是政府所属机构,经营性公路的收费主体是以营利为目的企业法人。两者主要区别在于政府还贷公路的通行费收支需要纳入政府财政预算;经营性公路的收费期限、定价和营利水平需要接受政府的管制。

2. 按车辆通行费征收方式分类

收费公路可以划分为开放式和封闭式两类。开放式收费公路也称栅栏式收费,收费站通常设置在公路主线上,车辆按通过次数支付通行费;其中又可分为单向收费和双向收费两种。开放式收费公路多用于独立桥梁、隧道及非控制出入的道路。封闭式收费公路多用于控制出入的高速公路,车辆用户根据进入和驶出路段的行驶距离支付通行费。

3. 按车辆通行费征收目的分类

收费公路可以划分为回收建养成本和对拥挤定价两类。其中,对拥挤定价也称拥挤收费,是通过对交通高峰时段道路进行定价收费,使道路交通拥挤产生的外部成本内部化,合理调节道路交通需求。这种拥挤收费在部分路段中试行,目前没有普遍实施。

三、收费公路的发展趋势

(一)进一步完善法规,确保收费标准合理持续

2022年10月,中国共产党二十大报告中提出"建设现代化产业体系。坚持把发展经济的着力点放在实体经济上,推进新型工业化,加快建设制造强国、质量强国、航天强国、交通强国、网络强国、数字中国"。交通强国是未来五年全面建设社会主义现代化国家的重要基础,而收费公路在支撑经济发展、加快建设交通强国中具有不可替代的作用。所以,要保证收费公路的科学发展,完善相关法规,用公路规费政策反映公路资源的实际价值和稀缺性,确保资源环境的可持续,以适应加快建设交通强国的需要。

(二)进一步实践探索,推进差异化收费方式

高速公路差异化收费旨在调整不同时段、不同路段的收费标准,引导错峰出行,科学分流车辆,提升路网整体通行效率,促进物流降本增效,有效改善高速公路的运营状况。

交通运输部于2016年在《交通运输部关于推进供给侧结构性改革促进物流业"降本增效"的若干意见》(交规划发〔2016〕47号)中首次提出了探索高速公路分时段差异化收费的政策。2020年,国家发展改革委、交通运输部共同发布《关于进一步降低物流成本的实施意见》,其中也明确指出要结合深化收费公路制度改革,全面推广高速公路差异化收费。2021年3月5日,第十三届全国人民代表大会第四次会议中的政府工作报告指出,要用改革办法

推动降低企业生产经营成本,全面推广高速公路差异化收费,坚决整治违规设置妨碍货车通行的道路限高限宽设施和检查卡点。

未来,随着经济的发展与社会的不断进步,我国高速公路在发展过程中会不断调整完善收费政策,优化服务,公路差异化收费已成为必然趋势。

(三)进一步撤减站点,逐步实现车辆自由流

高速公路联网运营以来,收费站拥堵问题,尤其是省界收费站拥堵问题越来越严重。2020年1月取消省界收费站是高速公路顺应经济社会发展的自我革新,是向车辆自由流迈出的坚实一步。自取消高速公路省界收费站以来,全国高速公路"一张网"进入到一体化运行新阶段。无论从高速公路收费技术,还是从运营管理等方面都被赋予了全新的高速公路生态环境。随着全国高速公路联网收费日趋成熟、不停车收费系统(ETC)用户量不断增长、驾乘人员通行体验需求与日俱增,自由流安全畅行必然是公众对美好出行向往的必然要求。

(四)进一步探索经营方式,推进特许经营

从我国实际出发,充分考虑我国经济体制改革和政治体制改革的总体框架和要求,实行党政分开、政企分开,收费公路走企业化管理的道路。从高速公路管理角度说,综合目前的各种意见,一般认为高速公路的经营管理体制应当推行公司(集团)制,在国家给予优惠政策的前提下,实现高速公路的特许经营。其具体架构应当是一个省(直辖市)组建一个高速公路总公司(集团),负责全省(直辖市)高速公路的建设和经营;每一条高速公路组建一个子公司,负责该路段的经营管理。

第二节 法律法规与相关政策

一、法律法规

《公路法》自1998年1月1日施行以来,曾先后五次修正,现行版本是2017年11月4日第十二届全国人民代表大会常务委员会第30次会议修订版本。

《公路法》规定国家允许依法设立收费公路,同时对收费公路的数量进行控制,并且只有交通主管部门利用贷款或者其他有偿筹资建成的公路、国内外经济组织依法受让还贷性收费公路收费权或者依法投资建成的公路才可以依法收取车辆通行费。此外,收费站的设置应由省人民政府批准,收费标准由公路收费单位提出方案,报省交通、物价、财政、计划部门审查批准。《公路法》还明确规定了收费的期限,还贷性收费公路收费期限最长不得超过二十年,经营性收费公路的收费经营期限最长不得超过国务院规定的年限。

《收费公路管理条例》自2004年11月1日起施行,《收费公路管理条例》为加强对收费公路的管理,规范公路收费行为,维护收费公路的经营管理者和使用者的合法权益,促进公路事业的发展,根据公路法制定,对收费公路做了进一步的细化规定,如最长的收费期限,收费标准的确定方式。2018年12月20日,交通运输部公布了《收费公路管理条例(修订草

案)》,从完善政府收费公路"统借统还"制度、建立养护管理收费制度、明确收费公路偿债期限等方面提出了应对措施。一是提高收费公路设置门槛,建立收费公路发展的刚性控制机制;二是完善政府收费公路"统借统还"制度,加快政府债务偿还;三是明确收费公路的偿债期限和经营期限。政府收费高速公路项目偿债期限应当按照覆盖债务还本付息需求的原则合理设置;四是建立养护管理收费制度。

二、相关政策、制度

(一)《全面推广高速公路差异化收费实施方案》

2021年国务院《政府工作报告》中提出"全面推广高速公路差异化收费"。交通运输部、国家发展改革委、财政部印发《全面推广高速公路差异化收费实施方案》(交公路函〔2021〕228号)。方案强调,全面推广高速公路差异化收费,持续提升高速公路网通行效率,降低高速公路出行成本,促进物流业降本增效,让社会公众更多分享高速公路改革发展的红利。要求在深入总结高速公路差异化收费试点工作经验的基础上,充分考虑本地公路网结构及运行特点等因素,选择适合的差异化收费方式,创新服务模式,科学精准制定差异化收费方案,全面推广差异化收费。

(1)进一步优化完善分路段差异化收费模式,稳步扩大差异化收费实施范围。

(2)继续深化分车型(类)差异化优惠政策,强化技术创新和管理创新。

(3)重点针对交通量波峰波谷明显、承担较多通勤功能的高速公路路段,在不同时段执行差异化的收费标准,引导客、货运车辆错峰出行,提升路网通畅水平。

(4)通过大数据分析论证,扩大精准调流降费的实施效果。

(5)进一步完善ETC电子支付优惠模式,通过加大ETC电子支付优惠力度,促进物流提质增效。

(二)《关于收费公路通行费增值税电子普通发票开具等有关事项的公告》

2020年4月27日,交通运输部会同财政部、税务总局、国家档案局发布了《交通运输部 财政部 国家税务总局 国家档案局关于收费公路通行费电子票据开具汇总等有关事项的公告》(交通运输部2020年第24号),实现了"多次通行,一次汇总,电子票据打包下载,无纸化报销归档"。

按照现行政策规定,ETC客户可通过全国统一的通行费发票服务平台,获取收费公路通行费增值税电子普通发票(以下简称"通行费电子发票")。政策一是优化了电子票据报销入账归档,明确通行费电子票据作为电子会计凭证与纸质会计凭证具有同等法律效力,是单位财务收支和会计核算的原始凭证;二是提供收费公路通行费电子票据汇总单,根据ETC客户需求,通行费电子票据服务平台可以按一次或多次行程为单位,在汇总通行费电子发票和通行费财政电子票据信息基础上,统一生成电子汇总单;三是启动了收费公路通行费财政票据(电子)开具试点,通行费财政电子票据先行选择部分地区进行试点。试点期间,非试点地区暂时继续开具不征税通行费电子发票。试点完成后,在全国范围内全面实行通行费财政电子票据。

(三)《收费公路联网收费技术标准》

2020年,交通运输部发布《收费公路联网收费技术标准》(JTG 6310—2022),该标准在全面总结多年来我国收费公路联网收费系统建设和运营服务经验的基础上,系统梳理了已颁布实施的相关行业技术标准和工程技术软件,对联网收费系统总体架构,部省两级系统以及配套的通信、秘钥、网络安全等支撑保障系统等作出规定,以指导全国收费公路联网收费系统的规划、设计、建设和运营维护。该标准分为14章和14个附录,包括总体架构、部联网收费中心系统、省联网收费中心系统、区域/路段中心系统、ETC门架系统、收费站系统、收费车道系统等内容。

(四)《收费公路权益转让办法》

2008年10月1日,交通运输部会同国家发展和改革委员会和财政部制定了《收费公路权益转让办法》(中华人民共和国交通运输部、国家发展和改革委员会、中华人民共和国财政部令2008年第11号)。《收费公路权益转让办法》明确了转让收费公路权益总的原则是国家允许依法转让收费公路权益,同时对收费公路权益的转让进行严格控制。国家在综合考虑转让必要性、合理性、社会承受力等因素的基础上,严格限制政府还贷公路转让为经营性公路。收费公路权益转让活动应当遵守相关法律、法规、规章的规定,应当遵循公开、公平、公正和诚实信用的原则。《收费公路权益转让办法》还明确了转让条件、转让程序、转让收入使用管理、转让政府还贷公路权益的收入、收费权益转让后续管理及回收以及法律责任等内容。

(五)《地方政府收费公路专项债券管理办法》

财政部及交通运输部于2017年6月印发了《地方政府收费公路专项债券管理办法(试行)》,明确从2017年开始试点发行地方政府收费公路专项债券。《地方政府收费公路专项债券管理办法(试行)》是为完善地方政府专项债券管理,规范政府收费公路融资行为,建立收费公路专项债券与项目资产、收益对应的制度,促进政府收费公路事业持续健康发展而制定的法规。

《地方政府收费公路专项债券管理办法(试行)》依据现行法律法规和地方政府债务管理规定,从额度管理、预算编制、预算执行和决算、监督管理、职责分工等方面,提出了地方政府收费公路专项债券管理的工作要求。该办法有以下几项重点,一是体现项目收益与融资自求平衡的理念;二是落实市县政府管理责任、加强部门协调配合;三是加强债务对应的资产和权益管理;四是依法安排债券规模;五是明确了相关部门监督管理职责,要求严格依法依规举借债务;六是加大了对违法违规行为的查处问责力度。

收费公路运营管理制度依据《公路法》《收费公路管理条例》、地方公路管理条例等法律,结合本地实际制定。旨在通过立法推动收费公路运营管理的规范化,不断提高收费公路运营管理水平,为收费公路高质量发展提供法治保障。收费公路运行管理制度的内容一般包括收费公路试运行期以及正式运行后的养护、收费、监控、服务、使用及相关的监督管理活动的有关制度。

第三节　高速公路运营管理

自 2014 年以来,高速公路逐步完成了 ETC 全国联网、营改增电子发票开具、取消高速公路省界收费站三大攻坚任务。鉴于高速公路是收费公路的主体,本节重点讨论高速公路运营管理的相关内容。

一、高速公路运营管理体制

(一)运营管理体制现状

我国对高速公路运营管理体制的研究和探索是从 1988 年竣工通车的我国第一条高速公路沪嘉高速公路开始的,并且形成了最早的一种管理模式——"沪嘉模式"。1990 年我国大陆当时最长的一条高速公路沈阳—大连高速公路建成通车,由于其管理体制充分体现了"集中、统一、高效、特管"的原则,从而形成了具有鲜明特色的"沈大模式"。此后随着我国各地高速公路的全面发展,人们对高速公路的运营管理体制的争议越来越大,为此,国务院于 1992 年 3 月颁布的《国务院办公厅关于交通部门在道路上设置检查站及高速公路管理的通知》中规定:"高速公路管理的组织机构形成,由省、自治区、直辖市人民政府根据当地实际情况确定,暂不作全国统一规定。"将高速公路运营管理体制的探索列为省级人民政府的改革探索,以期通过对各种管理体制的改革实践,找出适合我国实际、最能发挥高速公路最佳使用效果的高速公路运营管理体制。据此出现了许多高速公路运营管理体制的模式以及相应的组织管理机构。

我国高速公路管理模式未做统一规定。有单独管理的,也有按项目联合管理的;有以行政区域分段管理的,也有由公司跨地区集中管理的。近年来,全国主要管理模式有以下几种。

(1)由国资委依法行使国有资产出资人权利,委托省交通运输厅进行实际管理,承担本省高速公路项目建设和运营管理的大型国有企业。这种模式是我国高速公路建设与运营的主要模式,又可分为以下几种。

①由省人民政府批准,经工商局注册登记正式成立集团公司,作为省政府对全省高速公路建设的投资主体,同时受省交通运输厅委托行使高速公路行业管理职能。

②经省人民政府批准,由相关单位或企业依照《中华人民共和国公司法》等法律、法规,按照市场经济和建立现代企业制度的设立的股份有限公司,并成功上市,作为公路建设融资窗口、资本运作载体以及优良公路资产的经营管理者。

(2)成立由省交通运输厅管理的省高速公路管理局,主要负责省属高速公路的建设,承担项目法人和投资主体职责;负责省属高速公路的投融资工作,负责省属高速公路的养护、通行费征收、服务设施管理,受交通运输厅委托负责省属高速公路的路政管理,保护路产路权。这种模式目前已逐步向第 1 种模式转变。

(3)采用 BOT 模式。政府部门通过特许权协议,在规定时间内将项目授予外商为特许权项目成立的项目公司,由项目公司负责该项目的计划、设计、投融资和建设,并经政府特许,在一定时期内运营该项目。特许期满,项目公司将特许权项目无偿移交给当地政府部门。这种模式由于相关政策、合同条款的完善度不足,在我国高速公路建设与管理中不占主导地位,但也在发展与探索中。

(二)运营管理组织模式类型

我国自 20 世纪 80 年代末期开始修建高速公路,各省、市人民政府根据各自的实际情况,对高速公路管理的组织形式曾进行了不同的探索,形成了多种模式并存的局面,而各种模式间也有很多交叉和相容的部分。这里仅列举几种主要的类型。

1. 按管理权限划分

高速公路按管理权限划分,一般可分为集中管理型和专线管理型两大类。

(1)集中管理型:成立省级专门机构实行统一管理,这是目前比较认同的做法。将管理重心放在资金、技术、实力比较强的省级,有利于加强高速公路的统筹管理和领导,有利于充分发挥高速公路的投资效益和运营效益。此种类型又可细分为"一省两局""一省一局"两种类型。"一省一局"是指高速公路与普通公路统一归由省公路局管理的模式,具体路段由不同的法人实体负责经营管理。"一省两局"是指将高速公路与其他类型公路分开管理,专门设立与省公路局并列的省高速公路管理局负责全省范围内的高速公路管理工作的模式。

(2)专线管理型:按高速公路的不同路段分别成立专门的管理机构,就是通常所说的"一路一公司"或"一路一局"。北京、上海、天津、河北等省市根据情况采用这种体制,例如,首都机场高速公路由首都高速公路发展公司负责管理。这种体制在目前状态下管理比较顺畅,能够较好地适应多种资本运营方式的管理,例如采用 BOT 方式、股份制转让经营权等的运营管理。但缺点是不利于统一行业标准及行业规范,不利于公路行业的统一调控。

2. 按机构性质划分

高速公路按机构性质划分,可分为事业管理型、企业管理型和事业单位企业化管理型。

(1)事业管理型:采用自收自支形式,实行收支两条线管理,通行费收入全额上交上级主管部门,运营管理经费根据年度计划由上级主管部门审批划拨。这种体制具有较强的计划性和行政管理性,较易于体现高速公路运营管理的政府职能,但行政干预范围较大,独立行使自主权限小。

(2)企业管理型:完全采用企业公司运作方法,在经济上实行独立核算、自负盈亏。虽受上级部门或董事会、管委会领导,但本身是较完善的经济实体。这种体制在人事、财务、经营等各方面有较强的独立自主权,较易于通过自主经营实现自我发展。

(3)事业单位企业化管理型:在机构设置及经费使用上基本沿用事业管理型模式,在财务核算上借助了公司核算方法的某些优势,并根据核算方式的侧重不同,形成准事业型或准企业型的管理。这种体制综合了上述两种体制的优点,便于行使政府职能,利于搞活经营管理。这种体制在用人、权责、管理机制等方面无法真正按照现代企业制度独立运作,易造成大量冗员、资金浪费等现象。

3. 按管理内容划分

高速公路按管理内容划分,又可分为建管一体型和专门管理型。

(1)建管一体型:从筹资贷款、设计施工直至收费还贷、养护维修、经营管理,均进行全权负责。这种体制具有较好的统筹兼顾性,有利于降低工程造价及运营成本,提高施工质量及服务水平,增强高速公路经济管理者的负责经营意识,充分发挥高速公路应有的社会效益和经济效益。一般兼容于集中管理型或企业管理型体制。

(2)专门管理型:在高速公路建成后,设专门公司(局)负责运营管理工作。这种体制有利于高速公路技术密集的专业化管理,较利于集中精力研究各项管理业务,提高管理水平。但此种体制在建设转入管理后需要一个较长的调整适应期,且管理的好坏在一定程度上依赖于建设的质量,管理的衔接性、主动性相对较差。转让经营权的高速公路一般也适用于这种类型。

(三)运营管理机构设置

1. 分级管理机构

高速公路的运营管理针对每一个高速公路的建设项目一般采用三级管理形式。

(1)各省(市)、自治区高速公路主管局(总公司)为第一级,负责对高速公路规划建设、资金使用、规范标准等实行宏观管理,下设与管理内容有关的职能处室(部),主持各项工作。

(2)各地区高速公路管理处(子公司)为第二级,具体负责高速公路的各项运营管理工作。

(3)路段所辖各管理所为第三级,一般有收费站、监控站、通信站、养护工程队、服务区等。

上述三级管理目前通常采用二级核算方式,即实行局、所两级的核算。管理所除服务区工程队外,一般不再建立核算机制,但也有进行三级核算管理的。

2. 职能管理机构

高速公路职能管理系统的建立,应坚持"精简高效"的原则,各部门的设置应依据实际情况,同时在业务上注意体现一定的综合功能。有条件时,可按党政管理系列、业务管理系列、行政管理系列建立数个综合部(室),实行集体综合办公。

3. 操作管理机构

高速公路操作管理机构一般有以下两种类型。

(1)建立综合管理所,即按区段管辖长度(大约每50km)设置管理所,由管理所全权负责管辖路段内的养护、收费、路政、监控、服务经营等各项业务,路段内的收费站亦由管理所管理。这种设置有利于区段内的管理协调,特别适合路程较长的高速公路。

(2)建立专业管理所,即按不同的业务内容设置专业管理所,由各专业管理所分别负责养护、路政、收费、监控的服务经营等业务。专业管理所下可视情况设置或不再设置管理班(组),这种设置适用于路程较短的高速公路。

但无论上述管理系统如何组织,系统的各元素间都存在着互相制约、互相联系,只有将其融为一体,才能充分发挥高速公路的功能。

二、取消高速公路省界收费站后的运营管理

(一) 概况

我国高速公路以省为单位建设和运营管理。在运营初期,每条路段、每个项目都各自设立收费站,按路段进行收费。省界收费站是以省为单位进行收费管理的产物。伴随着高速公路的快速发展和技术进步,联网收费进程也不断加快。20世纪90年代末,我国开始大力推动联网收费。2004年,基本实现了省内联网收费,取消了各地的省内主线收费站。2010年完成了京津冀、长三角区域的ETC联网示范工程,实现了跨区域联网。2015年9月,实现了全国高速公路ETC联网运营,但省界收费站还存在,以省为单位的运营管理体制没有改变。

我国高速公路发展的过程,就是一个不断创新、不断探索、不断完善的过程。创新发展始终是我国高速公路发展的不竭动力。而随着我国高速公路交通量逐年增加,省界高速公路收费站逐渐成为高速公路网的瓶颈点,收费站拥堵是社会和用户高度关注的热点和焦点问题,特别是高速公路联网运营以来,收费站拥堵问题尤其是省界收费站拥堵问题越来越严重,备受社会诟病。重塑省界高速公路区域网络格局,提升高速公路通行效率,是经济社会发展的关键。同时联网收费、图像识别、线上支付等技术的融合应用,为取消高速公路省界收费站提供了技术基础和系统支撑,助力高速公路适应新形势、实现高质量发展。为此,党中央、国务院部署了深化收费公路制度改革、取消高速公路省界收费站的重要任务,这是一项重大的民生工程,也是深化交通运输供给侧结构性改革、推动交通运输高质量发展、加快建设交通强国的重要内容。

深化收费公路制度改革取消高速公路省界收费站,其中取消高速公路省界收费站是核心。为推动国务院工作部署,交通运输部选择了江苏、山东、四川和重庆四个省份先行先试,于2018年底率先取消了两两之间所有15个高速公路省界收费站,取得了良好效果。据统计,正常通行情况下,客车平均通过省界的时间由原来的15s减少为2s,下降了大约86.7%,货车通过省界的时间由原来的29s减少为3s,下降了89.7%。2019年5月,全国范围内继续深入贯彻落实取消省界收费站工作,通过不断完善高速公路系统运营和服务保障体系,2020年1月1日起,全国29个联网省份的487个省界收费站全部取消。自全国高速公路统一取消省界收费站后,以省为界的运营模式不再适用。目前全国高速公路实现"一张网"运营,车辆在高速公路上行驶不再需要停车收费,可以直接快速通过。

(二) 调整后的运营管理

1. 调整收费模式:"分段式"收费模式实现精准收费

自取消省界收费站后,高速公路收费模式调整为分段式计费模式,收费制式调整为以ETC为主、人工收费为辅的半开放式收费。ETC车辆采取"一次行程、一张账单、一次扣费、一次告知"的"四个一"通行模式,非ETC车辆实行"分段计费,出口收费"模式。高速公路收

费系统通过遍布路网的 ETC 龙门架实现"分段式计费",按照车型、实际行驶路径、路径对应费率实行精确计费。ETC 车辆利用龙门架统计行驶状况,非 ETC 车辆利用 CPC 通行卡自动写入对应龙门架标示,车辆通过龙门架时读取车辆和入口信息,输出至系统计费模块进行通行费计算,在出口处生成交易流水实现分段计费。

分段式计费模式通过门架拟合代收、出口在线计费等渠道,有效解决由于车载介质中记录的收费路径与实际路径存在偏差而导致的计费错误问题,大幅提高了高速公路计费精确性。车辆通行计费按照"四舍五入"的规则,ETC 车辆行驶费用可取整到"分",人工收费行驶费用可取整到"元"。

2. 调整部分车型计费标准

自 2020 年 1 月 1 日起,根据《收费公路车辆通行费车型分类》(JT/T 489—2019)标准,对部分客车和所有货车的计费标准进行调整。

(1)客车计费标准调整。车身小于 6m 的 8 座和 9 座小型客车,按照一类客车收取通行费,收费标准平均降低 1/3~1/2,通行费负担下降显著。另外有省份实行客车降档收费,例如上海市二类客车按一类客车收费,相应客车的通行费负担也会显著降低。

(2)货车计费调整。各类货车统一按车(轴)型收费,收费标准不区分空车、重车,各路段收费标准按照各省执行。同步实施封闭式高速公路收费站入口不停车称重检测,对于超载车辆一律劝返,不得进入高速公路。

新运营模式下,高速公路收费站对于车辆执行优惠政策,运输鲜活农产品、跨区作业联合收割机(插秧机)的车辆,通过安装 ETC 车载装置并预约通行方式,享受通行费优惠政策,并依据信用记录逐步降低查验频次;未安装 ETC 车载装置且未提前完成互联网预约,以及已安装 ETC 车载装置但在入口收费站未使用或无法正常使用(如被列入 ETC 用户信用黑名单),领取 CPC 卡通行的车辆,不再享受免费通行政策。

绿通车辆应于车辆驶入高速公路前通过"中国 ETC 服务"小程序预约通行,填报车牌号、车牌颜色、运输货物、预约上高速时间(精确到小时)、高速起止点省份(可精确到市)、驾驶人联系电话等信息进行预约。收费公路经营管理单位配备符合要求的查验终端设备,对当次通行本出口收费站的车辆进行查验,对已驶离本出口收费站查验点的车辆,不应进行查验。查验人员应持本人账号,注意工作态度,并做好查验记录与存档,便于事后查验。

3. 强化联网稽核治理能力

为积极应对重大变革和挑战,需高度重视通行费征收稽核工作。目前稽核主要聚焦于事后稽核,通过数据池汇聚异常数据,采取措施分析,实现事后追缴。实现高速公路联网稽核打逃,重点工作如下。

1)网络化稽核

(1)打造跨省网络。新运营模式下,各省之间车辆通行数据交互密切,交通运输部路网中心研发了部级稽核业务平台,各省根据车辆出入省通行数据、交通运输部中心转发的跨省结算数据和其他省界数据,分析后通过策略筛查异常数据稽核追缴。

(2)织密本省网络。一是稽核队伍网格化。针对省内出行数据,打造专业化稽核精兵团队,结合稽核网格业务,将队伍进行网格化划分,划为工单处置团队、稽核打逃团队、投诉处理团队等专业化队伍,业务处置精准性、靶向性更高。二是稽核业务网格化。结合路段车型构成、管辖区位特点、逃费类型发生频次等因素,将全路网稽核业务进行网格化划分,划为港口班列优惠、绿色通道优惠、货车降低车型、客车降低车型、跟车闯卡稽核、U型J型、最小费额、换卡等模块专业网格化稽核模式,建立专门工作机制,对人员选拔、工作反馈和退出等流程进行统一规范。三是制度覆盖网格化。建立稽核例会制度,报表简报、挂牌督办、全网协查、监督反馈等机制,全方位规范和覆盖稽核工作,促进各路段单位协同推进,整体稽核效率持续提升。

2)跟进式稽核

(1)数据采集优质化。以收费精确化、管理扁平化和系统标准化为目标,利用交通"新基建"关键核心技术,优化基础设施建设,在收费站后端增设稽核门架加装稽核设备,用于采集车型信息、图片信息、车辆内高速公路复合通行卡信息等,实现"匝道交易,车道验证"。

(2)数据研判智能化。优化分析模式,引入边缘计算,采用云边一体模式、"一站一策"分析方式制定分析策略,使得云端大数据分析更加有针对性。

4. 加强收费站现场管理

新运营模式下收费站管理部门在入口拒超、车辆查验、文明服务、警卫任务、特情处理等方面需持续优化管理机制模式,加强收费现场管理。

(1)加强入口治超管理。自2020年初以来,我国高速公路全面进入非法超限车辆入口拒超时代,入口拒超新政实施效果显著,公安交警、交通执法和道路运输管理部门联合积极部署,实施封闭式高速公路收费站入口不停车称重检测,遵循"货车必检,超限禁入,违法必究,依法执法"原则,全面推进入口拒超专项整治行动,车货总重、轴数、速度等数据检测设备的安装、电子抓拍、牌照自动识别、信息互联等技术的应用,均为高速公路入口拒超提供可靠的技术支持,人民群众的生命财产安全以及高速公路的路产设施安全能够得到有效保障。

(2)加强车辆查验管理。通过高速公路查验点划分不同功能分区、增设车辆查验通道、设立醒目提示牌、增加引导服务人员等措施,切实从严抓好高速卡口工作,如遇特殊时期,需组织公安、交通、卫健、高速交警等部门组成专班,配备人员力量、实行轮值制度全天值守,提高查验放行效率。

(3)提升和改进文明服务管理。提高职工思想重视程度,树立正确的服务意识,也要加强职工的业务学习与培训,提高职工的综合素质,另外可根据实际情况开展服务品牌创建工作,不断形成文明服务品牌化意识,如打破传统闭塞服务,通过开展品牌化微笑服务收费站建设,提高服务质量。

另外,还需做好警卫任务和特情处置管理。通过免费提供茶水、耐心为游客规划正确的行车路线等,开展便民服务;进一步提升窗口服务质量,确保每一位司乘人员走得满意、走得舒心。切实开展警务管控工作,合理规划组织警务资源,通过定期教育培训切实提升警务工作能力。收费站各方助力路网保通、保畅、保安、保运工作正常运行。

第九章　农村公路管理

农村公路是指纳入农村公路规划,并按照公路工程技术标准修建的县道、乡道、村道及其所属设施,包括经省级交通运输主管部门认定并纳入统计年报里程的农村公路,是覆盖范围最广、服务人口最多、提供服务最普遍、公益性最强的交通基础设施,为全国交通运输系统服务全面建成小康社会、支撑实施乡村振兴战略、推进农业农村现代化作出了重要贡献。

第一节　农村公路的发展

一、发展历程

新中国成立以来,我国农村公路事业经历了一个由少到多,由普及到提高,由低等级到较高等级的发展过程。回顾历史,发展历程大体可以分为四个阶段。

(一)艰难起步阶段(1949—1978年)

新中国成立后,百废待兴,百业待举,公路基础十分薄弱,全国所有公路仅有8万km,农村公路更是接近空白。为了解决"有"的问题,交通部制定了"依靠群众、民工建勤、就地取材、因地制宜、经济适用"等一系列方针政策,经过全国人民三十年的接续奋斗,实现了农村公路的艰难起步,克服了底子薄、经济差等重重困难,农村公路里程增长到了1978年的59万km。这一时期的农村公路建设投资少、资源短缺、技术标准低,群众投工投劳发挥了重要作用。

(二)加快发展阶段(1979—2002年)

改革开放后,党中央提出经济工作要以提高经济效益为中心。随着改革开放的不断推进和社会主义市场经济的发展,农业产业结构不断优化,商品生产和商品经济蓬勃发展,公路交通的不适应性愈发突出。为了化解这种矛盾,国家调整了农村公路发展方针,采取了"以工代赈""八七扶贫""西部大开发"等一系列政策措施,加快农村公路发展。

1978年,全国人大五届一次会议通过的国务院《政府工作报告》提出,要建立起一个适应工农业生产发展需要的交通运输网的要求。1984年底,国家计委提出"以工代赈"修建农村公路,地方各级政府和公路交通部门也积极支持农村公路发展,加大对农村公路建设资金投入力度。1994年,我国开始实行"八七"扶贫攻坚计划,从1994年至2000年的7年间,每年约7亿元资金主要用于592个国家级贫困县的农村公路建设,极大地改善了贫困地区农村公路交通条件。2000年,配合西部大开发战略实施,我国开始在西部地区实施总投资为

310亿元、涉及1100个县的通县公路建设,对改善西部地区农村公路状况,解决西部地区群众出行难问题发挥了重要作用。

经过二十多年夯基垒台、立柱架梁,截至2002年底,全国农村公路总里程增长到134万公里,公路密度和通达深度进一步提高。全国通公路的乡(镇)占全国乡(镇)总数的99.5%,通公路的行政村占全国行政村总数的92.3%。

(三)全面发展阶段(2003—2012年)

从2003年开始,我国大规模开展农村公路建设。为落实中央建设社会主义新农村的战略部署,交通部党组提出,"修好农村路,服务城镇化,让农民兄弟走上油路和水泥路",开始实施"东部地区通村、中部地区通乡、西部地区通县"工程。2005年初,国务院审议通过的《农村公路建设规划》提出,"到'十一五'末基本实现全国所有具备条件的乡(镇)通沥青(水泥)路(西藏自治区视建设条件确定),东中部地区所有具备条件的建制村通沥青(水泥)路,西部地区基本实现具备条件的建制村通公路"。"十一五"期,国家安排车购税资金400亿元建设"通达工程",安排1000亿元投资建设"通畅工程"。

农村公路里程迅速增长的同时,养护资金短缺、养护需求与养护能力之间的矛盾也不断加剧,农村公路失养严重、路况恶化、管理跟不上等问题突出,原有的群众性、非专业养护模式已经不适应新时期农村公路发展的要求,交通运输部和地方政府把农村公路管养问题摆在更加重要的位置。2005年,国务院办公厅印发了《农村公路管理养护体制改革方案》,各地积极推进管理养护体制改革,初步建立了"县道县管、乡道乡管、村道村管"的管理养护格局,农村公路管理养护工作逐步进入正常化、规范化轨道。各地落实了省级农村公路养护工程补助资金标准(即县道每年7000元/km、乡道3500元/km、村道1000元/km),地方公共财政对农村公路管理养护的投入逐年加大,并基本纳入县级公共财政支出范围。2011年,交通运输部印发了《农村公路管理养护年活动总体方案》,开始为期三年的农村公路管理养护活动。

交通运输部在各省各地推广河北省农村公路建设"七公开"等经验,要求对农村公路建设中的七个关键环节进行全面公开,主要包括公开农村公路年度建设计划、公开建设资金补助政策、公开施工过程管理等,推进了农村公路管养体制改革的落实到位。

截至2012年底,全国农村公路总里程达到367.8万km,等级公路达308万km,占比83.7%,铺装路面230万km,占比62.5%,乡镇通公路率和通沥青(水泥)路率分别达到99.97%和97.43%。2012年,全国乡道养护里程为107万km,占乡道总里程的99.1%;村道养护里程为196万km,占村道总里程的94.9%。农村公路的养护水平显著提升,农村公路管理养护工作逐步常态化、规范化,推进了农村公路建设的稳步发展。

(四)高质量发展阶段(2013至今)

党的十八大以来,习近平总书记三次专门就"四好农村路"建设作出重要指示批示,充分肯定了农村公路建设的成绩,明确提出要把农村公路建好、管好、护好、运营好,为广大农民致富奔小康、为加快建设农业农村现代化提供更好保障。

第九章　农村公路管理

交通运输部认真贯彻落实习近平总书记关于"四好农村路"的重要指示精神和党中央决策部署,落实"小康路上,绝不让任何一个地方因农村交通而掉队"的总目标,提出了"五个坚持,五个确保"的理念,即"坚持政府主导,确保农村公路发展责任落实到位;坚持改革创新,确保提质增效升级迈上新台阶;坚持民生优先,确保全面建成小康社会的战略目标如期实现;坚持协调发展,确保'四好农村路'取得显著成效;坚持安全绿色,确保农村公路走上可持续发展道路",为优化城镇布局、促进农村经济发展当好先行,为全面建成小康社会提供基础支撑和重要保障。

2017年,国务院办公厅印发《关于创新农村基础设施投融资体制机制的指导意见》,其中对完善农村公路建设养护机制作出部署,明确农村公路建设、养护、管理机构运行经费及人员基本支出纳入一般公共财政预算。2017年2月,交通运输部出台《"四好农村路"督导考评办法》(交公路发〔2017〕11号),从内容、实施、结果运用等方面建立健全督导考评体系。2018年,交通运输部修订了《农村公路建设管理办法》(中华人民共和国交通运输部令2018年第4号)。2019年,国务院办公厅印发了《关于深化农村公路管理养护体制改革的意见》,加快建立农村公路管理养护长效机制,大力推进"路长制",分类有序推进农村公路养护市场化改革,创新养护生产组织模式,压实各级人民政府责任,形成"政府主导、部门协同、上下联动、运作高效"的工作格局。交通运输部、财政部联合评选了167家管养体制改革试点单位,积累推广好的经验做法。

党的十八大以来,交通运输部先后在甘肃庆阳、湖北竹山、山东临沂、浙江安吉、四川蒲江、贵州长顺、河南兰考召开了七次现场会议,聚焦健全完善"四好农村路"高质量发展体系,推动"四好农村路"高质量发展。截至2022年11月,交通运输部联合有关部委(局、办),共创建和命名554个"四好农村路"全国示范县,联合有关部门印发《"四好农村路"全国示范县创建管理办法》,指导各地全面开展省级"四好农村路"示范县、示范乡镇、示范路创建,充分发挥了典型带动、示范引领作用,形成了一批可复制、可推广、适用性强的先进经验。

截至2022年底,全国农村公路总里程已达到453万km,等级公路比例达96%,乡镇通三级及以上公路比例达82.2%,农村公路一二三类桥梁占农村公路桥梁总数比例达95.9%。"四好农村路"建设取得了实实在在的成效,高质量发展体系不断健全完善,覆盖范围、通达深度、管养水平、服务能力、质量安全水平显著提高。

二、基本现状

经过长期不懈的努力,我国农村地区的交通面貌得到了明显改善,实现了具备条件的乡镇和建制村通硬化路、通客车、通邮路的目标,形成了"外通内联、通村畅乡、班车到村、安全便捷"的农村交通运输网络,"晴天一身土,雨天一脚泥"的状况成为历史,农民群众"出行难"的问题得到历史性解决。

(一)基础设施网络更加完善

目前,以县城为中心、乡镇为节点、村组为网点的农村公路交通网络基本形成。全国正在进一步巩固具备条件的乡镇、建制村通硬化路、通客车成果,积极推动乡镇通三级及以上等级公路,推进农村公路向进村入户倾斜,努力构建农村交通安全通畅网络。

(二) 管养保障体系更加健全

农村公路管理养护体制和机制不断优化,全国深入落实国务院办公厅印发的《关于深化农村公路管理养护体制改革的意见》,制定出台实施方案,有序推进各项改革任务,全面推行县乡村三级"路长制",截至2022年底,全国路长总人数已达67.1万人。全国农村公路已基本全部纳入管养范围,优良中等路率达到89%,农村公路基本实现"有路必养、养必到位"。

(三) 运输服务体系更加优化

所有具备条件的建制村通客车,村村实现直通邮,城乡交通运输一体化水平明显提升,农村寄递物流体系建设取得了长足进步,快递直接投递到村的比重超过一半。"城货下乡、山货进城、电商进村、快递入户",城乡双向运输进一步打通,改善了农村生产生活条件,"四好农村路"已经成为农村地区摆脱贫困,实现小康,走向富裕的重要载体。

(四) 安全保障能力更加稳固

农村公路建设和质量监管不断强化,"双随机一公开"抽查制度和"七公开"制度坚持落实,严格实行建设、勘察、设计、施工、监理、检测六方质量责任终身制。农村公路本质安全水平全面提升,临水临崖、隐患路口路段、交通标志标线等重点得到有效排查和整治。"三同时"制度严格执行农村公路安全生命防护工程和危桥改造有序推进。沿线服务设施和应急设施建设不断完善,应急保障能力不断提升。

(五) 保障了贫困地区脱贫致富奔小康

消除制约农村发展的交通瓶颈,让乡亲们告别了溜索桥、危旧桥、老渡口,天堑变成了通途。改善了农村地区生产生活条件,带动了农村产业发展,资源路、旅游路、产业路盘活了农村地区的特色资源,公益性岗位和小型交通基础设施建设领域推广以工代赈,进一步拓宽了农村就业困难人员就业渠道。"四好农村路"串联起了城市和乡村,融合了城市文明和乡村文化,展现了"山清水秀、天蓝地绿、村美人和"乡村美丽画卷,成为农民阔步美好生活的幸福路。

三、发展趋势

2021年2月,交通运输部印发了《农村公路中长期发展纲要》,其中对进入全面建设社会主义现代化国家新征程阶段,农村公路发展形势及阶段性特征进行了分析研判:农村公路发展将由侧重普惠向普惠与效率统筹兼顾转变,由注重规模速度向高质量发展转变,由满足基本出行向提供均等、优质服务转变,由行业自身发展向多元融合发展转变。

展望到2035年,形成"规模结构合理、设施品质优良、治理规范有效、运输服务优质"的农村公路交通运输体系,"四好农村路"高质量发展格局基本形成。农村公路网络化水平显著提高,总里程稳定在500万km左右,基本实现乡镇通三级路、建制村通等级路、较大人口规模自然村(组)通硬化路;管理养护体制机制完备高效、资金保障政策机制完善有力;基础设施耐久可靠、安全防护到位有效、路域环境整洁优美;运输服务总体实现"人便于行""货畅其流",基本实现城乡公路交通公共服务均等化。农村公路对乡村振兴的服务保障和先行引领作用更加充分,人民群众获得感、幸福感、安全感明显增强,总体满足交通强国建设和农业农村现代化发展需要。

展望到21世纪中叶,全面建成与农业农村现代化发展相适应、与生态环境和乡村文化相协调、与现代信息通信技术相融合,安全便捷绿色美丽的农村公路交通运输体系。农村公路通村达组、联通城乡,实现与特色小镇、美丽乡村、田园综合体、农业产业园区等融合发展,满足人们对农村出行的美好期望,有力支撑和促进乡村全面振兴,适应交通强国建设和农业农村现代化发展需要。

第二节 农村公路的相关政策

经过长期的努力,农村公路政策制度体系的"四梁八柱"逐步搭稳。党的十八大以来,二十余项对农村公路发展具有重大指导意义的政策文件先后印发,为"四好农村路"高质量发展奠定良好的发展基础。

一、在建设方面

为了规范农村公路建设管理,消除制约农村公路发展的建设管理粗放、质量把控能力不强等问题,2018年,交通运输部陆续修订发布了《农村公路建设管理办法》和《农村公路建设质量管理办法》,进一步明确了建设规划、项目管理、资金等制度,落实了农村公路参建各方质量责任,为深入推进"四好农村路"建设提供了实施路径和政策举措。2021年4月,交通运输部发布了《关于进一步强化农村公路设施服务和安全保障能力的通知》,重点部署农村公路路段安全设施排查和危桥、路面技术状况水平核查及整治工作,要求强化建设质量管理,严格落实新建项目"三同时"制度,健全管护长效机制。2022年8月,交通运输部联合国家发展改革委、财政部、农业农村部、中国人民银行、国家乡村振兴局印发了《农村公路扩投资稳就业更好服务乡村振兴实施方案》,部署实施"四好农村路"助力乡村振兴五大工程,进一步做好农村公路扩投资稳就业工作。

二、在管养方面

为了切实解决好"四好农村路"工作中管好、护好短板问题,加快建立农村公路管理养护长效机制,国务院办公厅在2019年9月印发了《关于深化农村公路管理养护体制改革的意见》(以下简称《意见》)。随后,交通运输部与财政部联合印发了贯彻落实该《意见》的通知,推动各地制定具体实施方案,加快开展改革试点工作,建立健全改革保障机制。2021年4月发布的《财政部 交通运输部关于印发〈车辆购置税收入补助地方资金管理暂行办法〉的通知》,采取"以奖代补"方式对农村公路给予支持,为推动"四好农村路"高质量发展提供了有力支撑。

主要政策还有《交通运输部关于全面做好农村公路"路长制"工作的通知》(交公路发〔2020〕11号):全面推行路长制,将"路长制"作为夯实地方各级人民政府责任、建立规范化可持续管护机制的重要抓手;《关于深化"四好农村路"示范创建工作的意见》(交公路发〔2021〕48号):完善"四好农村路"示范创建机制,扩大示范创建范围,开展"美丽农村路"建设工作;《关于进一步加强农村公路技术状况检测评定工作的通知》(交办公路〔2021〕38号):逐步提高自动化检测比例,加强检评数据应用,促进管理养护水平提升。

三、在运营方面

2021年7月,国务院办公厅印发了《关于加快农村寄递物流体系建设的意见》,系统谋划了农村寄递物流体系建设的工作思路,明确了今后一段时期农村寄递物流体系建设的方向与路径,要求建立健全四个体系,推进完成四项重点任务。2021年8月,九部门联合印发了《关于推动农村客运高质量发展的指导意见》,提出了建设完善农村运输服务站点等八方面主要任务,明确了未来一段时期农村客运高质量发展思路及实施路径。

农村公路相关主要政策见表9-1。

农村公路相关主要政策 表9-1

序号	文件名	发文时间
1	《关于深化农村公路管理养护体制改革的意见》	2019年9月5日
2	《关于加快农村寄递物流体系建设的意见》	2021年8月20日
3	《关于协同推进农村物流健康发展加快服务农业现代化的若干意见》(交运发〔2015〕25号)	2015年2月16日
4	《关于推进"四好农村路"建设的意见》(交公路发〔2015〕73号)	2015年5月26日
5	《农村公路养护管理办法》(交通运输部令2015年第22号)	2015年12月9日
6	《关于稳步推进城乡交通运输一体化提升基本公共服务水平的指导意见》(交运发〔2016〕184号)	2016年10月25日
7	《农村公路建设管理办法》(交通运输部令2018年第4号)	2018年4月8日
8	《关于联合开展"四好农村路"全国示范县创建和命名工作的通知》(交公路发〔2018〕76号)	2018年6月11日
9	《关于印发交通运输脱贫攻坚三年行动计划(2018—2020年)的通知》(交办规划〔2018〕85号)	2018年7月6日
10	《农村公路建设质量管理办法》(交安监发〔2018〕152号)	2018年11月13日
11	《关于推动"四好农村路"高质量发展的指导意见》(交公路发〔2019〕96号)	2019年7月19日
12	《关于深化交通运输与邮政快递融合推进农村物流高质量发展的意见》(交运发〔2019〕107号)	2019年8月12日
13	《关于贯彻落实习近平总书记重要指示精神做好交通建设项目更多向进村入户倾斜的指导意见》(交规划发〔2019〕118号)	2019年9月18日

续上表

序号	文件名	发文时间
14	交通运输部　财政部贯彻落实《国务院办公厅关于深化农村公路管理养护体制改革的意见》的通知(交公路发〔2020〕26号)	2020年2月25日
15	《关于进一步用好公益性岗位发挥就业保障作用的通知》(人社部发〔2020〕38号)	2020年5月29日
16	《交通运输部关于全面做好农村公路"路长制"工作的通知》(交公路发〔2020〕111号)	2020年11月27日
17	《交通运输部关于印发〈农村公路中长期发展纲要〉的通知》(交规划发〔2021〕21号)	2021年2月22日
18	《关于印发〈车辆购置税收入补助地方资金管理暂行办法〉的通知》(财建〔2021〕50号)	2021年3月30日
19	《交通运输部办公厅关于进一步强化农村公路设施服务和安全保障能力的通知》(交办公路函〔2021〕690号)	2021年4月29日
20	《关于深化"四好农村路"示范创建工作的意见》(交公路发〔2021〕48号)	2021年5月18日
21	《交通运输部办公厅　农业农村部办公厅关于加强农村地区重点时段群众出行服务保障工作的通知》(交办运函〔2021〕934号)	2021年6月8日
22	《关于推动农村客运高质量发展的指导意见》(交运发〔2021〕73号)	2021年8月9日
23	《关于进一步加强农村公路建设管理更好服务巩固拓展脱贫攻坚成果同乡村振兴有效衔接的通知》(交办公路函〔2021〕1410号)	2021年9月1日
24	《关于进一步加强农村公路技术状况检测评定工作的通知》(交办公路〔2021〕83号)	2021年12月9日
25	《农村公路扩投资稳就业更好服务乡村振兴实施方案》(交公路发〔2022〕82号)	2022年8月9日
26	《"四好农村路"全国示范县创建管理办法》(交公路发〔2022〕111号)	2022年10月24日

第三节　新形势下农村公路发展新要求

一、新时代经济社会发展对农村公路的新要求

近年来,面对百年变局和世纪疫情相互叠加的复杂局面,我国经济社会发展环境的复杂性、严峻性、不确定性上升,稳增长面临新的挑战。我们要应对的风险和挑战、需要解决的矛盾和问题比以往更加错综复杂。需要我们立足当下、谋划长远,进一步明确新的发展方向。

1. 复杂多变的经济形势要求全方位推动农村公路高质量发展

我国交通运输发展面临的形势更加复杂多变。从国际看,当今世界正经历百年未有之大变局,新一轮科技革命和产业变革深入发展,新冠肺炎疫情冲击全球产业链供应链和国际物流体系,经济全球化遭遇逆流。从国内看,我国开启全面建设社会主义现代化国家的新征程,区域经济布局、国土开发保护格局、人口结构分布、消费需求特征、要素供给模式等发生深刻变化,对农村公路发展提出新要求,农村公路发展进入完善设施网络、精准补齐短板的关键期,促进一体融合、提升服务质效的机遇期,深化改革创新、转变发展方式的攻坚期。要适应国土空间开发保护、新型城镇化建设、全面推进乡村振兴的要求,优化发展布局,强化衔接融合,因地制宜完善区域城乡交通网络;要坚持以创新为核心,增强发展动力,推动新科技

赋能提升农村公路发展质量效率;调整发展模式,要将满足人民对美好生活的向往、促进共同富裕作为着力点,转变发展路径,促进建管养运并重、设施服务均衡协同、农村公路与经济社会发展深度融合,以全方位转型推动农村公路高质量发展。

2.新时期经济社会发展要求扩大交通运输有效投资

农村公路是联网、补网、强链建设的基础,在提升网络效益中发挥着"最先一公里"和"最后一公里"的关键作用。我们要认识到,我国的农村公路骨干路网技术等级仍然不高,基础路网通达深度仍然不足,农村与国省干线公路、村内道路等仍需进一步衔接,扩大农村公路有效投资还有很大空间。我们必须充分发挥政府和市场、中央和地方、国有资本和社会资本多方面的作用,加快推进新一轮的农村公路建设和改造,全力做好交通领域扩大有效投资工作,为稳住经济大盘、推动经济社会高质量发展作出应有的贡献。

二、乡村振兴战略实施对农村公路的新要求

中央一号文件已经连续十九年聚焦中国"三农"议题,2018年提出要全面推进乡村振兴,中共中央办公厅、国务院办公厅印发《乡村建设行动实施方案》,进一步实化了乡村振兴战略的重要任务,并将农村道路畅通工程作为主要任务之一。总书记高度重视乡村建设,站在中华民族伟大复兴战略全局考虑,提出民族要复兴,乡村必振兴,并要求举全党全社会之力推动乡村振兴。

1.农村公路是乡村振兴战略实施的基础保障

全面建设社会主义现代化国家,实现中华民族伟大复兴,最艰巨的任务依然在农村,最广泛最深厚的基础依然在农村,农村交通基础设施是畅通城乡经济循环中生产、分配、流通、消费等环节的关键,是实现乡村产业兴旺、生态宜居、乡风文明、治理有效、生活富裕的基础保障。当前,农村路网结构、通达深度和服务能力与推进乡村振兴的要求仍有差距,农村公路与产业的衔接和融合还不够充分。我们必须完善基础路网,提升农村公路服务水平,促进农村公路与产业融合发展,为推动乡村建设、全面推进乡村振兴工作提供有力的保障。

2.乡村振兴要求农村公路转型发展

进入新时代,在乡村振兴和新型城镇化双轮驱动下,我国城乡空间结构、城镇格局、人口分布、产业体系、村庄演变等将发生重大变革,要求农村公路进一步提升服务品质、提高服务效率、拓展服务功能,构建城乡联通的交通网络,营造安全宜人的出行环境,形成多元融合的发展格局。全面建设社会主义现代化国家新征程阶段,农村公路发展将由侧重普惠向普惠与效率统筹兼顾转变,由注重规模速度向高质量发展转变,由满足基本出行向提供均等、优质服务转变,由行业自身发展向多元融合发展转变。

三、实现共同富裕对农村公路的新要求

共同富裕是社会主义的本质要求,是中国式现代化的重要特征。只有坚持共同发展,才能促进公平普惠。要坚持以人民为中心的发展思想,在高质量发展中促进共同富裕,是我们正确把握实现共同富裕的战略目标和实践途径;要发挥交通先行作用,加大对贫困地区交通投入,

让贫困地区经济民生因路而兴,是习近平总书记为交通运输促进共同富裕提供了根本遵循。

1. 农村公路是实现共同富裕的有效载体

总书记指出,要坚持以人民为中心的发展思想,在高质量发展中促进共同富裕,要发挥交通先行作用,加大对贫困地区交通投入,让贫困地区经济民生因路而兴。我们必须发挥好交通在优化资源配置的重要作用,带动沿线地区产业发展,让农村公路成为有效促进当地就业岗位增长、农民群众投身参与农村公路发展事业中的平台,为农民就地就近就业增收创造条件。同时,我们要积极适应共同富裕进程中分配结构、消费结构、生产结构、流通结构的变化对农村公路出行结构的影响,加快农村运输服务品质升级,满足对更高质量、更具品味、更有层次美好生活的向往的需求,提升农村群众的获得感和幸福感、安全感。

2. 共同富裕要求进城乡交通运输基本公共服务普惠共享

深化农村公路运输服务供给侧结构性改革,提升均等化水平、优化供给模式、构建长效机制、促进产业融合,更好满足农村地区群众日益增长的美好生活需要。

(1)推动农村客运可持续稳定发展。突出农村客运公益属性,落实地方政府主体责任,构建政府购买服务或运营补贴机制,加强农村客运运行情况跟踪监测,保障农村客运"开的通、留得住"。因地制宜推进城乡客运公交化改造或城市公交延伸,着力构建供需匹配、组织灵活、模式多样、服务适宜的农村客运发展体系。

(2)加快推进农村物流体系建设。加快完善县、乡、村三级农村物流节点网络建设,深化农村物流服务品牌宣传推广,统筹农村地区货运物流相关资源,健全末端共同配送体系。创新网络货运、共同配送等运输组织模式,推动农村物流高质量发展。

(3)深入推进农村公路客货邮融合发展。建立完善交通、邮政、供销、商务等部门协同配合的体制机制,构建布局合理、功能完善的乡镇客货邮综合服务站点体系,开通加密客货邮合作线路,普及推广农村客运车辆代运邮件快件,推进农村客运、物流配送、邮政快递等信息融合共享。

(4)有序推进城乡交通运输一体化发展。鼓励各地先行先试,开展省级城乡交通运输一体化示范创建,探索不同类型、可复制可推广的城乡交通运输一体化发展模式及实施途径。

四、加快建设交通强国对农村公路的新要求

党中央、国务院相继印发的《交通强国建设纲要》《国家综合立体交通网规划纲要》《"十四五"现代综合交通运输体系发展规划》,是指导当前和今后一个时期交通运输发展的纲领性文件,已经清晰地描绘出未来我国交通运输发展蓝图。我们必须要认识到,农村公路作为综合交通运输体系的重要组成部分,是交通强国建设的重要组成部分和薄弱环节,也是推动综合交通高质量发展最大的短板。

1. 推动实现农村公路从"有没有"向"好不好"转变

面对交通运输高质量发展对安全、智慧、绿色人文和治理的新要求,在推动农村公路提档升级的基础上,进一步提高农村公路的本质安全水平,强化农村公路信息化应用水平,推动美丽农村路建设引领文明乡风建设,完善农村公路法规政策和技术标准体系,持续深化农村公路管养体制改革和"路长制"运行长效机制,强化监督考核,持续开展"四好农村路"示

范创建,夯实"四好农村路"高质量发展基础,为加快构建安全、便捷、高效、绿色、经济的现代化综合交通运输体系,加快建设交通强国提供更坚实的保障。

2. 把安全发展贯穿农村公路建设发展的全过程

坚持人民至上、生命至上是我们做好一切工作的基础和前提。当前,我国农村交通安全形势不容乐观,农村公路路况水平不高、安全设施不健全、危桥(隧)多、管护不到位问题仍然存在,农村群众安全出行意识薄弱,道路交通事故多发。我们必须坚持生命至上、安全第一,从各个方面堵住漏洞、消除隐患,持续加强农村公路管理水平,全面提升农村公路本质安全水平,切实抓好广大农村公路道路运输安全,强化农村公路应急保障能力,有效保障广大农村地区供应链安全和人民生命安全。为建设交通强国奠定基础。

第四节 农村公路管理措施

一、构建农村公路基础路网

各地要贯彻落实《公路"十四五"发展规划》《农村公路中长期发展纲要》的要求,启动新一轮农村公路建设改造。交通运输部、国家发展改革委、财政部、农业农村部、中国人民银行、国家乡村振兴局六部门联合印发的《农村公路扩投资稳就业更好服务乡村振兴实施方案》中指出,推进农村公路建设和改造,开展实施"四好农村路"助力乡村振兴工程,要加快完善便捷高效、普惠公平的农村公路网络,并注重加强农村公路建设质量管理,提升农村公路质量耐久性。

1. 实施农村公路骨干路网提档升级工程

针对三级及以上等级标准公路,推进以乡镇及主要经济节点为网点,主要服务乡村地区对外沟通交流及产业经济发展的快速骨干公路建设,侧重实施老旧公路改造、过窄农村公路拓宽改造或错车道建设,加强农村公路与国省干线公路、城市道路、其他运输方式衔接,提高通行能力和运行效率,并注重加强革命老区、民族地区、边疆地区、欠发达地区、垦区林区等农村公路建设。

2. 开展基础路网延伸完善工程

推进农村公路建设项目更多向进村入户倾斜,构建覆盖人口聚居的主要村庄、服务农民群众出行和农村生产生活的农村公路基础网络,有助于提高农村公路覆盖范围和通达深度。结合村庄、经济、产业、人口分布,优化农村公路网络,推进较大人口规模自然村(组)通硬化路建设,对于交通量较小、建养条件困难、高寒高海拔、环境敏感等地区,因地制宜选用合理技术标准和路面形式。并有序实施具备条件的建制村通双车道公路建设。通过加强通村公路和村内道路连接,统筹规划和实施农村公路的穿村路段,兼顾村内主干道功能。

3. 加强农村公路建设质量管理

按照《农村公路建设质量管理办法》等有关要求,实施"七公开"制度,落实质量终身责任制,加快构建以质量为核心的信用评价机制,健全完善质量监管长效机制,确保农村公路建设达标。

二、优化农村公路治理体系

推动形成"党委领导、政府主导、行业指导、部门联动、齐抓共管"的农村公路治理体系,为农村公路高质量发展提供体制机制与制度保障。

1. 完善农村公路政策法规和技术标准体系

积极推动农村公路政策法规和技术标准的制定修订工作,实现农村公路管理法治化。细化和完善农村公路建设、管理、养护、运营有关政策文件,加快形成完备的农村公路政策法规体系。在满足公路工程强制性标准的前提下,鼓励各地因地制宜制定农村公路地方标准,更好地指导农村公路发展。

2. 推动农村公路纳入有关绩效考核

继续推动将"四好农村路"高质量发展相关内容纳入地方各级人民政府绩效考核、市县党政领导班子和领导干部推进乡村振兴战略实绩考核等,加强考核结果的应用,建立健全激励约束机制。各省加强对市、县的农村公路绩效管理,并按规定对社会公开,接受群众监督,不断提升资金配置效率和使用效益。

3. 提高农村公路信息化管理水平

推动农村公路资产数字化管理,深化农村公路与信息技术融合,研究开展农村公路"一路一档"信息化建设,逐步实现农村公路规划、设计、建设、管理、养护、运营全要素、全周期数字化,建立农村公路管养智能化、信息化管理平台;鼓励探索本地实际的农村公路路况自动化检测评定技术和路径,提升自动化检测评定效能,不断提高农村公路信息化管理水平。

4. 深化农村公路路产路权保护

完善县有综合执法员、乡有监管员、村有护路员的路产路权保护队伍,强化农村公路安全保护能力建设,抓实抓好治超工作,规范限高限宽等物防设施设置,保持公路巡查和执法常态化,不断提升农村公路路产路权管理工作的能力。

5. 加强农村公路路域环境治理

结合农村人居环境整治行动,因地制宜实施农村公路路域环境洁化、绿化、美化,确保路面保持整洁、无杂物、边沟齐全、排水通畅,实现路田分家、路宅分家,并通过评选的方式促进农村公路提档升级,提高农村群众治理积极性,深化"美丽农村路"建设。

6. 做实做强农村公路示范创建工作

通过持续开展好"四好农村路"示范创建工作,充分调动各地积极性,为打赢脱贫攻坚战和实施乡村振兴战略提供有力的服务保障;推动城乡交通共同发展,做亮"城乡交通运输一体化"示范创建品牌,加强对"四好农村路"交通强国试点单位和深化农村公路管理养护体制改革试点单位的跟踪和指导。

三、完善农村公路管养机制

农村公路由于量大、面广,加上地方主体责任尚未完全落实,目前农村公路的发展,特别是管理、养护仍存在许多突出的问题。为此,国务院办公厅印发《关于深化农村公路管理养护体制改革的意见》,着力构建农村公路管理养护组织保障、资金保障、技术保障、考核保障四个体系。为深入贯彻落实《关于深化农村公路管理养护体制改革的意见》要求,交通运输部、财政部印发《贯彻落实〈国务院办公厅关于深化农村公路管理养护体制改革的意见〉的通知》,要求各地相关部门研究制定具体实施方案,落实改革重点任务,加快开展改革试点工作,建立健全改革保障机制。

1. 加快改革试点成果转化

推进167个深化改革试点成果转化,编制深化农村公路管理养护体制改革案例集,推广试点经验,为全国其他地区提供范本,为全面落实体制改革提供现实依据。

2. 深化养护市场化改革,创新养护管理模式

依据《公路安全保护条例》,在管理实践中构建政府责任和市场活力相匹配的养护市场,推进片区养护任务打捆招标。推进干线公路与农村公路一体化养护,鼓励城镇环卫参与农村公路养护管理。加大区域专业设备配置,加强专业养护单位布置规划,提升农村公路养护专业化、病害处置能力。推进群众结合推广低成本、高效率、标准化、易操作养护技术。壮大县域养护产业,培育县域范围内养护中心,解决应急、中小修工程。

3. 树立预防养护理念

大力推进农村公路预防养护力度,明确预防养护类型。以专项行动名义,开展"微病害"处置工程,集中解决微小病害,避免因养护不及时导致病害快速发展。

4. 推进通村组道路养护管理

结合通自然村组硬化路建设需求、建设标准等内容,研究明确通自然村组硬化路管理养护模式、资金筹措、管养机制等,明确阶段性发展目标,提出指导性意见,为农村公路延伸发展夯实基础。

5. 推行农村公路路长制

为深入贯彻《中共中央 国务院关于坚持农业农村优先发展做好"三农"工作的若干意见》,认真落实《国务院办公厅关于深化农村公路管理养护体制改革的意见》,加快补齐农村公路管养短板,夯实地方各级人民政府责任、建立规范化可持续管护机制,交通运输部印发了《关于全面做好农村公路"路长制"工作的通知》,明确"路长制"工作职责和保障措施。为加快健全完善农村公路"路长制"长效运行机制,交通运输部印发了15个农村公路"路长制"典型案例。

6. 推行"以奖代补"资金政策

针对长期以来存在的"重建轻养""以建代养""只建不养"等问题,修订了《车辆购置税收入补助地方资金管理暂行办法》,强化了政策绩效导向,采取"以奖代补"方式对普通省道、农村公路给予支持,重点考核建设任务完成情况、养护任务完成情况及地方财政投入情况,三类考核因素权重分别占50%、30%、20%,相关设计体现了建养并重的理念,并引导地方政府加强养护管理,加大养护投入。

四、发展农村客货服务体系

新发展阶段下,深化农村公路运输服务供给侧结构性改革,推动农村客运高质量发展,

推进农村物流体系建设,促进客运、货运、邮政融合发展,因地制宜探索推进城乡交通运输一体化发展,更好满足农村地区群众日益增长的美好生活需要。

1. 推动农村客运高质量发展

因地制宜构建供需匹配、组织灵活、模式多样、服务适宜的农村客运发展体系,满足农村地区群众多层次出行需求。突出农村客运公益属性,强化政策扶持和保障,建立长效稳定的可持续发展机制,推动实现服务质量考核与财政补贴挂钩,激励经营者为农民群众提供更长效、更优质的运输服务。

2. 加快推进农村物流体系建设

加快完善县、乡、村三级农村物流节点网络建设,进一步完善管理体制和运行机制,深化农村寄递物流与电商、交通的协同共进,统筹农村地区邮政、快递、交通、供销、商贸流通等相关资源,健全末端共同配送体系。创新网络货运、共同配送等运输组织模式,持续深化农村物流服务品牌宣传推广,有效提升农村物流服务品质,结合地方发展实际和特色优势产业,推动形成农村物流线上线下的一体化发展格局。

3. 深入推进农村公路客、货、邮融合发展

推动打造交通、邮政、供销、商务等部门协同配合的体制机制,构建布局合理、功能完善的乡镇客、货、邮综合服务站点体系,开通客货邮合作线路,普及推广农村客运车辆代运信件、邮件、包裹等模式,推进农村客运、物流配送、邮政快递等信息融合共享。

4. 稳步推进城乡交通运输一体化发展

加快推进城乡交通运输服务均等化,以城乡交通运输一体化示范县创建为载体,鼓励各地先行先试,探索形成不同类型、可复制可推广的城乡交通运输一体化发展模式及实施途径,以点带面引领城乡交通运输一体化发展水平全面提升。

五、提升农村公路安全水平

贯彻落实习近平总书记关于安全生产的重要指示精神,要坚持人民至上、生命至上,把安全生产工作做实做细,强化农村公路交通运输安全保障能力。

1. 加强农村公路建设和质量安全管理

强化农村公路建设质量安全监管,提升基层质量意识和技术水平。坚持落实"双随机一公开"抽查制度和"七公开"工作制度,健全农村公路质量监管长效机制。严格实行建设、勘察、设计、施工、监理、检测六方的质量责任终身制,加快构建以质量为核心的信用评价机制,不断提升农村公路工程质量耐久性和抗灾能力。

2. 全面提升农村公路本质安全水平

开展公路安全设施和交通秩序管理精细化提升行动,继续深化农村公路"千灯万带"工程,尤其以通行客运班线和接送学生车辆集中的村道、急弯陡坡、临水临崖、路侧险要、平交路口、低荷载等级桥梁等路段为重点,加强农村公路及其桥梁隧道隐患排查和治理。

3. 提升农村道路运输安全水平

加强事前事中事后监管,督促落实运输企业主体责任,加强隐患排查治理与风险防控,提升农村道路运输行业从业人员素质,加强农村客货运营车辆技术维护与安全监管,多措并

举提升农村道路运输安全水平。

4. 强化农村公路应急保障能力

健全农村公路突发公共事件应急管理机制,提升农村公路应对突发公共事件和安全应急保障防灾减灾能力,按需完善沿线服务设施和应急设施建设。加强农村客运、旅游包车等重点领域隐患防治,把握不同时间节点安全生产工作重点,加大农村公路路产路权保护和超限超载运输治理力度,保障重点时段安全生产形势稳定。

5. 提高农村地区交通安全出行意识

调动社会全面参与的积极性,用好企业力量和农村基层自治力量,打造交通安全治理共同体。聚集各方力量加强在农村地区普及安全出行知识,加大对重点人群的宣传力度,不断提高农村群众安全出行意识,夯实农村交通安全基础。

六、推动农村公路融合发展

以农村公路为纽带,促进产业、旅游、文化等融合发展,构建"农村公路+产业""农村公路+旅游""农村公路+文化"的多元融合发展体系,开创交通运输全面推进乡村振兴新局面,实现"因路而兴""因路而富",助力实现乡村振兴。

1. 积极探索发展"路衍经济"

推进"四好农村路"与现代农业、乡村旅游、特色资源等产业融合发展,鼓励农村公路和乡村旅游、产业园区等经营性项目一体化开发,提升通往乡村产业经济节点的农村公路建设水平,助力积极拓展农村公路服务附加值,盘活农村地区的资源。

2. 坚持农村公路绿色低碳发展

严格落实环保有关要求,集约节约利用资源,实现农村公路与生态环境融合发展。鼓励采用绿色节能的"四新技术",在路域环境治理上进一步加强综合整治和绿化美化,做到路与自然环境及风土人情和谐交融。

3. 加强农村公路与当地文化有机结合

挖掘当地特色文化,以路为媒,推进农村公路与地理、历史、人文文化有机结合,将农村公路打造为传播乡村文化的新载体。同时,注重总结当地农村公路发展和乡村面貌变化历程,打造有特色、有内涵的公路文化,营造爱路护路的良好氛围。

七、推动农村公路扩投资稳就业

农村公路是农村地区覆盖范围最广、服务人口最多、公益性最强的交通基础设施。目前,农民群众要求交通建设项目向进村入户倾斜,各地也储备了大量项目。同时,农村公路点多、线长、面广,单体规模相对较小,受用地、用海限制相对较少,审批程序相对简单,建设条件相对成熟。加快推进农村公路建设,对于补齐农村交通基础设施短板,拉动农村投资,稳定农民就业,更好服务巩固拓展脱贫攻坚成果、助力全面推进乡村振兴具有重要意义。

1. 以五大工程为核心,扩投资稳就业助振兴

为深入贯彻党中央、国务院关于扩投资稳就业决策部署,认真落实《乡村建设行动实施

方案》《扎实稳住经济的一揽子政策措施》,进一步做好农村公路扩投资稳就业工作,交通运输部会同国家发展改革委、财政部、农业农村部、中国人民银行、国家乡村振兴局制定了《农村公路扩投资稳就业更好服务乡村振兴实施方案》,提出实施"四好农村路"助力乡村振兴五大工程。

(1) 实施农村公路骨干路网提档升级工程。总体按照三级及以上等级技术标准,加快推进乡镇及主要经济节点对外快速骨干农村公路建设,有条件的地区推动乡镇对外双通道建设,有序实施老旧公路改造和过窄农村公路拓宽改造或错车道建设,强化农村公路与干线公路、城市道路以及其他运输方式的衔接。加强革命老区、民族地区、边疆地区、欠发达地区、垦区林区等农村公路建设。

(2) 实施农村公路基础路网延伸完善工程。推动农村公路建设项目更多向进村入户倾斜,鼓励打通"断头路",畅通"微循环"。因地制宜推进较大人口规模自然村(组)、抵边自然村通硬化路建设。有序实施具备条件的建制村通双车道公路建设。加强通村公路和村内道路连接,统筹规划和实施农村公路的穿村路段,兼顾村内主干道功能。

(3) 实施农村公路安全保障能力提升工程。开展公路交通安全设施精细化提升行动,深化农村公路"千灯万带"示范工程,加强农村公路及其桥梁隧道隐患排查和整治,和完善农村公路安全生命防护工程,深入开展危旧桥梁改造。

(4) 实施农村公路与产业融合发展工程。大力发展"农村公路+"模式,促进农村公路与产业深度融合发展,加快乡村产业路、旅游路、资源路建设,改善农村主要经济节点对外公路交通条件,服务乡村产业发展。

(5) 实施农村公路服务水平提升工程。以交旅融合路段为重点,完善农村公路沿线服务设施,有效利用农村客货场站、养护道班等设施,拓展开发停车、充电、购物、休闲、观光等服务功能,以信息化技术赋能农村公路高质量发展,提升农村公路服务能力和可持续发展能力。

2. 明确以工代赈实施范围

为深入贯彻习近平总书记关于以工代赈重要指示精神,认真落实党中央、国务院决策部署,交通运输部印发《关于做好交通运输基础设施建设和管护领域推广以工代赈工作的通知》(交办公路〔2022〕35号),指出以工代赈是促进群众就近就业增收、提高劳动技能的重要政策,是完善收入分配制度、支持人民群众通过劳动创造幸福生活的重要方式。

在通自然村组公路、农村公路安全生命防护工程、危桥改造、农村简易候车亭,以及农村渡口、漫水路、漫水桥的建设和管护等领域,选择一批投资规模小、技术门槛低、前期工作简单、务工技能要求不高的作业项目和作业环节,积极推广以工代赈。

3. 依托农村公路带动群众就业增收的重点工作

(1) 促进农民群众参与建设。建立健全"四好农村路"高质量发展和吸收就业困难人员就业的长效机制。在农村公路建设和管护领域推广以工代赈方式,扩大实施范围和受益对象,优先吸纳当地农村群众特别是脱贫人口(含防止返贫监测对象)等低收入群众参与工程建设以及建成以后的维修养护,带动当地农村劳动力就地就近就业增收。

(2) 加大农村公路管护岗位开发力度。统筹用好农村公路管护领域公益性岗位等各类就业岗位,建立健全岗位信息公开制度和动态考核与调整机制,安置符合条件的就业困难人员就业。鼓励将村道和通自然村(组)公路日常养护通过分段承包、定额包干等方式由沿线农民承包进行养护,进一步拓展就业渠道。

(3)保障农民工合法权益。落实《保障农民工工资支付条例》等有关要求,压实地方和部门责任,保障农民工工资按时足额发放。做好农村公路从业农民工的技能培训和安全培训工作,提高农民工队伍整体技术、技能水平和安全生产意识。

参 考 文 献

[1] 交通运输部.中国交通运输60年[M].北京:人民交通出版社,2009.

[2] 李作敏.交通工程学[M].北京:人民交通出版社,2003.

[3] 管楚度,龙科军."一带一路"关键交通节点区位分析与开发[M].北京:人民交通出版社股份有限公司,2016.

[4] 李海波.刍议如何处理公路养护与路政管理之间的关系[J].科技创新与成用2012(08Z).

[5] 邹君俊.高速公路养护管理模式对比研究——以福建省为例[D].昆明:昆明理工大学,2014.

[6] 穆新华.高速公路养护运行机制改革研究[D].西安:长安大学,2010.

[7] 卢艺琪.农村公路养护体制及运行机制改革研究[D].西安:长安大学,2009.

[8] 张庆伟,刘静.国内外高等级公路养护管理体制探讨[J].道路工程,2014,(16):1-3+7.

[9] 吴贵平.高速公路养护管理现状及解决策略[J].江西建材,2012(02):212-213.

[10] 王明林,梁巍,吴琳娜.论新时期新形势下的高速公路养护体制[J].黑龙江交通科技,2003(02):79-81.

[11] 赵保平.我国现行公路养护管理体制的弊端及其改革方向探讨[J].交通标准化,2005(01):20-24.

[12] 郗恩崇.高速公路路政管理[M].北京:人民交通出版社,2004.

[13] 李华,王文武.公路路政管理手册[M].2版.北京:人民交通出版社,2013.

[14] 宋林锦.公路路政管理[M].北京:人民交通出版社,2012.

[15] 国家质量监督检验检疫总局,国家标准化管理委员会.GB 1589—2016 汽车、挂车及汽车列车外廓尺寸、轴荷及质量限值[M].北京:中国标准出版社,2016.

[16] 王笑京.公路网运行监测与服务暂行技术要求[M].北京:人民交通出版社,2012.

[17] 卢毅,刘建生,张敬文.高速公路建设项目业主管理指南[M].北京:人民交通出版社,2007.

[18] 畅良臣,雷崇国.高速公路管理体制的探讨[J].公路与汽运,2001,(04):49-50.

[19] 魏浩华.高速公路收费与路政应知应会[M].北京:人民交通出版社,2013.

[20] 张擎.公路建设项目投资与融资[M].北京:人民交通出版社股份有限公司,2015.

[21] 唐琤琤,何勇.公路安全保障工程实施技术指南解析[M].北京:人民交通出版社,2007.

[22] 交通运输部公路局.公路工程技术标准:JTG B01—2014[S].北京:人民交通出版社股份有限公司,2015.

[23] 高红宾.公路概论[M].北京:人民交通出版社股份有限公司,2018.

[24] 交通运输部科技司.交通运输标准化发展报告(2021年)[R].北京,2021.

[25] 郭传乐.BIM 技术在高速公路机电工程中的应用分析[J].交通世界,2017(28):166-167.

[26] 李冲.BIM 技术在公路工程管理中的应用[J].交通世界,2016(17):94-95.

[27] 刘辉.基于 BIM 技术的高速公路施工安全管理分析[D].交通世界,2016(20):114-115.

[28] 徐高丰,曾娟.BIM 技术在公路设计中的应用研究[D].交通世界,2018(33):80-82.

[29] 交通运输部.《"十四五"公路养护管理发展纲要》[Z].2022.

[30] 李智,张骐,周盛.延崇高速公路(北京段)绿色公路探索与实践[J].市政技术.2019(03):17-20.

[31] 汪鹏.公路养护资金管理现状分析及对策研究[J].财讯,2019(21).

[32] 高丽婷.公路养护管理模式改革研究[J].智能城市,2020(01),92-93.

[33] 韦惠鲜.探索分析公路养护体制及运行机制改革[J].科技与企业,2015(06).

[34] 刘少伟.公路养护体制与运行机制改革的研究[D].西安:长安大学,2005.

[35] 陈松俭.基于我国高速公路养护管理体制分析[J].技术与市场,2015(09).

[36] 王长军.预防性养护技术在高速公路中的应用[D].西安:长安大学,2013.

[37] 张宏庆,李洪印,姜海龙等.结合移动互联网高速公路养护综合管理系统研究与实践[J].信息与电脑,2019(1):142-144.

[38] 刘野.浅析高速公路绿色环保养护理念与实践[J].四川水泥,2020(9):90-91.

[39] 郭晓华.分析高速公路绿色环保养护理念与实践研究[J].公路交通科技(应用技术版),2020(2):74-75.

[40] 范冠峰.关于交通运输综合行政执法改革的思考[J].中国公路,2021(02):53-55.

[41] 巫雪梅,刘海旭,刘星材.交通运输综合行政执法改革探索[J].综合运输,2021,43(06):36-39-44.

[42] 杨丹.综合行政执法改革的理念、法治功能与法律限制[J].四川大学学报(哲学社会科学版),2020(04):138-149.

[43] 单静.当前公路路政管理中存在的普遍问题及其应对措施探索[J].经贸实践,2018(02):232.

[44] 王太.高速公路服务区协调布局与运营管理模式研究[D].西安:长安大学,2012.

[45] 王丹.基于等级划分的高速公路服务区布局和规模研究[D].西安:长安大学,2015.

[46] 共享理念下普通国省干线服务区建设的新思路[C].中国科学技术协会,中华人民共和国交通运输部,中国工程院.2019 世界交通运输大会论文集(上).2019:8.

[47] 楚连义.高速公路服务区规划及建筑设计研究——以河北省高速公路服务区为例[D].天津大学,2009.

[48] 明玥.网红服务区是驿站也是目的地[N].中国交通报.2021-4-26(5).

[49] 李克明.国省干线公路服务区建设经营管理探讨[J].科技尚品.2020(3).

[50] 《2020 年全国收费公路统计公报》解读[EB/OL].中华人民共和国交通运输部.(2021.10.28).https://xxgk.mot.gov.cn/2020/jigou/glj/202110/t20211027_3623202.html.

[51] 沈峰,朱胜超,吕剑.ETC 分段式计费系统精准收费升级方案[J].中国交通信息化,2021,No.258(06):106-108+112.